ON ANCIENT CENTRAL-ASIAN TRACKS

by

Sir Aurel Stein

向達譯

斯坦因西域考古記

中華書局印行

著者序

這部書的用意是打算把我在中國土耳其斯坦和亞洲腹部毗鄰各地所作考古學上和地理學上的探檢，概要的敍述一番。多少年來，在這些少有人知道，不易往來而地勢又極險的區域旅行考察，歷盡艱辛，在我的一生中如今回憶起來，還是極爲快活。但是要把我三次中亞探險所得豐富的科學結果，予以整理，那却需要更多的努力和更長的歲月了。

第一第二兩次的個人游紀以及三次總合起來十一冊四開大本的詳細報告（目見後），我相信我所盡的責任只是紀錄一方面；其中只有沙漠契丹廢址記（Ruins of Desert Cathay）一書，詳紀我第二次探險（一九〇六—八）的個人經驗。不過以上所說各書，除沙漠契丹廢址記以外，其餘都久已絕版，現在也不易得到。

我最後完成這些工作，離第一次旅行歸來，已是足足的二十七年，自此以後我可以自由的轉向更南的新地方，從事考古學的探險了。但是一想到在亞洲腹部沙漠山嶺之間所費去那些美滿的歲月，至今還是和以前一樣，覺得很新鮮，有價值。所以當哈佛大學校長好意請我在波士頓羅威爾研究院（Lowell Institute, Boston）演講的時候，我便欣然趁這機會把我這些年來的遊歷和發見，提綱挈領的敍述一番，以適合廣泛的聽衆之需。

只是探檢的範圍過大，性質又極複雜，幸而利用幻燈片來說明我的敍述，不然要提綱挈領，便更爲困難了。我把這些講演加以適當的增補和改動付印的時候，也感覺到這種需要。所幸出版人見到這一點，把關於我的幾次探檢以及在古代遺址所得到的發見品附以充分的插圖，使一切都無問題，這是我一定要感謝的。

在領導讀者到那些探檢所及的遼遠的亞洲區域去之前，似乎對於那地方地形的特點應該要敘述一個輪廓。而那兩千多年來的命運大都靠着地理爲轉移的地方，一個簡要的歷史同樣也是有用的。因此有本書作爲引論的幾章。這幾章大部分是取材於一九二五年我在王家地理學會（Royal Geographical Society）所講的中亞地理史觀（Innermost Asia: Its Geography as a factor in History）一文。

三次長期探險中所及的地域很廣，而實際可走的路又爲很大的天然障礙所限制，所以爲着地理學上的討論和考古學上的工作起見，有些處所往往去的不止一次。因爲這種情形，我敘述主要的探檢工作，便取地點爲本位，而不嚴遵年月的先後。

這幾次的探險，總算起來有七年以上，所得的結果，如果我從開始起以及後來研究紀錄這些結果的時候，沒有得到各方面自動的有力的幫助，是不會成功的。在以前出版的書籍中我都有很好的機會向各方面幫忙的人一一道謝，所以這裏只要略爲一述，便很够了。

我最初服務於印度教育部（Educational Service），隨後供職於考古學調查所（Archaeological Survey）。我之所以能實現我所選擇的工作所需的時間以及物力，以得印度政府慷慨維持之力爲最多。而不列顛博物院當局，除了在我第二次探險出了一筆款子以外，並還予以很有價值的幫助，對於我歷次考察所帶回的東西供給地點以備陳列和研究之用，同時還派院中專家幫助這種工作。

我在地理學方面大得印度測量局之力，派遣有訓練能耐勞的印度測量員幫我，並且花了很多的錢，在我的指導和幫助之下，把地形測量的結果陸續用大張的地圖刊印出來。王家地理學會也採取同樣的方針，時時給我可感的幫助和鼓勵，如一九〇九年之以創辦人金獎章(Founder's Gold Medal)獎我，就可以證明此事。

所發見的古物方面既廣而又重要，其中包括豐富的古代美術和工藝品的遺物以及十二種以上不同的語言的古代寫本，如果沒有許多有名的東方學學者和東方美術專家自動的以他們的專門學問來合作，我是絕不會作得好的。這些貢獻有價值的幫助的人，如果要在這裏一一聲謝，那真是太多了。所以我只好在有幾章中把考釋特別重要的發見品的學者予以提及。

說到這一本書，我要特別感謝印度政府的教育土地衛生部 (Department of Education, Lands and Health) 允許我選用我各次旅行所照的照片，此外還有倫敦的印度高等委員(High Commissioner for India in London) 特許我複製我的詳細報告書 (Ancient Khotan; Serindia; Innermost Asia) 中所插有些古物的圖版。至於本書所附的地圖，我要感謝王家地理學會的祕書，那是從上面說及的地理學雜誌中那篇文章複製的。至於插圖的安排，我要特別致謝我的美術方面的朋友和助手安德魯斯先生(Mr. Fred. H. Andrews. O.B.E.)，我以前所有的書籍全承他幫助，現在還是照樣幫我。此外我還得敬謝麥美倫先生(Mr. George A. Macmillan)，他好意的把我的文章校閱一遍，特別顧到一般讀者的需要。至於斯頓公司 (Messrs. Henry Stone nd Son, Banbury) 所製彩色圖版之優美，可以為這些複製品逼真原物的保障，這也是我不應該忘記提到的。

近三十年來，爲着探檢的結果，我在書房中從事文化方面的，工作時期不得不爲之延長，這在有些處所比之野外更其需要我的努力。我之所以能作這種工作，大部分是由於朋友們的特別好意，愛護照料，常常鼓勵，得他們的蔭蔽，我現在能够寫作，在我是沒有比此更爲可感的了。

一九三二年九月十八日斯坦因序於牛津基督學院 (Corpus Christi College, Oxford) 院長住宅。

附斯坦因重要著作目錄

中國土耳其斯坦考古學地形學探檢考察初步報告書 (Preliminary Report of a Journey of Archaeological and Topographical Exploration in Chinese Turkistan London, Eyre and Spottiswloode. 1901.)

沙埋和闐廢址記(Sand-buried Ruins of Khotan. Personal Narrative of a Journey of Archaeological and Geographical Exploration in Chinese Turkistan. London, T. Fisher Unwin, 1903 [Second edition. London, Hurst and Blackett. 1904])

古和闐考 (Ancient Khotan Detailed Report of Archaeological Exploration in Chinese Turkistan. volumes I—II. Oxford. Claren don Press. 1907.)

沙漠契丹廢址記 (Ruins of Desert Cathay. Personal Narrative of Explorations in Central Asia and Westernmost China. volumes I—II. London, Macmillan and Co., 1912.)

西域考古圖記(Serindia. Detailed Report of Explorations in Central Asia and Westernmost China. volumes I—V. Oxford, Clarendon Press, 1921.)

亞洲腹部考古記 (Innermost Asia: Detailed Report of Explorations in Central Asia, Kan-su, and Eastern Iran. volumes I—IV. Oxford, Clarendon Press, 1928.)

譯者贅言

西洋自十九世紀中葉以後，探檢的風氣大盛，逐漸及於中亞一帶。中亞地方在中古時代爲中國絲路西去的大道，爲東西兩方文化交通的樞軸。近數十年來，西洋學者在中亞考古探檢所得的古代遺存，不惟可以看出古代當地文化的水準情形，東西兩方文化交光互影的梗概，並且連中國中古時代的歷史，因爲有這些遺物的發見，也可以呈露不少的光明，得到不少的新的解釋。在考古學方面成績最爲可觀的有英國的斯坦因(Sir Aurel Stein)，法國的伯希和(M. Paul Pelliot)，瑞典的斯文海定 (Dr. Sven Hedin)，和德國的勒柯克(Von Le Coq)；日本的橘瑞超也有一部分的貢獻。

各人的報告書都是煌煌巨著，不易觀覽；綜合各人各次探檢結果，寫成通俗的著作，使人一覽而明大概的頗不多見。此處所譯的卽是斯坦因綜合他四次中亞探檢的結果而寫成的一部通俗著作。看過他的專門報告書的，讀此固可以流貫前後，得一條理；沒有看過的人，讀此也就可以得一個梗概。——雖然是以一個一個的題目爲單元，而將年代附列於內，並且文章也寫得相當的枯燥，不如海定的書之有文學上的意味和人文的風趣。不過事實敍述簡潔得要，對於各個問題在歷史上的重要和地位，都說得很明白，還正是我們一般人對於新疆所需要的一點知識。我因此翻譯了這一部書。

我讀此書，大概照原文逐句直譯，遇有可以補正的處所，隨時附注；大致和原文不甚相遠。譯成後，承友人萬稼軒斯年先生取原書仔細加以校勘，又改正不少的錯誤和遺漏。又蒙舒新城先生慨允代為出版，這都是我所最應感謝的！

附錄四篇，前三篇俱為舊作：其中第一篇曾登二十年一二兩月大公報文學副刊，第二篇曾登十九年國立北平圖書館館刊，第三篇曾登十七年東方雜誌；並承三處編者允予轉載，特此聲明致謝。

我希望能藉我這不完備的譯本，使讀者對於中亞在歷史上的情形和地位得到一個輪廓，初不以辭害意，那就是我所祈禱以求的最大的收穫了！

二十四年十月十七日向達記於上海

斯坦因西域考古記目錄

插頁

（一前）

斯坦因西域考古記

第一章　亞洲腹部的鳥瞰

本書用意在把我受印度政府之命向亞洲腹部作連續三次探險的重要情形，扼要敍述一番。這三次探險的開始，遠在一九〇〇年至一九〇一年，第二次在一九〇六年至一九〇八年，第三次在一九一三年至一九一六年。前後歷時七載，馬上步下，所經過的程途，總計有二萬五千哩左右。

旅途的進行是要用這種半古代式的方法，所要去的地方又是那樣的遼闊，時間是那樣的長，又要為有系統的考察，便不能不作適當的準備，以好熟悉那片廣漠無垠，而在地文上以及人類歷史的遺跡上特別有趣的地方。我們的目的地包括西達嬀水（Oxus）東抵中國本部的中國土耳其斯坦。那裏無論是山嶺或是滴水俱無遍望是沙的平原，大部分都是沙漠地帶，但是在過去的歷史上却佔了很重要的地位。為古代印度、中國以及希臘化的亞洲西部文明交通往來的通道，歷好幾百年，構成文化史上很絢爛的一章。這些文明在此地各種遺物上留下豐富的痕蹟，因為地方的乾燥，竟能給我們保存至今。尋找這些古代文明遺跡以及因為當地地形而引起的問題，是我這幾次探險最強烈的動機。

但是從近代的眼光看來，亞洲腹部這些地方在經濟同政治上的重要實是微小之至，尤其是天然風景和富源方面，更不足道。此地普通的性質是讀者首先必須要知道的，然後對於敍述上重視過去的理由便容易明白了。我因此在開始的幾章，對於整個區域作一概括的考察，卽是所謂鳥瞰，然後把此地在歷史上所表演的，就我所知敍述一個大綱。

我的考察隊所曾到過的亞洲腹部，大概可以說包有那些廣大的高峻乾燥的盆地，自東到西幾乎正在亞洲中部的半道上。緯度方面北部正止於峻大嶙峋的天山，南部止於終年積雪的崑崙山脈，同西藏就以此山爲界。東邊可說是南山；南山就是崑崙山脈的一支，到太平洋的水道卽以此爲分水嶺。西邊直抵險峻的帕米爾山道，這就是古書中的伊摩斯（Imaos），一方面連結天山同興都庫什山（Hindukush），而在西邊則爲媯水的發源地。

從地圖上看來，這一大片地方很像是「自然」有意在地球上發生大文明的幾處地域之間，造了這樣一座障壁，隔斷了他們在文化方面彼此的交流。因爲在這片地方以內，自東到西徑長一千五百哩，自南到北也在五百哩以上，而生物可以居住的只嚴格的限於幾線沙漠田，這些沙漠田除去些許地方以外，比較又都是很小的地方。此外就是一望無垠的沙漠了。這些沙漠無論是散布在高峻的山脈之上，或是位於山麓挾帶冰川，窮荒不毛，以及流沙推動的平原上，幾乎是任到何處，滴水全無。

我們所要討論的區域最大部分都是這種極端缺水的地方，我所稱爲「眞沙漠」者，其性質就是如此。我之所以特別聲明「眞」沙漠的原因，是要使讀者明白我所要說的地方同讀者在某種意義之下所熟知的聖經故事、阿拉伯遊記、美國以及南美洲風景畫中所有的沙漠情形完全不同。爲易於分別起見，這些沙漠我大膽稱之爲馴沙漠。都會中人，特別是從過賸的人類中心地方來的人，也許要爲這些沙漠的靜穆空虛以及和平所感動。但是像這種整個部落於長時期內或至少在一定的季節之間，可以在那裏遊行自在，可以找得水源同牲畜牧地的沙漠，遭受敵人壓迫驅逐還能安然躲避一時的沙漠，同天山和崑崙山脈間大盆地上我們對面相逢的大部分地方却不相同。

這塊盆地內大部分是充滿了沙丘的塔克拉馬干 (Taklamakan)，和自西至東全長幾達八百哩以上上面滿是城塊以及風蝕了的土塊的羅布沙漠。在這些地方因爲缺少水分，不僅人類，實際上所有的動物和植物都不能生存。崑崙山高處同高原的情形也差不多一樣。極高處才有一點植物，那裏靠近冰河，略有水分，在這種半北極地的環境之下，一年內有很少的幾個月可容植物生長，此外就是深窄的峽谷谷底從冰河發源的小溪澗邊很有限的一點地方了。沿着這種邊沿的沙漠田以及鄰近東向的盆地，都是靠着這些小溪澗的流水來生存的；無論何處除去靠溝渠洩水外，任何東西都不能種植。空氣中缺少水分，以致成功這種情形，這是盆地地理位置所直接釀成的結果。試看地圖，這一帶地方各面同海洋以及養命的水氣隔離得是多麼遠，便可以恍然大悟了。

在這些地方，人類生存和居住所必需的原料大自然既是那樣的吝惜，縱使廣輪萬里，風景方面也說不上有多少變化了。但是那裏却有很廣闊的地形，劃分此地爲很顯著的幾種地帶，我們必須連續在此作急速的調查。

我們可以從西部的山嶺開始，這不僅因爲希臘羅馬以及印度波斯的影響由此傳入亞洲腹部，然後及於中國，也由於所要橫越的這一段山嶺較之週圍其餘的山系更爲有趣。我所指的就是那座大子午向的山脈，向西與此毗連的廣闊的高原爲方便起見，可指爲帕米爾（Pamir）一帶。這一座大山脈北接天山，南連冰雪皚皚的興都庫什山，古代稱之爲伊摩斯。托勒美(Ptolemy)地理書（Geography）中十分正確地稱此爲內外兩伊摩人(intra and extra Imaon）的兩斯克泰種(Scythias）的界嶺。這些名辭大致相當於我們高曾時代地理書中的內韃靼外韃靼(Inner and Outer Tartary)，就是我們今日的俄屬土耳其斯坦(Russian Turkistan）和中國土耳其斯坦(Chinese Turkistan)。嬀水和塔里木河兩大水系卽以此山嶺爲分水嶺。有趣的是高度達一萬五千呎以上的高地帶都積聚在分水嶺的東邊。（參看第一圖）

帕米爾高原宛延於高地帶的西邊，大部分地方由嬀水支流和主榦流貫其間。此處只能輕輕帶過，本書以後各章還要敍述到此古代以此作貿易和文化關係的通道，而爲中國同塔里木盆地與夫嬀水區域以及於印度的連瑣，在那裏都有機會談到。

循着剛纔所說的路線向東，我們經過屈折乾燥的峽谷裏，到達稱爲塔里木盆地的大槽地西部邊。沿塔里木盆地裏大部分都充滿了流沙遷徙的塔克拉馬干沙漠，我們在未進入到這沙漠以前，可以沿着包圍盆地的大山脈急速邁過。塔里木河在抵羅布淖爾沼地隱於沙中以前，如沒有這些大山脈上的冰河來供給水源，這一大片整個的地域都會要沒有生命存在了。

高峻的崑崙山脈宛延不斷地橫在盆地南邊。在帕米爾方面開始就有好幾座平行的峻嶺，印度河卽發源於冰河高聳的喀喇庫倫山。葉爾羌河及其支流卽從這些山嶺中迸流而出，這是塔里木河的主要支流。在這些河谷

第一圖　由小 Kara-Köl 湖南端所見之 Muz-tagh-Ata 山峯其前爲吉里吉斯人之氈帳

第二圖　從 Yagan-Dawan 遠眺崑崙外坡之衝蝕區域

的上游，卽使能夠找出甚麼牧地也是極其稀少，僅足供少許稀疏散佈的吉里吉斯人(Kirgiz)帳幕牧羣之用。這些河谷的通路都集中於喀喇庫倫山道。山道海拔在一萬八千二百呎以上，是到拉達克(Ladak)以及印度河最上流河谷去唯一可以實行的交通路線。古代此道是否有人用過，今無紀載可考。

再向東，崑崙山脈也愈高，實際上阻絕任何交通。灌漑和闐沙漠田的哈剌傑什河同玉隴傑什河卽發源於崑崙主脈的最北部。崑崙主脈之高，幾達二萬呎，綿延約三百哩，通道大都在極深峻，大部分又極難通行的峽谷之中。在這些河谷的上游，雖然還可得到少許可通的地方，但是因爲冰河遍布的北坂崎嶇難行，除了熟練的山民以外，幾乎寸步難移。從此向南綿延很遠是爲平均高度到一萬五千呎至一萬六千呎而又無水的西藏高原，缺少原料，所以是一座極大的障壁。不僅無牧草燃料，有很多處所甚至連飲用的水都沒有。

聳立於盜地中和闐一帶的崑崙外坂，性質雖然逈異，可是窮荒不毛，幾乎仍是一樣。在廣闊的黃土(loess)平原一面，可以找出衝蝕而成迂迴屈折的峻嶺和深邃的峽谷(參看第二圖)這種情形只有很長很長的水流動作才能如此，但在這些窮荒不毛的斜坂上，既無植物以爲保護，只有在很稀少的機會裏得到一點大雨或大雪而已。

冰河圍繞的高地東邊爲玉隴傑什河發源處，俯視塔里木盜地的山脈，宛延至四百哩以上，有如一條長練。在這整個的長練間北坂山麓是一條礫石造成的斜坡，有些處所寬達四十哩以上，到處極端荒瘠。

轉向南去到了塔里木河終點一段，沒入羅布淖爾沼地的處所，圍護大盆地的山嶽至是呈東向的趨勢，山勢下降。小小的婼羌（Charkhlik）沙漠田卽是古代的鄯善，實際上這是現在塔里木盆地中這一部分唯一永久可住的地方，從此到拉薩約有七百哩以上。自此下降的道路在某一時期曾爲南方的西藏人和游牧人內犯的通路，這是有理由可以相信的。西藏以及柴達木高原和高河谷地方可以得到的從印度以及太平洋方面吹來維持生命的水分，當然不會侵入圍繞盤旋的這一部分大山嶺北邊的塔里木盆地。一片廣闊無際窮荒不毛的壁壘，有些處所只是巉巖，到處蓋滿了流走的沙丘，從此迤邐而下以及於堿土作成一層地殼的乾枯了的古代羅布泊。這在後來我們還有機會說到的。

越過塔里木盆地的東端，崑崙山脈侵入南山之中便看不見了。南山西部俯臨疏勒河槽，宛延達二百哩，北面斜坡的乾燥和侵蝕得更爲厲害的情形，因而地形上和我們在崑崙山脈方面所常見的是一樣。

但是越過疏勒河河槽而東以至南山中部，就可以見出氣候遠爲潮溼，因而不同的程度爲之大增。這種現象顯出同沿着黃河伸展到甘肅省境毗連部分以至西藏東北部高地的太平洋灌域地方已是相近了。受着一年中各季從太平洋氣流帶來的水分的優惠，肅州河極西端的河谷一帶，植物都異常豐富。看慣了崑崙山脈荒涼的景象，再看肅州河同甘州河河源處空闊的河谷地方，雖是很高，有些處所甚至高達一萬一千呎以上，但是仍有極優美的夏季牧草，眞是一個很動人的經驗。再向東南，雪同雨量愈增，南山極北山嶺中甘州河灌域所及的河谷裏因此能容許更豐富的森林在那裏生長。（參看第四圖）

我們現在已說到流入太平洋的黃河區域的分水界地方了，這是我們所講廣闊的亞洲腹部地帶的東界。這

第三圖　Kashkul 冰河發源處及其積雪之河床

第四圖　由 Khazau-gol 河谷上之森林山脊向南眺望之景緻

第五圖　和闐沙漠中之沃土爲至 Borache 之 Bozar 之入口

使我們自然感覺到沿着南山肥沃的山麓從甘州腴壤邊沿上向東的氣候情形，在這裏只要靠着雨雪，便可施行種植，無需灌溉的工作。但是這種水分是不會達到大洋的。

說到這裏，我們一定得繞回去，完成對於山脈一個圓周的考察。南山的水流入額濟納河以沒於無水的盆地，北山山脈荒涼的山嶺和高原就延展於額濟納河的西邊。這些山嶺也沒入於同樣乾燥的山系之中，這些山系土耳其名爲庫魯塔格(Kuruk-tagh)義卽乾山。由此更西宛延約四百哩，又是一大段地帶，既不能生存，也不適於游牧生活。北山和庫魯塔格相接處成爲一大障壁，在那裏沒有一處南北的寬廣是在二百哩以下的，最近的地方到現在已逐漸能夠耕種了。

戈壁東西兩端古老的山嶺斷層之間，偶爾可以找出帶鹹味的水井或泉水，因此成爲一個通道，實際上每一次可容一小隊的人通過。整個區域常有暴風，因此行人視爲畏途，這種暴風大率來自東北，卽至春季也往往凍冰。

天山大山系始於哈密以東，由此向西宛延於塔里木盆地的北邊，形成北部的一大屏障，高度廣闊各處相差很大，但是無論何處在氣候以及同氣候有關的各方面，都强烈地顯出是塔里木盆地和向北毗連諸地域之間的一個分野線。北方諸地是爲準噶爾(Dzungaria)高原，北界直抵西伯利亞的極南邊，也是一個肥沃的大山谷。因爲氣候特別潮溼，平原山谷概宜於畜牧，所以自古以來，從匈奴人起，以迄於突厥人蒙古人，此地都會引起游牧民族極大的垂涎。

天山屛障雖綿延不斷，然而各處間有通道，一年間大部分的時候可以容人騎通過貨運往來。所以北方游牧的鄰人，仍然有機會向南方的腴壤和商道加以侵略。

土魯番低地方面可以從廣大的焉耆山谷中裕勒都斯（Yulduz）高原牧地裏長驅直下，自古以來游牧民族寇略塔里木盆地的東北隅都以此處爲入寇的大道。更向西去，庫車和疏勒大沙漠田的情形正是相同，一樣免不了横越天山過來的攻擊。

現在放過圍繞塔里木盆地的大山不談，轉過來把盆地的本身考察一番。盆地面積的廣闊，從下面的事實可以得到一個適當的觀念：盆地自西至東直徑在九百哩左右；最寬處足夠有三百三十哩。面積既是如此廣大，顯著的情形又是那樣的均勻，所以此地所表現的幾帶很容易作一鳥瞰，加以簡單敍述。這其中最大的是爲純粹沙丘的一大片中央沙漠，普通稱此爲塔克拉馬干（Taklamakan）。

發源於崑崙雪山的無數河流，除去和闐河以外，沒有能深入塔克拉馬干大沙漠的，就是和闐河也只有夏季的幾個月。所有其餘的河流一離開沙漠田或同河流毗連的沙漠植物生長地帶以後，或者較遠或者較近一點便都沒入「沙海」之中了。但是在有史時期以內，有好幾條河流的河水一定是北流到很遠的地方；我在塔克拉馬干大沙漠中所發掘的幾座古代遺址，很足以證明此事。

這些發掘使我熟悉了這一片大沙漠性質中最顯著的整齊性，這大約要算地球上所有沙丘掩覆的荒地中最可怕的了。行人無論是從腴壤田地的邊沿或者河床旁邊叢林帶上進入沙漠，最初經過的總是沙漠植物地帶，這些植物大部分是紅柳野生的白楊以及蘆葦之類，生長在低下之流沙中間。這一帶最特別最有趣的形態是紅柳錐，圓錐形的小丘常常密密層層地聚在一處。（參看第六圖）流沙繞着紅柳樹遲慢而有定的堆積生長起來，起初很低，經過若干百年常常堆積到五十呎以上。再進入塔克拉馬干沙漠，沙丘上便只有皺縮發白死了已經很多年代的樹榦露在外面，沙錐上即或生長有紅柳樹，也是連樹尖也已經死去很久的了。到後來連這種情形也看不見了，只有荒涼的沙堆，堆積成嶺，有時竟高至三百呎以上。（參看第七圖）

所有很好肥沃的粘土，爲風剝蝕，遂成爲組成沙丘的材料。一年中大部分的時候都有烈風吹越沙漠盆地，特別是從東北方面，只要有一點兒地面不爲沙丘或沙漠植物所掩蓋，柔軟的粘土地面便常常爲風所括去了。

此外我在將來還有機會指出沙漠中各古代遺址，所有的居室以至於古代果園園亭的踐跡，常常位於一種島嶼式的台地上，比附近風蝕了的荒地爲高。殘敗的頹垣與夫倒下的樹榦，此時足以防止土壤的風化，因此保存了原來的高度；四圍的地方挖去以後，於是愈變愈低。

塔里木盆地中間人類可以長久居住的地方只限於塔克拉馬干大沙漠和周圍大山脈之間一小片沙漠田地帶。由於極度的乾燥，此等處所的墾殖只有完全依靠溝渠以資灌漑。因爲同樣的大氣缺乏水分，畜牧也嚴格地限於河畔狹窄的叢莽之間。此事可以說明爲甚麼二千年來先後佔有天山北面斜坡的烏孫、塞種（Sakas）月氏、匈奴、突厥以及蒙古諸民族，雖然常常寇抄塔里木盆地諸沙漠田，迫其臣屬，但是絕不橫越山嶺，永遠佔有其地。他們自己既然享有或者佔領了廣大的牧地，這些資灌漑爲生的沙漠田裏面墾殖者勤勞逼仄的生活，自然不大能引起他們的注意了。

塔里木盆地裏邊的墾地同所有絕對的沙漠面積相比，眞是微乎其微。試看地圖，可見盆地裏的綠色沙漠田僅僅是代表沙漠的黃色和淺棕色畫布上的些微斑點。因爲氣候乾燥，所有這些沙漠田地之上的形態都呈現一種顯著的整齊性。無論在何地帶，行人到處可以看見同樣的小麥玉蜀黍和棉田，微呈台狀以便灌溉；同樣的曲折小道，兩傍植着白楊垂柳（參看第五圖）同樣的園亭或者果園，出產和歐洲相同的豐富的果品，並有很好的樹蔭，足以誘致行人。

塔里木盆地的東頭還有羅布窪地，待我們去考察。這一塊低地中央最奇特的地形是鹽塊堆積的海床，據我們的測量，自西南至東北足足有一百六十哩，最寬處在九十哩左右。這表明史前時代此地爲一鹹水海，當中亞氣候尙未乾燥的時候，容納塔里木盆地的水流。在二千多年以前中國人初次知道此地，此處情形之可怕，卽已同現在一樣。但是現在同乾海西北相毗連處還有一樣無生物的地方，在那裏的現在受着極厲害的風化作用，薄薄蓋有一層流沙的粘土地域上面，仍然可以看出很顯明乾涸了的河床痕蹟來。我們的測量已經證明這是屬於已經乾涸，義爲乾河的古代庫魯克河（Kuruk darya）三角洲。西元前後一世紀左右，這一個三角洲帶了灌溉焉耆河谷的寬車河（Konche R.）和塔里木河的河水，向着當時一部分有人居住的古樓蘭前進。近幾年來水道方面又起了很大的變動，這些河水重復流入荒漠中一大部分的地方了。

自從斯文赫定博士（Dr. Sven Heden）首先發見樓蘭的一個故址之後，又發見了很多的遺址，得到豐富的考古學上的東西，足以證明庫魯克河流到這裏，在西元後第四世紀的初年，這裏還有一個古代的終點沙漠田。經過這一片當時曾有人煙的地方，橫越外邊乾海的崎嶇難行鹽質地面，（參看圖八）卽爲古代中國經疎勒河河槽以入塔里木盆地的通路。在本書後面一章裏我還要說到現在這一片絕對無生命的地方可怕的情形，以及我們考察隊追尋古代橫越這一片可怕的沙漠大道時是如何的困難。

這條中國古道橫過樓蘭東邊的鹽質海床，然後東北向轉到一處河谷形的低地。由此越過一四周都是奇形怪狀的風蝕土台地的乾湖床，以至疎勒河盆地的下游，疎勒河的三角洲以及終點的沼地都在此處。

疎勒河盆地除去敦煌和其他的一些小沙漠田之外，都無居人，我們毋庸久留。此地面積從東到西雖有二百二十哩左右，而自有史以來天然形勢却是極爲整齊一律。此地南有高山，北臨大漠，而爲從中國西北以入中亞細亞的天然走廊，所以甚形重要。在本書後面一章裏我還要說到我如何發見考察那些用以保護這條走廊的古代中國廢塞和邊牆。

離開疎勒河盆地外爲中國中古時代長城門戶的嘉峪關，我們到達已經說過的無水地域的東端。此地從東南面甘州河源頭和太平洋分水界地方以伸到沼澤的湖床，匯合肅州河和甘州河水的額濟納河卽止於此。

從南山山脈極北端因有太平洋的水氣而富於森林的河谷，再往下去，我們遂到沿着山麓高度達五千呎至六千五百呎的一大片肥沃的冲積扇形地帶。因爲地形的優越，所以此地自古以來就成爲中國同中亞細亞之間一條很重要的陸道。

第二章 中國之經營中亞以及各種文明的接觸

在這一大塊地域裏，幾有一千年光景在重要的歷史過程上所演的重要戲目只是遠東、印度以及西方的文明彼此交光互影的故事。我們談到前一章所說南山北面的那一條陸道，對於這一大塊地域可算是考察終了。今爲好好的瞭解這一個大過程起見，先將此地政治方面重要的歷史約略敍述一番。古代這些重要的現象有正確可靠的中國歷代正史作爲我們的根據，這是很可稱幸的。

漢朝爲要防備蒙古方面匈奴人的入侵，經過好幾百年的努力，到了武帝（西元前一四〇—八七）方始征服了南山的北麓。這一段故事可以張騫之出使中亞來作開場。大約在西元前一三八年，武帝派張騫出使於後來成爲統制印度西北部的印度斯克泰種人（Indo Scythians）的大月氏，希望他們幫同攻打那些爲中國世仇的匈奴人。（這些人後來還要在歐洲歷史上出現，稱之爲Huns。）這些强勁的游牧部落結成一個大聯邦，從蒙古方面向中國北邊侵略，已有了好幾百年之久。月氏人也就是在張騫出使之前約二十年左右爲匈奴所逐，離開南山北麓故居，遠遠的向西方移殖，於嬀水旁邊今日不哈剌（Bukhara）地方建立了一個新的國家。張騫出使經過了許多艱辛困苦，並曾一度爲匈奴所擄，囚居十年，但是終於達到月氏。月氏拒絕回到故居，去向匈奴復仇。張騫出使的直接的目的算是失敗了，然而中國同本土文明以外的世界在經濟同政治的關係方面，卻另闢了一個新的時代。

張騫在外國整整十三年，後來取道塔里木盆地復反中國，出國時同行有百餘人，歸來時餘下的只有一個同伴了。他回來以後，對於他所經過的中亞諸國內中西方諸國如現在的費干那(Farghana 大宛）撒馬爾干(Samarkand 康居）不哈剌以及巴爾克（Balkh 大夏）等富庶的地方，以至於更遠的處所如波斯印度等處，都有確實的報告。中國之知道環繞邊陲的蠻夷以外還有很開化的民族，要以張騫為第一人。以後不久，武帝便就認識到為通商上和軍事上的援助起見，同這些民族交通甚為重要，加以國內經過這一位英主的努力已很鞏固，於是更促其經營發展之意。

在開始這種政策顯明的目的是要從塔里木盆地求一通路以達嬀水區域那一片廣大的地方。那時由中國到西亞有居人的地方以南山北麓為天造地設的大道，却為匈奴人所據，以致阻而不通。中國人的努力就在抵抗此輩。武帝不斷的努力，在戰爭方面算是得到報酬了。經過幾次的戰勝之後，相當於現今涼州甘州一帶的地方遂於西元前一二一年脫離了匈奴的統治。最後匈奴人被迫退歸沙漠以北，到西元前一一五年，這一帶新收來的邊地乃由酒泉（今肅州地方）為之管轄。

沿着大道以向中亞的軍事進展之外，中國並急遽派遣政治的使節赴塔里木盆地內外的諸國，遠者竟及於巴克特里亞(Bactria 大夏）和波斯（安息）。這些使節的用意在使各國知道中國的國力和富庶。這些使節所帶的中國土產之中自然有著名的很好的絲綢等物，自此以後絲綢遂由安息同敍里亞以達於地中海，號稱「織綢人」的中國人的聲名，不久就達到希臘同羅馬文明的大中心城市了。中國這種絲綢貿易在經濟上的重要是很容易認識的。此後有好幾世紀絲綢還是一種驕貴珍重的專利的出產。

中國向西發展的急先鋒由皇帝授以「大行」之職，於西元前一一五年第一次奉使歸國後大約一年光景便逝世了。但是從他鑿通以後，交往日益繁盛，「使者相望於道」往往達數百人。

為着中國國內出產發達的利益起見，最要緊的是利用這新開的道路以為中國的製造品，特別貴重的是絲織物，求得新的市場。漢武帝所發動的向西發展大運動，於政治的目的而外，還有與貿易有關的經濟的價值在內，這在中國史籍上有很多的事實足以證明。但是邀約好戰的月氏和天山北面的烏孫民族以擊匈奴的思想即使沒有，而因新同西域交通所引起的煩擾也足以使中國政府即刻在政治同軍事的發展方面採取同一的方向。其後不到幾年，中國使者在塔里木盆地便遭受了嚴重的煩惱的經驗，那些地方各小國的臣民同酋長往往斷絕使者的給養，用意顯然是在趁火打劫，再不然便是向他們直施攻擊。更壞的是天山北部匈奴的勢力仍未破滅，那些可怕的小組騎兵在樓蘭等處往往「遮擊使西國者。」

因此要用兵力保護沿南山北麓一帶新征服地域的需要，不久便決定了。然而中國方面並不是沒有準備。當第一次征服這條自然的大「走廊」之後，便即刻開始沿路建立屯戍，並把秦始皇帝所建以防匈奴的萬里長城向西邊延長出去。

古長城之向西延長，最初的用意自然是保護新開的通中亞的大道。秦始皇的長城純粹是一種防禦的性質，這同我們所熟知的後來中古時代的中國城牆一樣；但是漢武帝的長城用意乃是作為大規模的前進政策的工具。這種同古代羅馬邊陲長城制度(Limes systems)的相似是很可驚異的。我在本書後面的一章裏要說到我所考查發掘全長不到四百哩的中國古代這種很有趣的長城遺蹟(參看圖七〇至七四)

事情的進行是彀快的了。在歷史上爲着貿易的利益和文化交通的和平侵略而需要政治的力量和軍事的行動以爲維護，那是數見不鮮的。用國旗來保護貿易並不是希見的事。中國經營中亞政策的開始，即決定了他們爲着貿易的利益起見，其於今日的俄屬土耳其斯坦一帶廣大肥沃的地方，看得比塔里木盆地散漫而又比較狹小的幾處沙漠田更爲重要。但是中亞西部這些地方同中國相隔太遠。後來大宛人對於中國使者不甚尊敬，於是不能不需要保護。到末了中國所派爲皇帝索取在當地馳名的良馬的使臣也被他們劫殺了。

爲着保持中國的聲威起見，對於此事不能不予以懲罰，西元前一〇四年遂遣一遠征隊討伐大宛。這一次的末了是完全失敗了。大軍橫越鹽澤(即今日乾涸了的羅布泊。參看圖八)途中艱苦萬狀，便已精疲力盡，餘衆未到大宛以前，給養便已罄盡了。到了大宛圍攻一城，遂致大敗而回。歸到敦煌，據說所存者「士不過什一二」。爲報復這樣的奇恥大辱，遂傾全國的物力從事再舉。西元前一〇二年中國命將軍李廣利再出敦煌，領兵六萬人，並輔以龐大的輜重隊和糧臺。

此刻中國方面靈敏的組織力戰勝了一切天然的困難。李廣利率三萬人直搗大宛國都，即足以得到勝利，降其國民。中國聲威因此大振，塔里木盆地各小國相率稱臣於漢。自此以後中國之管理這條自然的大道，益以塔里木盆地中間綿連的腴壤，實際上力量不斷者在一世紀以上，一直到西元初中國內亂，前漢告終爲止。

中國的統治之所以能維持這麼長久，與其說是由於武力，還不如說是由於帝國派在這些地方的政治代表外交手腕之運用得當，以及中國優秀的文明的力量。從古代著作屢屢提到有名的「絲織品」(Seric fabrics)而言，我們可以知道中國這些工業的出品那時正是滔滔不絕地向西方輸去。中國那時一定也捎回不少外國所出自然的和製造的事物，特別是東伊蘭地方的出品。西方事物之傳入，在中國古籍中都可以很明白的追尋出來。

據在塔里木盆地諸古代遺址考古發掘的結果看來，此地在回教侵入以前，文明上的特徵乃是由中國波斯以及印度三種文化勢力混合而成的一種產物。這種混合的開始一個階段，可以確定的說是同中亞交通在同一個時期。現在所得那種文明最古的遺物都不能比此地所得還早。但是我有許多理由可以相信當中國同西域最初交通之始，住在沙里木盆地沙漠田中的那些人民，同我們從西元後三世紀時廢棄的遺址中所找出的那些用另一種印歐語(Indo European)的人是同一種民族，用同一種語言。

在那種分外乾燥的區域裏，因為氣候的情形，只容許比較大的團體靠着組織極度嚴密的灌溉制度才能生存。這種依靠秩序統治的定居民族特別適宜於吸收和傳達從遠東以及西方來的文化的力量。而在別方面塔里木盆地的地理似乎也是單單準備作這一件主要的史事之用。崑崙和天山之間的一大片土地既不能用作牧場，大自然也予以保護，不使其成為大移民運動以及因移民而生的一切變亂的舞臺。

北方的匈奴仍然是一個危險的鄰人，封鎖了天山北麓的大道。但是到了西元前六〇年中國人自身也已佔有了突出的小小吐魯番盆地，在天山東部的南端有一塊開墾得很好的地段，因此對於塔克拉馬干大沙漠北部

第七圖 駝隊經過塔里木河南端塔克拉馬干沙漠中沙阜時之情形

第八圖 駱駝橫過已乾鹽澤之温質地面

A

B

C

第九圖　長方複板上之佉盧簡牘　A爲已縛緊而封牢之複板
B爲下板之正面　C爲蓋板之反面

經過沙漠田的大商道獲得了很重要的保障。

此外沿着盆地南邊經過且末（Charchan）和和闐的另一條交通路線，因爲有高峻的崑崙山，尤其是相近的荒涼不毛的西藏高原，足以防止遊牧人侵寇的危險。一直到八世紀以後，西藏從一些散漫的野蠻部落崛起而成爲一個中央集權的軍國之後，東土耳其斯坦的這一面才有過受侵略的經驗。

如若我們要明白中國人之所以去突破通過羅布沙漠的那些天然困難的理由，我們就應該先知道中國人如要向西方通商以及政治擴展，在安全的通路方面，塔里木盆地實在是特別重要而且方便。一九〇七年同一九一四年冬季的發掘使我能追尋出漢武帝橫過這些可怕的流沙石灘以及鹽澤經營西域的那條大道。在本書的第八同第九兩章裏就要敍到這些發掘，在那眞正的禁地所得的一些有趣的發見也要予以較詳的敍述。

至前漢末葉哀平兩帝之時，正當西元前後之際（6. B. C.—A. D. 5），中國內部變亂相尋，於是中國同中亞的交通也第一次受到了阻礙。此後中國在塔里木盆地的統治力日趨微弱，據後漢書說，後來「西域分爲五十五國」。自是塔里木盆地委諸匈奴者大約十年，最後中國爲保護西北邊陲不受匈奴寇侵起見，不得已恢復其向中亞的前進政策。

第一次運動始於明帝，時在西元後七三年，打算一步就佔領哈密，直接的目的在對付匈奴。哈密沙漠田是軍事上一個重要的地方，爲經過吐魯番窪地沿天山東麓的「北道」鎖鑰。這是進入塔里木盆地最容易的一條路，可以避免橫越天山的遊牧人的攻擊。但是中國方面第一次的努力失敗了，直到十三年以後，哈密始入於中國人之手。

那時候塔里木盆地復成爲歷史上的大舞臺，到末了中國又一度保有了這一大塊陸地。其時努力於中國的中亞政策者是爲軍人而兼大政治家的班超。他經過幾次有名的事變之後，帝國的聲威在全塔里木盆地又樹立起來了。他從羅布泊方面的舊沙道開始，逐漸戰勝了和闐莎車疏勒等地的酋長，這大部分是由於他的膽氣和手腕，而不全由於兵力。班超的秘訣，就的他告訴明帝的一句話：「以夷制夷。」

自從班超得到勝利以後，中國的政治力量向西擴展，竟遠達帕米爾地方以外。同安息有了外交的關係，西元後九七年又曾一度遣使直接與大秦（今敍里亞地方）通交，這次的使節似乎曾達到波斯灣頭。西元後一〇二年，班超年已衰老，於是遂荷着帝國的光榮回到遼遠的國都來，就在那裏終其殘年。而中國在中亞的聲威到此時也可說是達到頂點了。大約也就在這時候，馬其頓商人狄與努斯(Maës Titianus)的商業代理人曾穿過那一稱爲斯克泰外伊摩（Scythia extra Imaon）的塔里木盆地，敍述商隊將遼遠的絲國(Seriké, or the land of the Seres 卽中國)所產的絲帶到西方所經行的大道的報告卽出於狄氏，由狄氏以傳到推羅的馬林努斯(Marinus of Tyre)，由馬氏以傳到亞歷山大里亞城的地理學家托勒美(Ptolemy)，我們今日由托氏書中始能知道一點梗概。

此後因爲匈奴的寇侵以及各地的叛亂，適宜於和平交通的情形不久便開始改變了。其時漢朝在西域的聲威因爲國內積弱日甚，逐漸衰落，到西元後二二〇年，漢朝卒歸於滅亡。那時從印度洋到紅海的海道已通，於是對羅馬帝國的絲綢貿易遂一天一天的改趨於海道。

到了三國鼎立，天下紛紛，中國對於整個塔里木盆地的統治是不能夠維持了。但是西域諸國同東西兩方在文化以及貿易方面的交通顯然還沒有斷絕。我曾經發掘過兩個很有趣的遺址，在那裏所得到的遺物就很足以作我的證明。我所說的古代遺址卽指尼雅（Niya）河盡頭的沙漠中以及環繞古代中國在樓蘭的屯戍的遺址而言。在本書的第五、第六、第八諸章中，對於這些地方豐富的發見中所表現有趣味的生活以及統治的情形，可以有機會作更詳細的說明。在這兩處遺址裏，我都曾得到證據，足以證明中國之佔領這些地方大約到西元後第三世紀爲止，此後便完全絕迹了。

尼雅地方當時的生活情形，尤其容易推想出來。地方官吏以及富人所居精細的建築，（參看圖三五、三七、四八）殘餘的製作精美的家具，雕刻得很美麗的木質裝飾藝術品（參看圖四一、四三）以及其他，都顯出一種發展得很高的文明。當地的工藝品更明白地顯出一種從東伊蘭以及印度西北邊傳來的很強烈的希臘影響。

所得有關於佛敎的物品，還可見佛敎在那時塔里木盆地一般可憐民族的宗敎同知識的生活之中，已確實佔有很顯著的地位。這種强烈的印度文化影響，在附近一座頹敗了的遺址同垃圾堆中所得到的許多文書裏也很顯著的反映出來。在尼雅廢址我曾發見木質簡牘幾百片（參看圖九）內中大部分是公牘、契約、賬簿以及其他雜物之類，全用的梵文和佉盧文（Kharoshthi）字體寫着，這都是西元前後一世紀左右印度西北邊陲同鄰近阿富汗的地方所流行的文字。

從這些遺址，我們幾乎可以把那時生活的物質方面清清楚楚的推想出來。果園同葡萄園中死去了一千六百年的一切東西至今還可以認得明白（參看圖六、四五、四九。）此外如籬笆，如建築用的材料等等都顯然指出這些地方種植以及氣候的情形同現在塔里木盆地中位置相同仍有人住的腴壤正是一般無二。

這些遺址在當時也同塔里木盆地中現在腴壤一樣，所有種植，一定完全靠着灌溉。古代氣候若不是已經極其乾燥，那些堆露在室外而又易於破碎的許多東西是不會幾乎完全無恙的保存至今的。塔里木盆地其他古代廢址的考古發掘也正見出同樣的情形來。放棄此等地方以前不久的氣候乾燥情形，在實際上從那時候起一直至今，必然是一樣的。

這種普遍而重要的事實，對於地理學上重要而討論得很多的所謂乾涸(desiccation)問題，有直接的關係。這一個問題過大，在此處只能稍爲提到，不能詳細討論。這就是：一千六百年的氣候情形，若是同現在一樣的乾燥，這兩處古代廢址以及其他地方自從放棄以後，便成爲完全不能種植，應該要如何去解釋呢？

就塔里木盆地的解釋而言，我相信是由於種植所完全依恃的河流水量減少。而河流水量減少最近似的原因可以說是因於高山上爲河流水源的冰河日漸縮減所致。至於冰河的縮減，只有像卜拉德爵士(Sir Sidney Burard)和馮非克教授(Prof. Von Fickex)的假設，以爲冰河所含大量的冰，乃是末一次冰河時期的遺存，自從那時以後，經過溫和的氣候情形，慢慢地逐漸地繼續減少。那種可以稱爲「化石冰」(fossil ice)的消耗，便很足以解釋有史時代中整個盆地的氣候沒有受顯著的變遷，而灌溉的水源何以減縮了。

塔里木盆地在地理上既有走廊的功用，如今將這一塊地方在後來中亞史上的經過再為略考如次。我們對於這一部分的歷史大約有三世紀左右已是實在不甚了了的了；中國在這一方面的政治統治既歸消滅，我們對於西域可靠的主要材料也隨而枯竭。其時中國內部分裂為若干對立的王朝，有些並是異族，而在第四世紀時候，匈奴人也開始他們西徙的大運動，後來他們竟至浴馬於多腦（Danube）、萊因（Rhine）、波（Po）諸河。過了一些時候，整個塔里木盆地，以及北部同西部一大片地方大約有一世紀左右都處於匈奴的別支之下，這卽是西亞所稱一號白匈奴（White Huns）的嚈噠人（Hephthalites）。

無論是外族的統治，或者在此以前內部互爭主權的一個時期，對於腴壤中根深蒂固的中國文明似乎沒有嚴重的影響，此外也不足以阻止那一面從伊蘭極東部和印度緩緩流來的佛教教理文學以及藝術的力量。這樣建立的宗教和知識的密切關係，從那時經由中亞以向遼遠的印度參拜聖蹟的一些中國僧侶的行紀裏還可以反映出來。

到了第六世紀中葉，沿着天山向西遷徙的游牧民族移民潮流中又起了一次新的波動，時緩時急，終之突厥部落完成一個大的團結，於是以前為嚈噠人所統治的地域至此俱一時屈服於此輩之下，這在中國史籍上是為西突厥人。西突厥也同東突厥一樣，為中國東陲之害甚久。到西元後五八九年，中國始由三百年分裂之局復合為一。

到西元後六一八年，入於中國偉大的唐朝，中國國勢又逐漸鞏固。唐代起初對於西北的進取，採取一種嚴格退守的政策。但是不久便轉而改採大規模的前進政策，於是唐代在西域的聲威，逾越前代者在一百年以上。西突厥的勢力因爲中國外交政策之縱橫捭闔，部落離心，已經衰弱。哈密同吐魯番都先後脫去了突厥的羈絆。到西元後六六〇年，遂最後爲唐高宗擊得粉碎。自阿爾泰山以迄於興都庫什山以外的一大片土地，於是由西突厥轉入中國之手。

但是中國繼承西突厥所得的一片土地，經過一些時候之後，便證明是禍亂同衰弱的源泉了。中國在「四鎮」的戍兵不僅要保護塔里木盆地的沙漠田，並且還要顧到天山北部的地方。這是游牧民族最好的牧地，其時突厥人猶飄忽往來於阿爾泰山同天山之間，因此常受此輩的侵擾。加以那時西藏人已急遽發展成為新的武力，他們的壓迫成為更嚴重的危險。

到了第八世紀中葉，除去南面西藏人的壓迫而外，阿拉伯人的不斷進展征服了媯水盆地，於是西方又感受一種新的危險。西藏人努力想同阿拉伯人攜手，以共同抵抗中國在中亞的優勢。突入印度河流域以後橫越現今吉爾吉特（Gilgit 譯者按，唐代稱爲娑夷水。）和雅西爾（Yasin）的興都庫什地方，他們異的達到媯水流域最上游處。塔里木盆地的兩翼向東西伸張，因爲西藏人同阿拉伯人的聯合，於是威脅到中國在那裏的地位。爲努力挽救這種研究的軍略上的危險起見，乃有西元後七四七年中國大將高仙芝橫越「世界屋脊」的帕米爾同冰雪皚皚的興都庫什山達科特（Darkot 譯者按，唐代名坦駒嶺。）山口的奇異的遠征軍之舉。我在本書第三章第二十章對於中國這一次可紀念的偉績還要詳細的加以敍述。此事最可以證明中國人能用嚴密的組織以戰勝可怕的地理困難的能力。

高仙芝的遠征對於中國軍威增加甚大，但是仍無補於他兩年後的慘敗。塔什干城(Tashkend)附近的一戰，高仙芝完全爲阿拉伯人及其同監軍中途背叛唐朝的突厥人所敗。西元後七五〇年左右，西藏人從南方北侵佔領了敦煌和南山麓的一段地帶，將塔里木盆地同中國所有的直接交通截斷。然而塔里木盆地裏邊的中國官吏同戍軍雖處於孤立之境，仍能孤軍奮鬥維持了四十年，——這在歷史上眞是很英勇而又黑暗的一章。

唐朝的統治消滅以後約四百年，這在塔里木盆地的歷史上大部分是一個黑暗的時期。我們知道西藏人之統治此地不到一百年，而塔里木盆地西部疏勒以及其他各沙漠田歸突厥酋長統轄以後，回敎也因以傳布了。自第十世紀中葉以降，一方面由於武力，一方面由於宣傳佛敎敎理和佛敎文化俱逐漸歸於覆滅。

然而在東北部以及突出的吐魯番地方，佛敎仍然繼續發揚，此外因爲回鶻酋長的保護，摩尼敎同景敎在那裏也同時發達。因爲這些酋長的見解卓越，以及在各方面所表現的突厥種族之融合被征服民族更進步的文明的能力，東土耳其斯坦語之能至今猶通行於塔里木盆地各處者，其故應由於此。然而那裏的人民大部分至今仍保持阿爾卑斯種型(Homo Alpinus)的一式，帕米爾地方操伊蘭語的山民(參看圖一三三)尤其純粹，西歐方面也有眞正的突厥血統中只有些微的攙雜。

在第十到十二世紀的那種政治情形之下，很難使人相信塔里木盆地還能像從前一樣爲西亞同中國文化交流的一個重要通路。自唐代衰微，宋朝繼起，中國之於中亞雖非是極端的退守，也只能爲消極的抵抗。

當十三世紀初期的二十餘年之間在成吉思汗的指揮之下，蒙古忽焉興起，於是全亞洲的政治情形都大大的起了變化。到西元後一二二七年他死於甘肅的時候，他的驚人的征服事業已把從黑海以迄於黃河一帶的國家，都放在蒙古「大汗」直接統治之下。成吉思汗逝世後，後繼諸人繼續努力三十餘年，於是將全中國統一於蒙古王朝之下，其支裔則建國於中亞全部，遠至波斯，同東歐的大部分地方。整個亞洲既建立了一個統治者，於是中國近東以及歐洲直接交通同貿易的道路又因而重開。

天山南北的商道暢通無阻者約歷一世紀以上。那時歐洲尋找遼遠的契丹（Cathay）的使節商人以及旅行家對於他們所曾經過的這些道路都有所紀載，流傳至今。而這些紀載之中說到事實的正確動人再沒有能勝過中世紀最大的旅行家馬哥孛羅(Marco Polo)不朽的紀錄的了。

馬哥孛羅到中國，正是蒙古忽必烈統治最盛的時候，馬哥親覩其事。忽必烈死後不到一百年，內亂頻仍，蒙古一朝因而傾覆。明朝代興，在甘肅西北邊採取一種禁遏貿易的嚴格退守政策，防止蒙古人重新入寇，便卽欣然自足。

海道使用之於中國，經阿拉伯人大加發展，到了葡萄牙人第一次遠航印度而更形重要，古代中亞大道對於西方貿易的重要遂因而剝削無餘。但是到十七世紀終了，天山北部的蒙古部族準噶爾人興起，於是新興氣盛的清朝不得不再度進入亞洲的腹部。約在一七五五年之際，清朝乾隆大帝大舉討伐，全部塔里木盆地同北邊的準噶爾最後又直接歸入中國統治之下。像漢唐一樣，原屬純粹防禦的政策，結果使中國擴展至於廣大的中亞，以及於帕米爾和阿爾泰山地方一帶。

一直到今日，中國內部雖是日漸衰弱，十九世紀的末葉漢回（Tungan 東干）也曾一度叛亂，然而中國之統治此等地方依然如故。原因由於歷史上中國的中亞邊陲第一次同那些文明列强如舊俄帝國之屬疆界毗連，那些國家能够轄制邊民同禁止游牧民族遷徙，用能如此。俄國暫時佔領伊犂同肥沃的伊犂河谷，於是便利了一八七七年之再度征服新疆，而塔里木盆地在十年之內，最初淪於無政府時代，後來又爲篡竊西土耳其斯坦的阿古柏（Yakudbeg）的虐政所苦。

天山同崑崙之間的一線沙漠田，現在已經不當貿易的大道了。勇敢容耐的駱駝在那裏運輸貨物，大體上同張騫與馬哥孛羅時代一樣，至今還沒有汽車同火車來代替。中國過去爲中亞一列强的古代傳說，仍足以保護那處的和平。他們以後之同比較不大保守的近年來富有經驗的緊鄰俄屬土耳其斯坦所發生的擾亂和苦痛，是否能够排除困難，還需待着將來。

第三章　越興都庫什以至帕米爾同崑崙山

當歷史時期，尤其是佛教時期，中國土耳其斯坦竟成爲文化、宗教、種族、以及語言各方面的勢力匯合的場所，而在廢址遺物上面所表現的影響沒有比從印度那一方面來的更爲明白淸楚了。幾乎在一切的證物上面都有很好的理由可以相信這些影響，是正在西元之前以及其後幾世紀，直接或間接從爲佛教崇拜和宣傳大本營的印度西北部發出來的。這一塊界於印度同伊蘭極東部之間，古代征服印度必首先取此的地方，從我幼小的時候，便引起我最大的幻想了。

四十五年前我開始服務印度的時候，最足引人注意的帕米爾邊地，燦爛的阿爾卑斯山一樣的克什米爾風景，眞是我的生命中特別的嘉惠，乃是最適於我的興趣同性格的學術硏究和工作的發祥之地。在這裏我曾費了好幾個假期從事於考察古蹟的旅行，從事於考證古梵文史籍中關於克什米爾歷史的硏究。後來我還曾花了較長的時期，在拔海一萬一千呎的高山上紮帳篷露宿，對於發掘的結果刻苦工作，其後引我向更北較遠之處。這種和平而與世隔絕的高山生活經過好幾年，於是使得我把克什米爾的帳篷竟眞當成我的家了。

一方面因爲克什米爾的地位，一方面也因爲我在那山地裏住過，於是我所有的幾次中亞探險隊，當然都以此地爲出發點了。興都庫什高山是喜馬拉雅山的西端，帕米爾方面的印度河河谷同中國土耳其斯坦的西南界，卽以此爲分水嶺，我每遇機會，便留意想在那裏另尋一條新路。三次旅行經過那樣荒涼而偉大的喜馬拉雅山的

第十圖　洪查主要的地方之 Baltit 上有 Mir 之城堡其前爲在 Ultar 河流域上之冰峯

第十一圖　第二次探險斯坦因及其旅伴在 Chira 北方之沙漠中之合影自左至右坐者蔣師爺斯坦因及雷蘭生立者依布拉欣姆哲斯范生及奈克蘭生

西部，留下了最動人的回憶。

一九〇〇年的第一次探險隊，從克什米爾到中國領土，所取的是經過吉爾吉特和洪查（Hunza）那條路；洪查是一山道，景物極爲雄偉。（參看圖一〇）一八九一年洪查和那伽爾(Nagar)的酋長歸服英國，自此以後其地遂見知於世，在那時候爲通吉爾吉特起見，因建造一條很好的驢道，以爲在那裏駐紮一小隊英帝國戍兵之用。一九一三年的第三次探險，我於是取道於此，並遊歷了歐洲人以前從未到過的達勒爾（Darel）同丹吉爾(Tangir)兩處山地，然後取道於塔格敦巴什帕米爾(Taghdun-bash Pamir)，經過冰雪皚皚困苦萬狀的山道以入中國領土。而在我看來，歷史以外並富於地理的同人種學興趣的路，即是一九〇六年我於第二次探險所取的路。所以先取此路加以敍述，以引起讀者對於我的中亞考古的興趣。

這條路因爲政治的原因，平常是不許歐洲的旅行家通過的。我從印度邊區西北端的白沙瓦（Peshawar）縣取此道經過斯瓦特(Swat)同狄爾（Dir）土人部落以入吉特拉爾(Chitral)的達得（Dard）地方。由嬀水上游同阿富汗屬帕米爾可以橫過巴羅吉爾(Baroghil)山口。我那可痛的故上司丁涅大佐（Colonel Sir Harold Deane)，那時是西北省(North-West Frontier Province)的省長(Commissioner)，也積極贊同我的計畫，恰好政治上也呈雍和之氣，於是阿富汗有一部分地方本來是守護得很嚴的，至是也蒙故阿富汗王阿迷哈比布拉(Amir Habibullah) 欽允，因而得以迅速通過，這是我意料所不到的。

四月杪是向北橫越雪嶺一個最早的時期，我的小隊人馬便開始趁時開動了。我所主持的三次探險隊，內中都只有印度助手。印度測量局(Survey of India Department)對於我的地形測量工作，自始至終援助到底，屢次派他們最好的本地調查員隨行；如雷蘭生(Rai Ram Singh)即曾參加我的第一次探險隊。次之爲奈克蘭生(Naik Ram Singh)是孟加拉皇家工兵隊第一隊(K. G. O. First Bengal Sappers and Miners)的伍長受過很充分的專門訓練，幫助我的處所眞不少。哲斯范生(Josvant Singh)是從康格拉(Kangra)來的一個瘦長結實的拉吉普特人(Rajput)，在我屢次的旅行中，都替調查員當廚子，也包括在隊伍之中（參看圖一一）我願意我能有這樣一個靠得住而又態度溫和的印度隨從永遠幫我的忙。所惜他的階級過高，不許其爲歐洲人服役，我自己的廚子不得已只好請一位回教徒的印度人，說到這一位的技術同個人品性方面，比之哲斯范生，未免遜色了。

我之所以瀆瀆不休，因爲我幾次的探險隊，內部人員大都無所變動。到了中國的領地以內，爲着正當範圍內的工作和組織到沙漠中考古的運輸隊，自然得增添土耳其的馱馬和駝夫。在這些土人中間，我也找到一羣可靠的人。就我所有的設備如科學器具，如照相機，玻璃片，以及少許維持兩年半工作所不可缺的東西而言，在出發時有十四頭騾子來載運全部行李，當然覺着滿意了。

四月二十七日從保護馬拉甘山(Malakand Pass)以及通斯瓦特河谷的碉堡出發。（參看圖一二）自從一八九五年通吉特拉爾的重要軍路第一次開通之後，馬拉甘和以外的河谷，遂成爲土人激戰之場。我的旅行不僅要去到遼遠的地方，並且也要追溯很古的年代，所以此地是最適宜的出發點。二千二百年前亞歷山大和他的

第十二圖　從馬拉甘山上之硼堡遠眺北方之斯瓦特河流域

第十三圖　由南向北方進發靠近羅華雷山之峽道

馬其頓人以這些地方爲第一個階級，從此經過以征服印度。此外還可以看見顯示古代文明的佛教寺院，這些寺院當最後用希臘傳奇人物鑄到貨幣上的那些統治者不復能領有土地以及保護佛教聖蹟的隆盛而後，便也歸於湮廢了。

五月三日到達可怕的羅華雷山(Lowarai Pass)脚下，此地拔海在一萬零二百呎以上，（參看圖一三）我們過此，天未破曉，峻峭的巖谷塞滿了崩雪，有些還是最近崩下來的，可見本地人之勸不要向北出發過早，並非故意驚人。爲着運輸我們的行李，需要雇用五十個以上的土人分成幾隊，以減少危險。這一個難關安全渡過之後，便能迅速的爬過深削的吉特拉爾山谷以達得洛什堡(Fort Drosh)，這是印度英國駐軍最北的一站。從此沿河前進有兩條長路，高約二萬五千呎冰雪皚皚的提里齊彌爾峰(Tirichmir Peak)，全然在望，於是達到吉特拉爾首都，都在那高峻荒涼紆曲迴繞的羣山之中，這是一個美麗的小沙漠田。

在此地匆匆的駐了幾天，人類學一方面得了豐富的收穫。吉特拉爾的土著是達得種很重要的一支，歷史的古老以及種族語言之相似，都足以引起特別的興趣。阿刻曼尼帝國(Achaemenaean Empire)的時候，克特西斯(Ktesias)便已知道這一帶山中有此族人了。但是因爲吉特拉爾山嶽高峻，層層的可以爲這些殘餘的土著作蔭蔽之所，使其可以存身，所以我能在此地得到正確的人類學的測量，像横越興都庫什山的那些操伊蘭語的山民和卡非里斯坦(Kafiristan)的那些樸野的亡命者一樣。這是卡非(Kafir)部落最後的一點殘餘，得力於山嶽高峻，所以幾百年來能抵抗阿富汗人的征服和强迫信從回教。

吉特拉爾和鄰近諸山谷間因爲能保持很古的風俗、習慣、工藝、以至於房屋建築的形式，所以是研究古印度文明的一個理想場所。但是因爲一些有力量的實際理由迫得我只好向嬀水和「世界的屋脊」那一方去。雖是匆匆的上到雅爾渾河(Yarkhun R.)和馬斯杜日河(Mastuj R.)，我還能趁便調查研究一些有趣味的古代佛教石刻，和回教時代以前的堡壘遺蹟。很奇怪的就是當地的傳說往往將後來的遺蹟同朦朧不淸的中國入主時期連貫起來。就我在前一章所說唐代中國的勢力橫越帕米爾，甚至及於興都庫什山南的暫時擴展而言，在四面阻絕的山地裏，這種當地的傳說是極可重視的。

更有趣味的是不久我便把作中亞古代史地指導的中國正史紀載的正確證明了。以前我曾說到西元後七四七年中國高仙芝率大軍入侵那時爲西藏人所據的雅新和吉爾吉特兩地，關於這一方面的中國史籍紀載的翻譯，若干年前我便已讀過。那時我就假定以爲高仙芝及其一萬大軍自疏勒出發後橫越帕米爾，所取的路應是巴洛吉爾和達科特兩個山。從嬀水上游山谷中過巴洛吉爾以至於馬斯杜日河源處，而從此以到雅新山谷，則只有困苦艱難冰川載途的達科特山口是唯一實際可以通行的大路了。

這一番偉業的路線，我自然是亟於想去實地考查一番；帕米爾同興都庫什在軍事行動上是一個可怕的天然障壁，數目比較不算少而有組織的軍隊越過此地，在紀錄上要以此爲第一次。高山峙立，缺乏一切給養，這種軍隊在此如何能夠維持得住，即是這一個問題，便足以把現代任何參謀本部難倒了。

五月十七日抱着這種目的攀登了拔海一萬五千四百呎的達科特山口，證明這是一樁冒險的事。嶺上從北來的長達幾哩的大冰河，（參看圖一四）其時猶積雪甚深，下面隱蔽的滿是冰罅，我們經過九小時的掙扎，才達到山口頂上。即是我們的嚮導堅實的馬斯杜日人和護密(Wakhi)也以為在這樣早的季節，是不會通過的。在這裏以及後來橫越巴洛吉爾山口到達嫣水流域所搜集的觀察，都足以證明中國官方對於這次偉大的遠征隊的紀載，在地形方面每一小處都正確無誤。

當我立在口頂閃光熠燿的積雪上向那直到六千呎下雅新山谷盡頭的峻坂下窺，對於起初拒絕向前移動後來他們努力掙扎前進的高仙芝的勇敢，才能認識清楚。他們那足智多謀的統帥已經恍然於前途的險惡，因此很謹慎地安排下聰明的策畫，鼓勵他的部下向前闖入下面的深谷之中。逾越這種天險而突然出現，便足以使雅新的佔領者大感狼狽，於是立即決定了完全的勝利。至於高仙芝所用的戰略，那又是一事，今置不談。在那時我覺着可惜的是這位勇敢的中國將官竟不在達科特隘口建立紀念碑之類的東西以誌此事。就所遭遇的困難而言，橫越達科特及帕米爾較之歐洲史上從漢尼拔(Hannibal)以至於拿破崙同蘇伏洛夫(Suvorow)諸名將之越阿爾卑斯山，還要困難呢！

兩天以後，我們橫越了興都庫什山的主脈，到達最低的巴洛吉爾，此地拔海在一萬二千四百呎左右。那一年的雪下得分外大，使得容易通過的隘口還積有很多的雪，情形因此很惡劣；如沒有阿富汗方面的援助，我們的輜重，簡直無法通過。

我自己立在嫣水的源頭上，循流而下便是我從幼以來渴切思慕的古代大夏的理想區域，不禁使我百感叢生以前爲圖接近此地屢逢障阻，不利的政治情形，至今依然如故。但是我從帕米爾向東行近中國邊界，在那給養缺乏的護密(Wakhan)地方所有的幫助，都是由阿迷命令供給一切。

沙哈得(Sarhad)是嬀水流域中最高的一個村落，歷史甚古，在那裏還有很和靄的款待在候着我。嬀水流域阿富汗邊防軍司令賓林狄爾汗大佐(Colonel Shirindil Khan)隨帶侍衞被派至此，(參看圖一六)這位可愛的老戰士，在偉大的阿富汗王阿迷阿布都拉曼(Amir Abdurrahman)即位的前後，變亂紛紛之中，身經歷次的戰爭。他對於拔達克山(Badakhshan)人民同古蹟方面有興趣的知識，竟如泉源一般滔滔不絕。聽着這位溫文爾雅的老兵敍述他少年時代伊薩汗(Isa Khan)大亂之後，阿布都拉曼其時猶能據鞍顧盻，雄姿英發，循着中亞凱旋的風俗，他助之築叛逆之首爲京觀，以恢復秩序的故事，好像是置身幾百年以前。我眞想滯留在嬀水流域，再汲取一些栩栩生動的歷史紀載。但是因爲我的隊伍所受的困難，和善的護密鄉民因護衞隊的駐紮，糧食有告罄之虞，在那裏訴苦，迫得我不能不再向前進。

循嬀水而上的頭兩站都很危險：冬天沿河的道路爲洪水所阻塞，盛夏又因積雪而尤其不通。我們的拔達克山產小馬在那巉巖峭坂上上下攀緣的靈活，眞是一個奇觀。屢次都得力於衞隊繼續的注意看護，行李才不至於墜入波濤洶湧的河流中去。

在波柴公巴玆(Bozaigumbaz)的吉里吉斯帳篷裏過了很冷的一天，因此我得以趁便拜訪小帕米爾湖(Little Pamir Lake)一次。此湖位於一個荒野突露的一萬三千呎高的山谷之上，爲「世界屋脊」的奇景之一。

這一個平坦的山谷看來好像一座山脈，上猶積雪，大帕米爾湖卽以此隔斷。我知道過此卽是馬哥孛羅經過荒涼的「世界屋脊」描繪如畫的那一條路。我平常所視爲中國護法聖人大佛教旅行家玄奘在數世紀前自印度求法歸來也曾取此道。馬哥孛羅以後第一個歐洲人到過此大湖的是伍得隊長（Captain Wood），他於一八三八年至此，我則於此次旅行之後九年，始能循着他們的舊道。

我們沿着嫣水主流阿布依般闍河（Ab-i-Panja）上游的一條古道到達瓦克哲山道（Wakbjir Pass）的脚下。山道兩邊都是冰河，刻遵貴族（Lord Curzon）以此爲嫣水的眞源，那是不錯的。我們費力的花了一長天才越過此道，也就是越過中國和阿富汗的邊界了。我們於午前三時出發，阿富汗衛隊仍然駐紮在山下以防運送行李的護密人同吉里吉斯人中途逃跑。其時瓦克哲的雪還很厚（參看圖一五）早晨溫度雖低到華氏二十五度，雪仍異常鬆軟，於是吉利吉斯種强壯的犛牛也只好卸去負載，任其落後。唯一所怕的是我們的阿富汗護衛要勸誘護密人同吉里吉斯人努力掙扎着把我們的行李渡過去。雖然如此，我們到中國境的第一站，仍是半夜在那裏找得一些燃料同乾地，以便歇下休息。

塔格敦巴什帕米爾頂上是一九〇〇年我第一次所跨到的中國國土，如今我又到了這裏了。從這高峻的山谷下來，據居住下方的色勒庫爾人（Sarikolis）說那裏的冬季有十個月，夏季只有兩個月。西元後六四二年，玄奘久居印度反國，也曾經行此地。以前我曾循着他的足跡參拜過許多佛教聖蹟，現在是並且循着他的足跡更向東去了。

我尤其感覺欣幸的是在下山的路上能確實找出一所廢棄了的石堡，據香客說那裏有一個奇怪的古代傳說，以爲古來有一位皇室的公主從中國到波斯去，特建此堡以保安全。我在一座幾乎完全荒廢的石嶺上所找得的堡壘，聳立於塔格敦巴什河的一條幽暗的峽谷裏，今稱爲克則庫爾干(Kiz-kurghan)，意卽公主堡，（參看圖一八）這在玄奘的時候，當卽已久歸荒廢。只因天氣乾燥，爲此古地蔭蔽的城垣仍是很清楚的可以看出來。城垣用土磚和杜松枝相間疊砌而成。再向東去，西元前二世紀的漢代長城邊塞，也是用同樣中國的古法築成的。

到了色勒庫爾首邑蒲犂(Tash kurghan)我又到這地方的古城來拜訪一次。這是一大片地方，四圍繞以石垣，中包一座倒塌了的中國堡壘，現在只是一座小村而已，（參看圖一七）然後直向東北橫過約一萬五千呎的齊齊克里克(Chichiklik)以到疏勒。沿途經過穆茲塔格大山(Muztagh-ata)和其小嶺。不顧沿途溶雪和河水泛濫的危險，以六日行一百八十哩的急速度前進，找出毫無錯誤的地形上同考古學上的證據，見出這同十二世紀以前我的中國護法聖人玄奘經行此路時並無二致。

我到了疏勒，作客於印度政府代表我的老友馬卡爾特尼先生(Mr. George Macartney今晉爵士 Sir)的府上。在這裏我終日忙碌於組織我的旅行隊，購買馱馬駱駝等等一大堆實際事務之中。因有馬卡爾特尼先生的幫忙，以及他個人的力量，省政府對於我的考察才允善意看待。但是更其重要的乃是承他介紹一位中國人蔣師爺（譯者按：卽蔣孝琬）作我的中文祕書。（參看圖二〇）我學習中國土耳其斯坦所通用的東土耳其土話，還不甚難，但是要好好的學習統治者所用的中文，我只恨沒有充分的餘暇。

第十五圖　瓦克哲山口所見之嬀水上游冰源

第十六圖　正在準備渡過嬀水支流之阿富汗衛兵及其輜重(圖中最右之一人卽賓林狄爾汗大佐)

第十七圖　蒲犂之中國壘堡

第十八圖　克什庫爾干已毀壞之牆及稜堡

蔣師爺不僅是一位很好的先生同祕書，並且在我的科學興趣方面，也是一位不畏艱難的很可靠的幫手，這眞是一件幸事。我粗粗學會了說中國話以後（我很懊恨的是只學得一些很麻煩的湖南官話）在歲月悠久的艱苦的旅行和掙扎中，他那永遠快樂的伴侶態度，常使我精神爲之一振。受過教育的中國人都天生有歷史的興趣，所以他之於考古學正如小鴨之得水一般。他是一個身軀瘦長一生工作大概不離衙門的養尊處優的秀才，對於沙漠生活雖然感覺着痛苦與不舒服，然而仍能怡然，眞令人驚嘆不置。凡在腴壤中逢到中國官吏的款待，他對於所備的好東西總能有尖銳的鑑賞能力。他很健談，他的詼諧的談吐，每能振起全隊人的精神。所可惜者，多年來我所渴望的這位精明忠實的中國同伴，現在竟永辭塵寰了！

六月二十三日自疏勒出發，我的目的是在和闐，從東南循商道走要十四天工夫。和闐是塔克拉馬干南部一個最重要的墾殖區域，自有歷史以來以至現在，大約沒有變動過。我第一次在這裏考察，就於東北很遠處沙漠裏的古代遺址中找得佛教時期遺物甚多。我知道此處在有趣味的考古工作方面，資料是不會窮盡的，從那回以後，便渴想再來作一次更大的發掘。只因夏季在沙漠廢址中工作，酷熱難當，非到九月以後不能開始，在這期間之內，我只好把我的注意轉到地理和其他的方面去。

我在繁盛的莎車地方停住幾天，塔里木河自羣山中奔騰而出，到了莎車，大顯其灌溉之用，然後由此向南流向崑崙山麓。關於種種證據以及文獻，在我第一次探檢的詳細報告書古和闐考（Ancient Khotan）中敍述甚詳，今不備論。我們最後在和平的小沙漠田庫克雅爾（Kök Var）忙碌工作的時候，我的手中也滿是關於那不大爲人知道的巴克波人(Bakhpo)（參看圖二二）的人類學測量一類的資料。我們只是用完全無礙的器具去測量照相，而他們起初紛紛從棲身的高山谷裏向四面逃竄，好像眞的是要取他們的頭顱一般。但是這種紛擾却得到很大的報酬。據收集所得的證據看來，這一小族人現在雖然像塔里木盆地中其他的民族一樣，操東土耳其語，然因處於高山之中，與四面隔離，所以仍能保有很顯著的阿爾卑斯種型的體格；這一族人在古代必遍布於和闐以及和闐迤東沿塔克拉馬干的南端一帶。並也有理由可以相信他們原來所操的語言大約是東伊蘭語，像現在嬀水上游譏密識匿(Shughnis)等極相近的種族所操的語言一樣。據在和闐地方沙埋的廢址中所得的文件證明，和闐古代的語言也屬於這一語系。

我們的平面測量取道外山一不甚知道的小路，七月底我始到達和闐。五年前我的第一次探險，即視此沙漠田爲可愛的中亞考古的基礎，至是舊地重遊，不勝快慰。還有可喜的是當地的土耳其族紳士，僑居此間的阿富汗商人那一輩老朋友，以及土耳其人平常稱爲按辦(Amban)的中國官員所給予我的歡迎。因有中國官員機敏的幫助，此後的四星期中我得以迅速的出發作我要作的工作。這是一九〇〇年我在和闐南部崑崙山脈高處調查的輔助，對於和闐二大河之一的玉隴傑什河(Yurung-Kash)水源的大冰河作地形學方面更詳細的工作。

從一九〇〇年所發見的一條路向上行，橫越崎嶇突峙的山嶺，於八月中旬到這尼薩村(Nissa valley)。到後不久便急於從事測繪從崑崙分水嶺（參看圖三）下流的大冰川地圖。因爲氣候極爲寒冽，巖石分裂的現象，各處都很顯著。爲着建立測量站起見，我們所爬上去的峭壁頂端全是鉅大的石塊堆積而成，如出第坦(Titans)

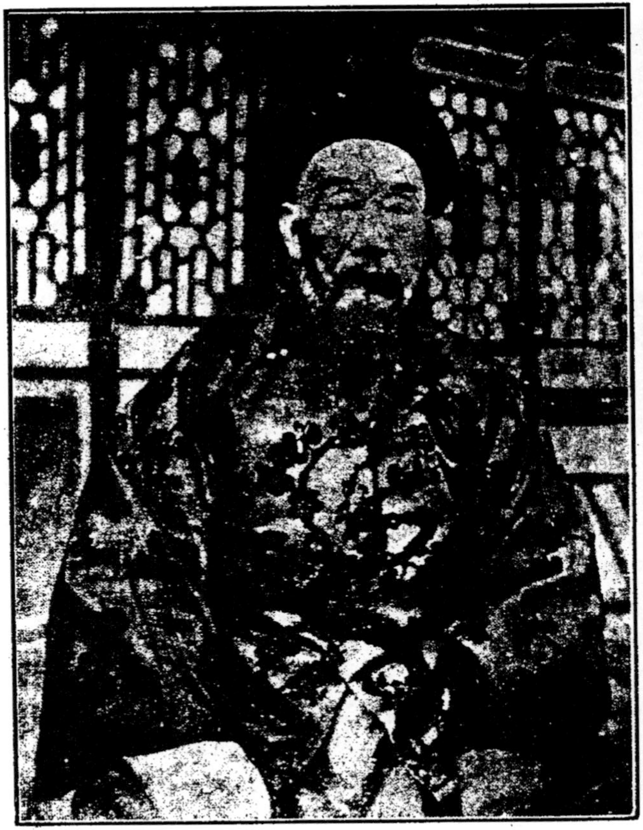

第十九圖　阿克蘇道台潘大人像

第二十圖　蔣師爺像

第二十一圖　喀蘭兀塔格地方之Taghlik游牧人及由和闐逐放來的罪人

第二十二圖　在庫克雅爾之巴克波人

之手，一萬四千呎左右以上更無些微雜物從嶺上滾下來的大石塊幾乎把下面的冰川都阻塞了。這些冰川上覆這種岩層，雜以黑色的冰河石礫，遠遠看來有如鉅大暗黑的波濤，在寬廣處突然凝化一般。又從大冰瀑和罅隙可以見出還些岩層的堆積是在那裏穩定的緩緩的前進。即在此處，顯露的冰面看來仍然幾乎是黑色的。在鄂都魯兀爾(Otrughul)冰河（參看圖二三）的時候，我曾在極困難的情形之下，從冰河口爬上一萬六千呎左右的高處，而遠看從二萬三千呎高峯降下來的清澈澄明的冰雪，其高仍是可望而不可即。

兩年後我因考察西藏西北荒涼的高原之使，得以爬上雪峯的側面，從兩萬呎高處的分水嶺遙望這一座大冰河上部冰河的河床。於我之如何費去許久時候攀緣許多罅隙的冰河以達到那峯頂的側面（參看圖二四）以及在那裏把右足的足指凍掉，那又是一件事，不能在此贅述。

按照前一章所述的理論，冰河時代末期這些「化石」冰河的遺存，以及最近幾千年來的逐漸減削，可以假定為以這些冰河為水源的河水水量同腴壤內靠這些河流以資灌溉的水量贏縮的原因；而崑崙山上掩蓋各冰河的岩層的堆積，對於此事實有重大的關係。

在一萬三千呎左右的高處，現在的喀什庫爾(Kashkul)冰河末端之下約三哩的尼薩村（參看圖二五）頭，便可很清楚的看見鉅大的冰河堆石。自不知若干年代以來，因為很重的塵霧，有一層很厚的黃土塵積在這些古代終點堆石上面；這種塵霧每當北風從北面的沙漠平原吹來時，我們是可以常常看得到的。只有在一萬二千五百呎到一萬三千呎的高處，水分似乎比山中其他各處為多，生有一點青草同少許有花的高山植物，使人眼目爲之一新。這些山谷向下則荒涼之態大增，無蔭蔽的峻岩坂明白告訴我們那裏的風化進行得很快。其間全然紆曲的鋸齒形峻嶺同深的峽谷，在崑崙外坂各處常可看見，這很顯然的指明這種風化程序在那裏也進行着。（參看圖二）

古代緊急的時候，越過崑崙主脈曾有一路以通印度的拉達克和西藏高原，我們找尋這一條古道所遭遇的困難，我在別處也曾說到。這些困難不全是由於自然。在這寂寞荒涼的深山裏所有唯一的居民是半游牧的山民以及從和闐放逐來的特選的罪犯，（參看圖二一）雖然總數不過二百，而其阻礙行人正不下於自然。所以一般人稱此爲喀闌兀塔格（Karanghutash）意卽黑盲山，看來是很有意義的。

第四章　在沙漠廢址中的第一次發掘

在和闐南部的大山裏很緊張的作了幾星期的地理學工作以後，因爲那裏自然界的極度荒涼，沒有機會留下歷史的痕跡，於是時候一到我便回轉向沙漠中沙埋的廢址去作發掘的工作。當一九〇〇年的十二月間，我的第一次探險隊到達和闐沙漠田，由此向北進入沙漠，我對於這種工作得到了最早的經驗，那一次的觀察同動人的發見足以增長識見，在我的記憶中還是很新鮮的，我覺得不能不將時間退後一步，要求這一章的讀者聽我將第一次考古的情景敍述一番。

以前的幾星期都廢在和闐沙漠田之內，那時此地雖然饒沃，却仍比較荒露一點。崑崙外嶺離和闐甚近，而哈喇傑什同玉隴傑什二河又發源於其間，但此際却被一年最終一次的黃塵暴風所遮蔽了。所有果園葡萄園帶灰色的樹葉被暴風吹得一掃而光，沃饒的平原上滿是英國秋天那種烟霧迷漫的氛圍。玄奘到和闐後所到過所述及的佛教聖蹟，我都能一一考查證明，這是很滿意的事。地方因爲經過幾百年的墾殖和灌溉，土磚的建築物當然最多也只能有一些不成形的低土堆存在了。但是仍存有一些傳說，說那些後來成爲回教先賢墓(Ziarats)的佛教寺院地方，在先原來有一種本地的宗教的。

和闐古都城的遺址，眞可以確定爲卽今日的約特干(Yotkan)小村地方，此地在兩河之間，在現在的縣城之西七哩左右。「找寶」的村人在這裏挖掘歷三十五年光景，於很深的洪積層下發現埋有完全廢圮了的「文化層。」奇怪的是以前的挖掘，大都是爲的淘洗金葉子，大約以前有一個時候此處所得的總不在少數。據一位古代的中國僧人到此者所紀，和闐都城不僅佛像，卽是佛教建築物上面，也都貼有這種金葉。到近年來，裝飾用的陶片，塑像（大都爲猴形），彫製的石器以及貨幣，也算爲可以出賣的副產品了。（參看圖二六）

收集這些小小的遺物，從這種遺物上考查那奇異的遺址，固然是有趣，而更其可喜的乃是當謹愼地把糧食運輸種種設備弄齊以後，到十二月七日，雖是冷而有霧，然而我卻能自由開始出發，在沙漠中過我第一次的冬營生活了。沿玉隴傑什河而下，經過三個寂寞的埠頭，在很高的沙丘中曲折行走，然後到達突出的小沙漠田塔瓦啓爾(Tawakkel)地方。和闐的印度商人領袖(Aksakal)，永遠幫助我的老朋友巴魯丁汗(Baruddin Khan)曾僱一個有經驗的找寶人杜狄(Turdi)去尋古物，現在由他作嚮導，領我直向東北六十哩左右以外的遺址處去。他同一些別的人在和闐是屬於一個倒霉的小團體，以向號稱象牙房子的丹丹烏里克(Dandan-Oilik)尋找實物爲業的。

我此外另僱兩個塔瓦啓爾的獵戶，名叫阿馬德默爾根(Ahmad Merghen)同卡新阿兀渾(Kasim Akhun)，幫我們作沙漠中的旅行。若干年前赫定博士(Dr. Hedin)短時間考查此處遺址，由此以下克里雅河(Keriya R.)，也是請的他們作嚮導。他們是很好的人，以慣於游獵，所以極能吃苦耐勞。他們在出發時就顯出很有用。由他們招集了三十個工人，以備發掘時之需。緣於迷信的畏懼以及冬季的嚴寒，農人自然不願冒險遠去沙漠之中。雖然工資很大，以及後來屢次旅行中向我表示好意的和闐有學問的「按辦」潘大人（參看圖一九）嚴令催行，仍然

第二十五圖　尼薩河源

第二十六圖　在約特干發現的陶瓦燒像及美術陶器的碎片

需要他們兩人去鼓勵勸誘，以戰勝這種困難。

我自己有七個駱駝，又在當地僱用十二頭驢，轉運全隊的行李和準備四星期的糧食便已够用了。驢的好處是只需要少許食料；駱駝也只要得一點菜子油。駱駝在沙漠中走了若干天，無水無草，於第二天只要給以不到一㪷的這種氣味不佳的油，即足以證明此物對於維持駱駝的耐久力實有奇效。我們坐騎的馬已送回和闐，於是我們自然全體一律步行。

最後到十二月十二日，我們已經能够帶着些許的器具和匆匆招集的工人隊伍出發了，塔瓦啓爾的人有一半都跑出來看我們開行。兩天以前，已派兩個獵戶中年輕的卡新帶一小隊人先去，命他於沿途可安帳篷處都掘了井；他們所留下的足蹟即作爲我們的嚮導

出發後兩天離河漸遠，那些地方的沙丘也減低了。再向前去，也沒有像我後來橫過沙漠所遇見的那樣高。但是在流沙內行走，便不能不慢；因爲賸下來的牲口都已疲憊不堪負載太重的駱駝每一小時減到只能走一哩又四分之一。

紅柳樹同蘆葦叢開始還茂盛，到第二站便形稀少，至於唯一的野白楊樹活着的也竟全然不見了。所幸每間一段就掘起一些圓錐形的小沙丘，上面有很密的紅柳叢，枯去的根可作頂好的燃料。在小丘附近因風化作用而成的土穴裏，先行的卡新諸人常在這裏掘井，以備我們扎營。水既很少，不足以供這樣大的隊伍之用，並且在開始兩天，水味極苦，簡直不能作人們的飲料。奇怪的是離開河道愈遠，井水反而變得較爲鮮甜了。

現在沙漠中的冬天已是極度的酷烈了，所幸日間進行時還不甚討厭。陰處的溫度雖然從不曾到過華氏表冰點以上，可是沒有風，所以我還能呼吸沙漠中間清潔的空氣，毫無不快之處。冬季我到了真正的沙漠地方，空氣非常寧靜，萬籟無聲，無有生物以相煩擾，又加以清潔，常常精神為之一新。

但是到了夜間，寒暑表會要從華氏表零度降到零下十度，我的小帳篷雖是用很好的絨布作成，仍是一個可怕的冷窩。燃了北極火爐（Arctic Stove），而溫度還是低到冰點以下六度左右，寫字也不能了。於是我只有藏在行軍床上的厚毛毯同氈子裏邊。我的用土耳其諢名叫作裕爾齊伯克（Yolchi Beg）的小獵狐犬雖有一件很好的皮襖，此時也早已找地方藏躲起來了。

進入沙漠以後的第四天傍晚，先頭去的那一小隊派兩人回來，報告卡新這一隊找不到遺址的地方。我的「找寶」嚮導老杜狄以前雖只從這一面到過丹丹烏里克一次，而現在是證明他對於這一個可怕的區域所有優秀的知識機會到了。在路上他曾屢次告訴我他疑心卡新所取的路稍為偏北一點；但是顯然為著職業上的規矩或者驕傲，他不肯力阻。現在獵戶既已明白宣稱他們之不能找到我們的目的物，他那有皺紋的面上不禁呈顯出一線得意的光輝。同派回的人略談之後，他已能知道卡新這一隊人所到達的地點。第二天早晨仍叫來人同去，充分的指示卡新回到正確的路上。

老杜狄的父親也是找寶人，他自己曾漫遊了近三十年，在那一色無別的沙丘裏，似乎無可指示的地方，也能找出他的目的地來。所以第二天早晨，他領了我們這一隊沿着幾座高沙丘的底部前進，到一有許多死樹從深沙

第二十七圖　丹丹烏里克地方佛寺周圍過道之畫壁

第二十八圖　丹丹烏里克佛寺中央有塑像之基脚

第二十九圖　丹丹烏里克地方佛寺中之故事壁畫及北方守護者之塑像

中時出的地方。這些死樹雖是皺折突露，杜狄等人仍能辨出孰是白楊，孰是柳樹以及其他的樹木。我們已經走到古代的文明區域之內，那是毫無錯誤的了。

在此東南約一哩半處的深穴旁掘井下營。次晨由杜狄引導，向南約兩哩許，我自已便已置身於稱為丹丹烏里克的遺址了。據我後來的測量，此地自北至南約長一哩半，寬約四分之三哩，在低沙坵裏疎疎落落聳立一些小的建築遺物，體積雖小，年代却很古。沙已經吹開了，用枝條和灰泥作成的牆壁已顯露在外，倒塌得離地只有幾呎。到處的牆垣都是用木柱支在流沙上作成的。所有的建築遺物都曝露在外，顯出「找寶人」曾到過的痕蹟。這些人所加的損害是太明顯了。

杜狄對於此處十分清楚，我們因此戲稱此地為他的村莊，由他的領導，我們將遺址匆匆考查一遍，已得到充分的證據可以確定此地的性質同近似的年代。杜狄和他的同夥所掘毀而損壞得很利害的房屋牆壁（參看圖二七）我還能很容易的看出上面的壁畫畫的是佛同菩薩像。當然我們是站在一座佛寺遺址中間了。由壁畫的作風可以見出這些寺院同居地的放棄廢毀，是在回教傳來之前最後的幾世紀的事。在附近堆積垃圾的地方所掘得的中國古錢上面都鐫着開元天寶（西元後七一三—四一）的年號，可以決定此地的年代。

老杜狄到這荒野的地方，好似到了家一般。自幼小的時候他便常來此地，他那好的記憶力使他能立刻認出他以前和同伴工作的地方。所幸以前他們來此因為糧食和運載的力量都不够，不能在此久留，將埋在沙中較深的建築全行清除。所以我能夠將帳篷張在尚未開掘過的遺址旁邊，以便往返。把駱駝送到東邊克里雅河畔去放牧，驢子一律遣回塔瓦喀爾。然後各人一齊開始發掘的工作，在此一共忙碌了十四天。這在我是一個很快樂的時期，充滿了有趣的發見，增長了不少的經驗。

第一次清除出來的遺址是一座四方形的小建築，杜狄曾照他自己的辦法尋找過一次，稱此為不特汗那（But-khand）意即偶像寺堆的沙雖只有兩三呎高並沒有移動過。此外再清除幾處小寺院，我對於那種特別的佈置，便即刻瞭然了。總是一座小方室，四面圍以相等距離的牆垣成一四角形的過道（參看圖二八）這是為繞行之用，依印度的習慣稱此為右旋（Pradakshina）。用樹枝和灰泥建成的牆壁，一律飾以壁畫。據牆壁最低部分所殘存的護壁看來，上面繪的大都是佛生時的故事，或者便是一列一列的小菩薩像，當作一種裝飾用的花紋。偶然也殘存一些故事畫（參看圖二九）以及供養者跪於大佛像前面的圖畫。自然後面這一種也只有最低的一部分存留至今。此外還可以拾得許多泥塑的小佛像，菩薩以及飛天像等，這都是從牆壁高處掉下來的。

壁畫同塑像都很清楚的顯示一種在西元初幾世紀流行於印度極西北部的希臘式佛教美術作風。這種美術之所以為人所知，是因為今白沙瓦縣的古犍陀羅（Gandhara）地方以及印度阿富汗邊境的佛教寺院遺址裏發見了很豐富的雕刻，因而大白於世。和闐佛寺中殘存的裝飾美術遺物，在時間上比之印度西陲開始使用希臘美術以畫造佛教聖傳自然是後多了，但是希臘風格仍然反映得甚為清楚。

清除一些損害較小的寺院所得各種有趣的東西，我不打算仔細敍說，此處只約略指示一二。在小方室內部的中央普通都立有一個很好的塑座，以前上面當立有一尊大佛像。（參看圖二八）佛像足部現俱存在，由此可以推知原來佛像之大。有幾處我並曾找得幾塊木質畫版，放在佛座脚下，這是善男信女獻作供養之用的。所得的畫版帶回在不列顛博物院加以謹慎的清洗之後，幸而發見一塊上畫極有趣味的故事。其中一塊上畫一奇異的鼠頭神。（參看圖三〇）在玄奘的和闐紀載裏保存一鼠壤墳的故事，據說古時此地對於鼠及鼠王俱甚尊敬。某次匈奴大舉入侵，全得鼠羣嚙斷匈奴馬具，因而敵軍大敗，國得以全云云。若無玄奘的這一段紀載，畫版上這一個圖畫竟是很難解釋的。這種故事我能證明至今在西方到和闐的商道上，卽是古昔玄奘聽到此一傳說的地方，仍然存在，只不過形式稍加更易，取其合於回教的觀念而已。

更奇的大約要算後來我發見的一塊畫版，上繪一中國公主，據玄奘所記的一個故事，她是將養蠶業介紹到和闐的第一個人。在玄奘的時候，養蠶業之盛，正不亞於今日。相傳這位公主因當時中國嚴禁蠶種出口，因將蠶種藏於帽內，暗自攜出。因為這一樁可敬的計謀，後來和闐國內遂奉她為神明，於都城附近特建一廟紀念她，玄奘過此，曾去參謁過。

我前面所說經很久的時候還解釋不出的畫版是這樣的：（參看圖三一）畫版中央繪一盛裝貴婦坐於其間，頭戴高冕，女郎跽於兩旁。長方形畫版的一端有一籃，其中充滿形同果實之物，又一端有一多面形的東西，起初很難解釋，後來我看到左邊的侍女左手指着貴婦人的冕，對於畫像的意義方始恍然大悟。冕下就是公主從中國私偷來的蠶種。畫版一端的籃中所盛的卽是繭，又一端則是紡絲用的紡車。

我所到過而且能仔細清除的建築遺址約有十二座左右，其中有幾座證明是小小的佛教寺院。在那沙磧堆塞至今猶存的最低部分，我先發見長條單葉的紙質寫本其次爲一小整捆的散葉子。（參看圖三三）我一見之下就看出這是用的古印度婆羅謎（Brahmi）字體，一部份是北宗佛教用以書寫經典的古印度梵文佛經，一部份用的是以前所不知道的一種文字現已證明這是當時和闐居民所通用的語言。

這些寫本的文字字形以及排列，自然是從佛教的故鄉印度來的。但是據有權威的學者依據以前從和闐找賓人那裏得來的一部分材料研究的結果，已經證明古和闐語是伊蘭語的一支，同西元初古大夏和嬀水中部各處所說的話有密切的關係。我們知道佛教的儀式同教理在很早的時候，卽經過現在的阿富汗以侵入東伊蘭的那一部分，那麼佛教以及隨佛教而來的印度文化勢力之入塔里木盆地，卽令不是僅由此地，也是最初取道於這同一地域，那是無疑的。在這一條通路上，也可以見出佛教儀注同佛像吸收了伊蘭因素在內的情形。

有一座寺院的小方屋清除之後，發見一塊當作供養保存得很好而且奇特的畫版，對於這種衝突的情形，表現得甚爲顯明。（參看圖三二）在有一邊上繪一有力量的男子像，體格衣服全然是波斯風，但是顯然畫的是一佛教中的神祇。長而紅的臉圍繞着黑色的濃鬚，這是任何莊嚴的佛像所沒有的。大的捲髭同黑的濃眉，更其加强面部的男性風度。頭上因爲長的鬈髮，所以纏一金色的高頭巾，極像波斯薩珊朝萬王之王的帽子。身體方而細腰以保持波斯相傳的男性美，穿一件錦緞外衣。腰下腿同脚露在外面，足着高桶黑皮靴。腰懸一柄短的彎劍，圓巾從頸部垂下，纏繞臂部，正和平常所見中亞的菩薩像一樣。四臂以示其爲神道，這是此類像中所常見者。三臂擎有法物，其中只有兩件可以認識，一是酒杯，一是矛頭，這都是世間的事物。

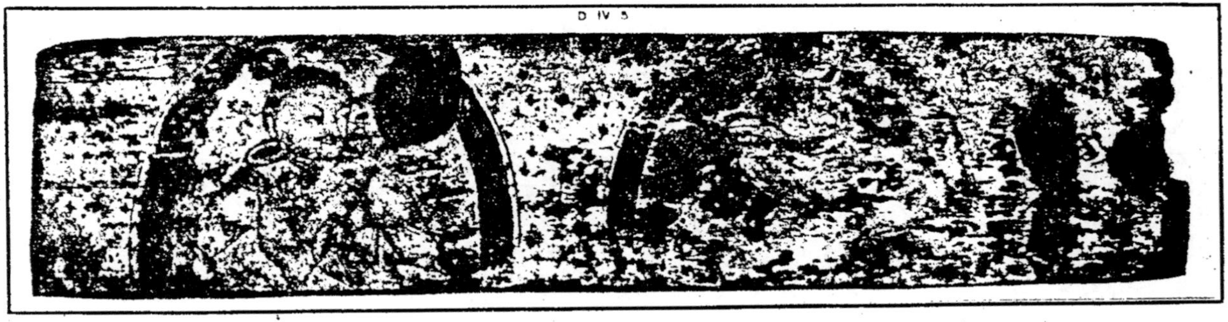

第三十圖　在丹丹烏里克發掘而得之鼠顯神之畫版

第三十一圖　在丹丹烏里克發掘而得之公主（傳說中之傳絲種至和闐者）像畫版

第三十二圖　波斯菩薩（羅斯旦）像之畫版

畫版反面的圖畫成一奇異的對比，上繪一顯然是印度式的三頭魔王。一身肌肉作暗藍色，裸體，腰以下繫虎皮，交义的兩腿下面有昂首俯身的牛像兩頭，四臂各執法物，這一切都表示同印度密宗的神道相像。這一面畫的主題同作風比之反面的波斯風菩薩像，相隔甚遠，這兩者之間是否有任何關係，甚是疑問。

解釋這塊畫版兩個畫像的端倪以及其所以對峙之故，一直到十五年後我的第三次中亞探險終了，我去考察峙立於波斯東南境西斯坦(Sistan)哈孟(Hamun)沼澤上的科伊卡瓦哲(Koh-i-Khwaja)小山遺址，才有可能。在這遺址一堵年代很後的牆後面我發見一塊大壁畫，只可惜殘損過甚。壁畫下端作向一坐於莊嚴台座形同武人的青年男子禮拜供養之像。右臂揚起，擎一彎曲的鎚矛，上着一牛頭。這種形狀的鎚矛，同波斯史詩傳說中大主角羅斯旦(Rustam)所執有名的牛頭戈(gurz)正是一樣，這是回教時代波斯造像中所公認的一種記號。

科爾卡瓦哲壁畫中的主要人物爲羅斯旦無疑。據費杜西(Firdausi)的沙拿馬(Shah-nama)所保存的波斯民族史詩，羅斯旦同西斯坦顯然是相連的。把他的形貌同丹丹烏里克畫版的「波斯菩薩」作一比較，我們可以看出將羅斯旦所執戈的頭部大部分去掉，拿來放在那怪菩薩揚起的右臂所執曲柄斧的頂端了。

比較科伊卡瓦哲的壁畫，又使我們明白丹丹烏里克畫版反面所繪三頭魔王的意義。在壁畫上羅斯旦的對面有一極相像的三頭人在那裏揚手禮拜。據波斯相傳的故事，羅斯旦曾努力奮鬥戰勝羣魔，强迫羣魔効忠於其王，這裏所繪的大概就是諸魔之一，於是丹丹烏里克畫版兩面所繪人物的關係也因而瞭然了。

科伊卡瓦哲的壁畫屬於西元後第七世紀薩珊朝後期之物。丹丹烏里克寺院遺物在年代上之密近，這對於由和闐本地萬神廟中滲入了神化的伊蘭英雄可以表明佛教儀注在傳入中亞的路上所受的外來影響而言，甚爲有趣。

丹丹烏里克棄置於沙漠的年代證據，由現存用通行字體寫成的寫本中幸而可以決定。在大約是佛寺的若干住室遺址中找得上書婆羅謎字的小薄字片。（參看圖三三）據後來的研究，證明這些文書用的是和闐語，所記多爲本地瑣事如借據、徵發命令之類。就這些寫本的字體以及佛經而言，大約都是八世紀物。這種大概的年代之正確，大部分是我的一位老朋友和最能幫忙的同事故霍恩爾博士（Dr. Hoernle）研究的結果，得到後來在其他佛寺遺址中所發見的一些中國文書（參看圖三四）以爲證明，都可以成立了。

這些中國文書經巴黎大漢學家，我的中國紀載方面的導師，故沙畹教授(Prof. Chavannes)的審查，證明是一些要求償債、小借款的字據，以及當地小官吏的報告之類。中國人對於年代的觀念甚强，所以這些文書上都着有正確的年代，自建中二年（七八一）以至於貞元二年（七九一）不等。並稱當地爲桀謝，有一寺院名爲護國寺。更奇怪的是有幾位僧人於僧侶的職業而外，並聯合起來作放債者。這種寺院中此類僧人的文書中有一件據所紀的姓名是中國人；但是貸款者之非中國人，由貸款者和保人所寫的姓名便明白指出了。

但是這些文書更重要的價值在於其上所有年代的證據。這些文書都散置於用爲居室或廚房的底層房屋拉圾堆中，從文書的性質和發見時的情形看來，很可以斷言文書書寫的年代當在此地佔領最終的幾年，最後放棄此地，因而棄置。這由在此所得年代只至上元元年（七六〇）爲止的中國古錢，更可以完全證明。

第三十三圖A　用和闐文書寫之佛經

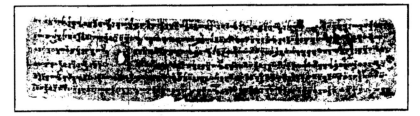

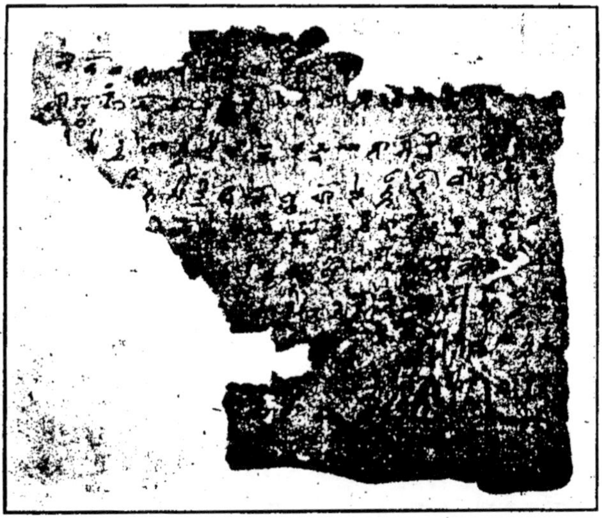

第三十三圖B　在丹丹烏里克發現之用婆羅門草體字書寫之文件碎片

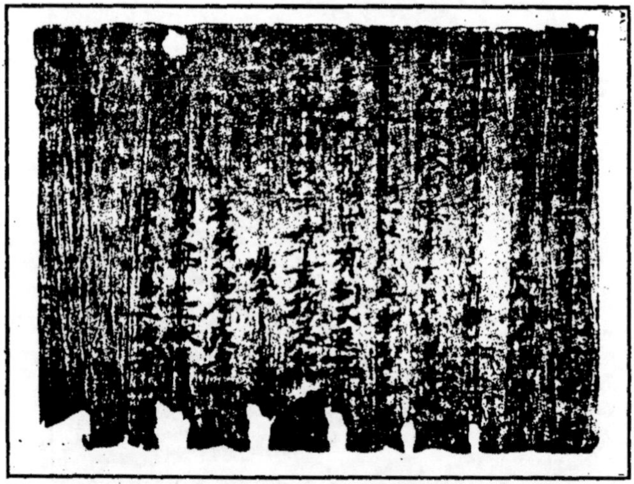

第三十四圖　在丹丹烏里克發現之中國文書爲紀元後 781－2 年時之物

這樣所推定的放棄時代，與中國正史所紀唐代中國之有塔里木盆地止於貞元七年（七九一）左右的紀事，異常符合。中國權力之衰落以及西藏人之入侵，和闐此時必然陷入一個特別混亂的時期。世界上這一部分政治大變動的影響，在這突出的小腴壤中常常很嚴重的感覺到此地全靠灌漑系統，而灌漑又必須有穩固和謹愼的管理，方能維持。從這一點看來，丹丹烏里克發見事物的證據很可以幫助我們推究此地其他廢址放棄的彼此之間的關係，以及前章約略談到的這些地方之所以不能重行居住的一種或各種原因。

發掘所得的東西而外，關於此地生活的情形同一般狀態還有其他考古上有趣味的觀察。我曾在低沙丘中考察了古代園林道路的遺蹟，水渠的分佈，以及指明卑下住室位置蓋滿垃圾堆的地方等等。有了過去這種靜默的證據，對於下章所要說的離奇古址，便更能瞭解了。

此外還有一點普通觀察可以在此一說。廢址中的一切事物都指出此地的廢棄是以漸而成，並不如一般歐洲旅行家所信關於塔克拉馬干大沙漠中沙埋古城流行的傳說，以爲是由於地理上的突然變更，用致如此。塔里木盆地各地所傳突被沙丘所掩的索董（Sodom）和戈摩拉（Gomorrha）古城的故事，都比丹丹烏里克遺址爲古。玄奘所聽到的同現在所流傳的即多少相同。這只能當作一種民間傳說看待，在明明白白的考古學證明上則不然，如丹丹烏里克和這一區域內其他故址的考查，科學的研究是可以不管這些的。

由以後連續幾次探險隊關於地形學同考古學的詳細測量，我才知道丹丹烏里克的土地是藉若干渠水的支流以資灌漑的。這些運渠將吉拉（Chira）多摩科（Domoko）以及古拉克馬（Gulakhma）諸河的河水引入我在離此地南邊約四十哩處找到的烏曾塔地（Uzumtati）那一大塊垃圾蓋滿的遺址，在其後最少也有五百年光景；烏曾塔地即是玄奘所說的媲摩，馬哥孛羅的 Pein。在我的詳細報告裏曾指出一些切當的理由，結論是丹丹烏里克同媲摩的廢棄，都由於同樣的原因，即是這些突出的居住地方不能維持有效的灌漑。

第三十五圖　發掘前之雅尼古代住宅廢址

第三十六圖　發掘尼雅廢址時在破垣頹屋中之古代垃圾堆

第五章　尼雅廢址所發見的東西

丹丹烏里克南邊沙漠中離古拉喀馬和多摩科兩村相近的尙在耕種的處所，還有別的遺址等待考查。我在第一第二兩次探險隊的時候，曾去草草訪過證明這些地方之放棄，當與丹丹烏里克同時，不然便在其後幾世紀。但是那些地方同我在現在的尼雅河盡頭以外沙漠中所發見的一大塊沙埋遺址相比，沒有一處是有那樣古老，那樣有趣，那樣重要的。今卽述此，以告讀者。也正好有機會，一九〇一年一月我和丹丹烏里克以及我第一次發掘的場所告別，便直向那裏出發。

橫過沙丘踉蹌向東，走了三天才到克里雅河(Keriya-darya)，其時已經凍冰了。發源於和闐東邊崑崙山上大冰河的河流，能縈迴高沙嶺之間，不卽消滅，而深入塔克拉馬干大沙漠者，只有克里雅河。沿河而上，那時不再步行，騎在已經召集得很好的馬上，走了四天，始到克里雅城腴壤。克里雅（漢名于闐）地方很大，是一縣城，那時幾佔有經度五度的地方，不用說全是沙漠。和藹的中國縣官招待得甚爲客氣。

克里雅不是一所古地方，「找寶」的職業不如和闐那樣盛。但是我到後的第一天，便有一位老邁有禮的村人告訴我說，是年前他在尼雅以北沙漠中伊馬目扎法沙狄克(Imam Ja'far Sadik)聖地以外不遠處曾看見有半埋沙中的古代房屋。其他的人也有聽到這個古城的故事的，在塔里木盆地中一般人對於各種遺址，卽或是最小的，也都使用 Kōna-Shahr 意卽「古城」的這一個名辭。於是我於一月十八日開始向尼雅出發，沿着圍繞塔克拉馬干沙漠的崑崙山石灘走了四天，才到那小腴壤。

那時適值回教禁食月末了的拉馬丹月（Ramadan），我不得已只好日間停下，而在那裏對於我所要去的遺址年代之古遠得意外的證據，我不禁喜出望外。後來我屢次探險都和我共甘苦的年輕機智的駝夫哈三阿渾（Hassan Akhun）訪知一村夫藏有有字的木版兩塊，卽從廢址得來。當這兩塊木版拿到我的面前，我驚喜之餘，發見這是用古代印度極西北通行的佉盧字寫成的，同西元後第一世紀所通用的異常相近。

這位村夫帶着我從去伊馬目扎法沙狄克聖地的路上拾得的這兩塊木版；不久我又知道原來找到木版的人名叫依布拉欣姆（Ibrahim），他是村中的一位年輕大膽的磨坊主人，一年前他在聖地外古城破屋中打算找寶。不料並沒有寶，只有在他看來無用的一些這種木版。他帶走了六塊，除去在路上拋去的以外，其餘都給了他的小孩子好玩，這些自然不久都毀了。依布拉欣姆看到我重酬拾此的那位村人，不禁大悔。

我不放過機會，立請依布拉欣姆作我們隊伍的嚮導。那一個傍晚，我考查所得的那些東西，眞是快活得很。曲折的字體，淡淡的墨跡，當時不能認讀，但是握在我手裏的文書是用一種古印度字體寫成，印度發見的這一類字體的東西除去石刻而外，沒有能更古於此者，那是毫無疑義的。僅由字體卽可以決定我所要去的遺址的年代之古；但是我對於等待着我的豐富的收穫，也不敢爲過分的期望。

沿涸尼雅河三日的進行，不僅因此事而感覺快慰，並且也有一個證明可喜的天氣。不過仍然很冷，夜間溫度往往降到華氏表零下八度。伊馬目扎法沙狄克馬薩（Mazar of Imam Ja'far Sadik）是一有名的聖地。據說神

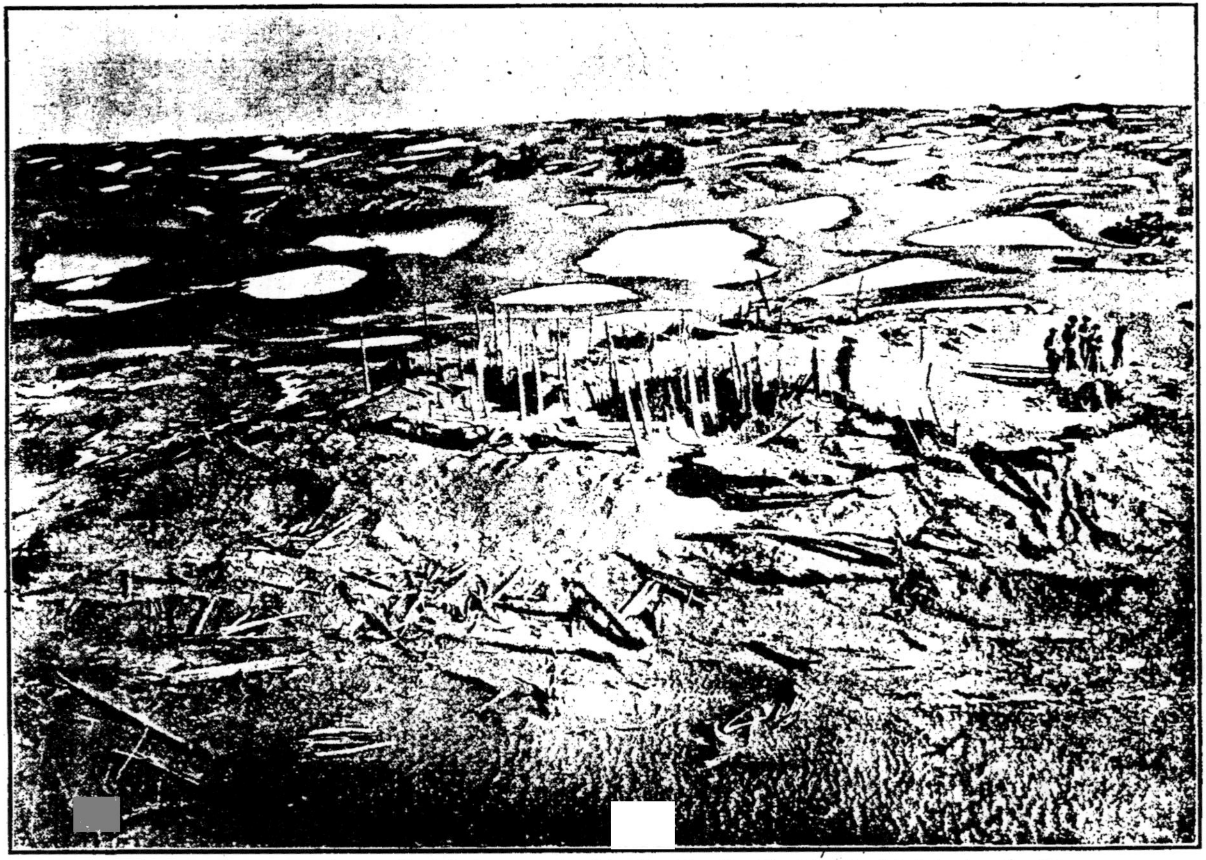

第三十七圖 發掘尼雅廢址後最先尋得彫刻版之破屋

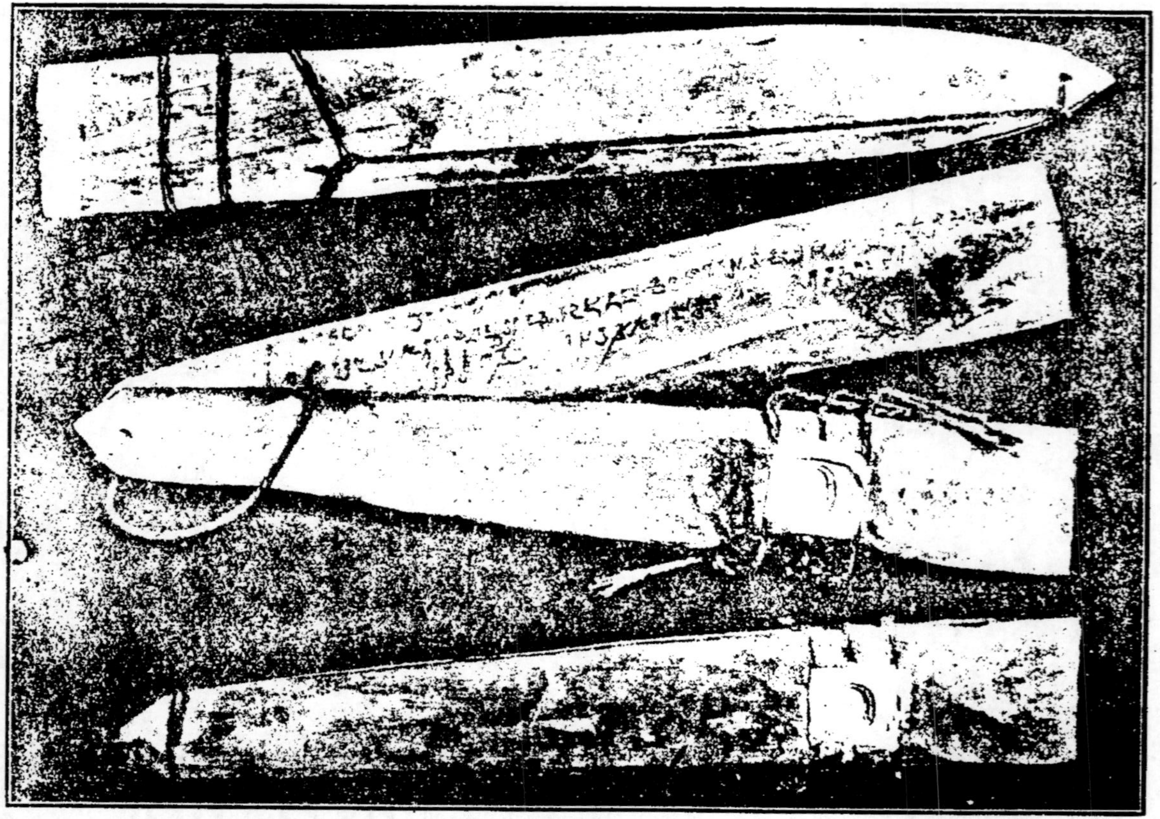

第三十八圖　尼雅廢址破屋中尋獲之楔形佉盧文複版木牘

聖的回教徒領袖伊馬目扎法沙狄克率領數百信徒同秦和馬秦(Chin and Ma-chin)不信教的人大戰，戰歿於此；所謂「秦和馬秦」即是和闐的古稱。

在此不再耽延。沿路有一些爲禮拜者而設的避蔭之所，這是一種小廟，同一些樹，樹上掛着成千片的布塊，都是禮拜者的供養。離此之後，只看見一片碎石堆成的奇異小丘，蓋在露出的石鹽上面。河流盡頭小渠的水在最後消失之前，儲於一個小湖之內，我們於是將從加爾各答帶來的外面鍍鋅的兩個鐵桶和臨時作成的袋子同綢全盛滿了冰。我們全隊有四五十人，置身於沙漠之中，不能不備此以爲飲料。

過了Mazar以後，豐盛的紅柳樹同野白楊林地帶逐漸變爲一望無垠的低沙丘，上面點綴一些矮樹叢，年久代遠，攣曲瘦削的死樹羣之類。在行到第二站的終了之前，我們經過一地勢較爲開廣的地帶，中有破陶器，用厚蘆葦把圈成的籬笆，一排死菓樹同種的白楊樹幹，指出這是古來的一些農舍遺址。我們算是到了嚮導所說的兩間「房」了。(參看圖三五)

這些房屋所在的地方初看似乎是一座隆起的小台地。據後來的觀察，證明這原來是黃土地風化所餘，用成此形。房屋建造的形式材料上和丹丹烏里克的房屋一樣，只是面積大多了，立在沙上爲牆垣間架的木架也來得精巧堅固。屋內滿都是沙。我在一室的地面上找得一彫刻甚美的木片，上面所刻是希臘式佛教雕刻中所常見的裝飾，於是這些遺址年代之更爲古遠，即刻就明白了。

再向北前進約兩哩左右，經過一些高沙丘，到達一座土磚建築物的遺址，一半已經埋在一座圓錐形的高沙垣內。這是一座古窣堵波（Stupa　即佛教靈塔，）許久以前就湮沒了。我們的帳篷支在適中的地方，以便向散布各處的遺址發掘，離依布拉欣姆所說發見有字木版之處也很近。當我第一夜在這四圍寂寂古代人居處的地方的時候，我不禁感慨交集，不知依布拉欣姆所說的是否可靠，他所遺留在那裏的木版文書到底還有多少，等待我去發見。

第二天早晨我急急忙忙的帶領依布拉欣姆同發掘工人到那遺址地方。動身時希望和不相信的混雜的感覺，行近那裏便欣喜得一掃而空。依布拉欣姆領我們去的遺址離帳篷約有一哩。當地低處為風所蝕，遺址也是高高的位於一小台地頂上。上斜坡時，我一氣就拾得三塊有字的木版；這三塊木版雜在一堆木料裏邊，那全然是被風蝕去的部分。（參看圖三七）

到了頂上，我覺着高興的是在一室內，到處散棄，又找得許多。自依布拉欣姆棄在此處以後，僅僅經過一年。上面所積沙層甚薄，不足以蔽蔽積雪，保護上層的木版；此處下雪甚少，我離開克里雅以後，也有此種經驗。因為嚴寒，木版仍然成捆的棄置於有蔭的坡上。受着一年的日晒，最上面的木版字蹟已經部份地受了影響。依布拉欣姆發見之後，不久我便來到此處，我不禁為自己特別稱慶不置。

他即刻將以前起出木版的地點指給我看，那是在一小室的角上，位於此屋北廂房的一些小室中間。在一大磚竈同此室西牆一小角上，他曾用手將沙爬開，起出一堆木版。他所要找的「寶」不在此處，所以他在此處所找出的，顯然是排放得有一點次序的古文書，正被他拋入鄰室之中。

我的第一個工作是要工人把依布拉欣姆起出珍貴的木版的那一間房子淸除乾淨。此室不大，地上積沙也不過四呎多深，所以甚爲容易。淸除之際，在原來地面同竈旁作櫈用的土台上又找出兩打的木版文書。然後我在依布拉欣姆所得之外，再仔細自行搜尋一番，又得到了八十五片左右的木牘。後來淸除廢屋北廂房的鄰室，又得到不少。所以在一日的工作未了之前，我所得到的材料已經眞是很豐富可觀了。

所得的木牘保存甚佳，所以即在當地也容易知道這些木牘的用處以及外面安放的重要情形。除去少許長方形的而外，那一天所得木牘全作楔形，長自七吋至十五吋不等。原來顯然是每兩塊緊縛在一起。（參看圖三八）今將此種巧妙束縛方法的用途略述一二如次：木牘本文都書以彎曲的佉盧文，讀法自右至左，較長部分則成平行式，寫在木牘的裏面。外邊的牘有一下陷的凹形槽，中鈐一封泥印，可以證明這是當作一種信封套用的。凹形槽的旁邊常有很簡單的記錄，成單行；這應是住址或發信人的姓名。兩牘仍然聯在一起者，彼此可以互相保護，所以裏面文書的墨蹟依然很新，猶如昨日所寫的一般。

所以我們很容易承認這些木牘雖然書於衆手，可是都顯出一種佉盧文的特點，這是印度貴霜王朝（Ku-shana or Indo-Scythian dynasty）的石刻所通用的字體。按貴霜朝諸王在西元初開始的三世紀間統有旁遮普以及印度河西邊的一些地方。因此即在未爲任何仔細的考查之前，已足斷定我所急忙收集的材料年代一定很古，而有特別了不起的價值。

那一天的工作雖然暢快，但是仍有一點不能釋然，我自己考古學的良知方面不敢便以爲學到勝利。我第一天工作結果收集得的幾百片木牘，即使不能勝過，也不至於趕不上以前所有諸佉盧文的文書，那是真的。但是這些紀錄不會是一種本子的複寫本麼？不會是禱詞或從佛經中抽出的一段麼？

回到帳篷的蔭蔽之下，我於是動手將保存得最好的幾片仔細研究一番。佉盧方字體彎曲，語意不定，所以特別困難。我以前研究佉盧文碑版，於此即有所準備。我裹着皮裘坐在酷冷的夜裏（據第二天早晨的寒暑表最低是冰點下四十一度）研究此事大致有重要的兩點可以確定：第一、據一些語言學上的考察，這是一種古代的印度俗語（Prakrit）。第二、文字內容雖然相差很大，但是就開封的多數文書而言，開始總是同樣的一個簡單公式。後來我將這一個公式確實辨出，是 mahanuava maharaya lihati（大王陛下勅書）幾個字，這些文書所傳達的當然是公文了。結論似乎可以說是就佉盧文字體而言，一種古代的印度語也曾移植到中亞這一處遼遠的地方，最少統治階級曾使用此種文字。此地是這樣的蒙昧，不爲人知，這些事實也許可以開闢一些新鮮而完全出於意外的歷史景像亦未可知。

當我繼續清除此屋的南廂房時，我想再找到一些紀錄的希望，證明是好好的成立了。有一似乎供僕人用的小室，小室之外聯一大室。大室二十六呎見方，三面有一隆起的灰質平臺，很像近代土耳其斯坦家室中的客廳(Aiwan)。現存八根柱子，排成方形，顯出中間地方以前曾有一隆起的屋頂，爲通光透氣之用，和近代的大房一樣。遺址中其他各處居室的建造和地位，我不久就都熟悉了，這和現在各腴壤中所流行的家庭佈置異常相像。

因爲年代久遠，風蝕力量太大，木料同灰泥造成的牆除不完整的木柱而外，多已不存，保護的沙層只有兩呎深。可喜的是情形雖然如此，我在沿客廳南邊的炕上還找得六十片多少保存不壞的木牘。有些處所堆成束縛很緊的小堆，這顯然是最後住此的人所遺留的。但是有很多的木牘就放置的位置而言，顯然是曾經搬動過，時間大約在房屋荒廢之後不久。所以有些是在一大塊織得很堅固的席上找得的，此席一定是以前中央屋頂的一部分。還有一些在一座露天的小龕旁邊發見，適在墜席之下。其所以能保存甚佳，當由於這種安穩的掩蓋之故。

就我們所得這許多木牘以及未爲後來找寶者所動的這些木牘安置的情形看來，這座大屋原來當是官署。後來研究木牘，才證明是一種地方官吏的。至於木牘的大小同形狀相差甚大。楔形的牘又出現了，但是數目遠不如有字的木版之多。這種木版全作長方形，內容形式極不一律。其中有些體積甚大，長達三十吋，大多數字體排列錯落不齊，寫成小小的行列，末尾綴以數目字；書法不一，刪削屢屢，既不是文書，也不是聯貫的報告，大概都是一些備忘錄、賬簿、草稿以及隨筆之類。

此室內所得長方形的木牘大半可分爲兩組，比較整齊，書寫也較仔細，但是在發見的時候，仍然不能辨識。其中一組作直角長方形，長自四吋至十六吋不等，在有字的一面較狹的兩端高起，像一種緣（參看圖三九）開始一行都含有俗語，我一看之下，就認出這是俗語的「……年……月……日」字樣。在我手中的顯然是整齊而有年代的文書。又一組木牘也作直角長方形，體積較小，平坦的一面很少有字，反面中部隆起，一律作方形或長方形槽，上鈐一印。此外橫書文字一兩行。現在只有前面說到可以注意的垃圾堆發現的古物寶藏，所說明的既確定而又簡單，可以自行表明有印的這些奇異的木牘是一種信套，以安在木牘隆起的邊緣之間，用來保護書信同文書的上一面的。

富於木牘而被沙蓋了的這一座建築遺蹟還不甚深，不足以保存較大的遺物，但是遺址的本身（參看圖三七）很足以表示此處以及遺址其他建築受風蝕的程度。遺址位於一小高台地上，較之周圍高出十五呎左右，其所以如此，自然是由於這種毀壞的力量。堆有殘蹟以及牆基的那一段地帶，仍維持原來的高度，近旁的空地因爲風蝕之故，一天低似一天。古建築物所在的那一部分地方也慢慢的受了剝削，逐漸下陷。從遺蹟的照片上卽可以看出這種緩緩毀壞的程序；遺址前面斜坡上的大木料堆，原來是建築物，至今已完全倒塌，其故卽由於此。

在遺址中再發掘其他一兩羣古代建築之後，遲緩而不斷的風沙飄動，對於殘蹟的危險是更其瞭然了。在第一次清除的房屋西北約半哩左右，有一塊足足五百方呎的地方，證明全是古代房屋倒塌下來的木料堆積其間。小丘高只幾呎，旁邊的地方又大受風蝕，因此牆壁的遺存固然少，室內的東西尤其少。但是仔細搜尋之下，居然也有所得。

在那裏的一間獨室內，地上鋪有半呎到一呎深的沙層，得到五十片左右的木牘，此外還有各種家具，內有一具捕鼠夾同靴熨斗之類。所不幸者，以保護的不得當，大多數木牘已經殘破，轉成白色，字蹟全不可辨。其餘諸片雖甚形彎曲，佉盧文字尙存。大部分是些人名同賬項，可見這是一些官署保存的紀錄。鈔胥工作的程度，加以木質書寫不便，從這些木牘的大小便可看出，其中一片損毀特甚，而長竟達七呎有半！

此處覆沙較深，我因而在此能迅卽清除出許多小室，並且知道一所家宅中住屋牛欄之類的特別安置的情

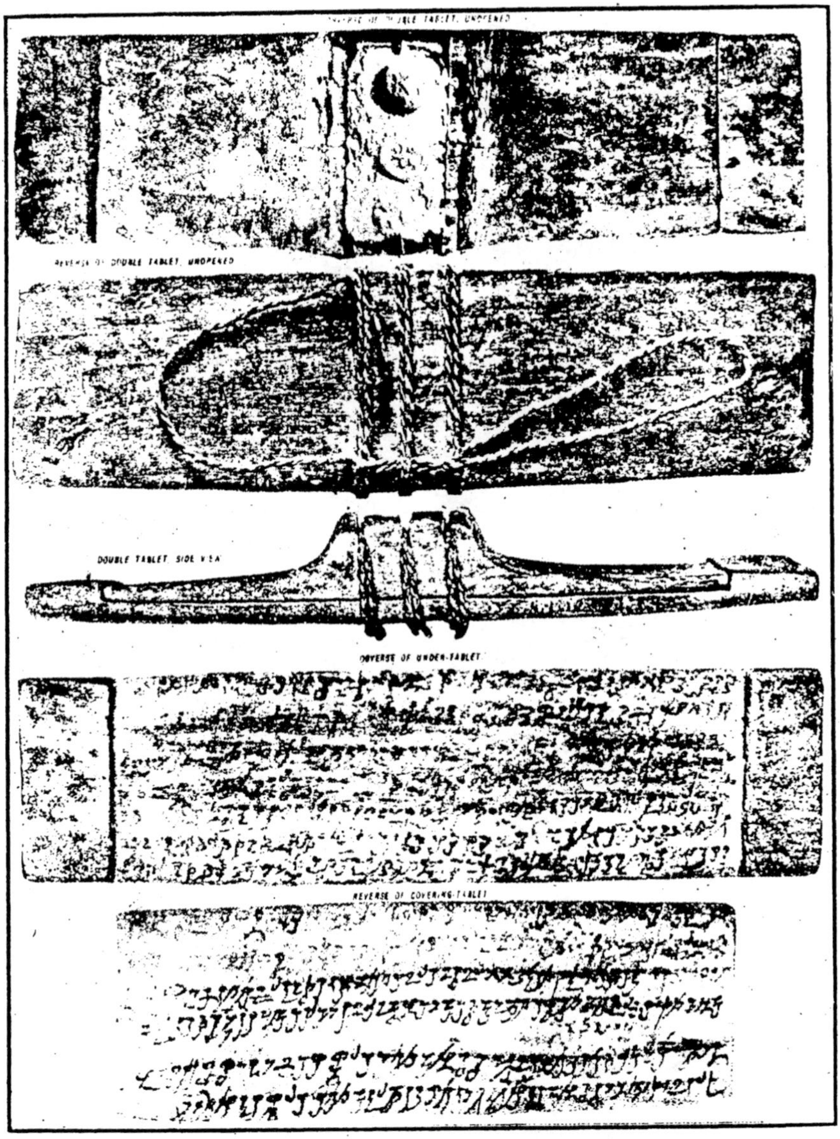

第三十九圖　尼雅廢址中獲得之長方形佉盧複版木牘

第四十圖　尼雅廢址破屋中之有色羊毛氈之一部份

第四十一圖　尼雅廢址破屋中獲得之古代木椅

形。此處所得有趣的東西甚少，但是我在一間外室中找出一所毫無可疑的冰窖；有一厚層用以蓋冰的古代白楊樹葉，至今還在。

越過遺址第一次所到的地方，另外發掘了兩所倒塌的古代房屋，在那裏所得到的遺物性質既更為複雜，也更為有趣。一在東邊，（參看圖三五）從房間的大小和數目看來，一定是一位有地位的人的居宅。各室積沙更深，因此建築遺物保存得較好。這一座房屋的特點是有一間中央的大廳，長四十呎，寬二十六呎。承屋頂的大白楊木樑長達四十呎，像安放正樑的斗拱一樣，上面都有美麗的雕刻。石灰塗的牆壁還保存了很高的一堵，上面以用膠質顏料仔細繪成的大卷花形圖案作為裝飾。

大廳已被後來的居人或遊覽者弄得乾乾淨淨，但是從北邊相鄰的小室裏找出很有趣味的遺物，足以顯示那一時期的工業同美術。在其他本地織物的樣品中有一很美的毛氈殘片（參看圖四〇）上作細緻的幾何形圖案，配以和諧調融的顏色，稍加拂拭，便呈露了原來的燦爛。尤其了不起的是在廚室中所得的殘餘木器和後面倉庫中的武器如弓和木盾之類。而木質雕刻品中尤其以圖四一所示的古代木椅為最好。散亂的零片一齊放在一個外室的地上。所有雕刻的裝飾意境都是印度西北邊省希臘式佛教雕刻中所常見的。我更其高興的是這種遺物所指示的年代同佉盧文的年代證據是如何的密切符合。

更向西南的其他大宅也棄有很豐富的奇異遺物。在一作為公事房的室中除有字的木牘而外，還有空白的木質文房用具，寫字用的紅柳木筆，以及至今中國通用的飯箸之類。更有趣味的是在過道中所得保存很好的六弦琴的上半部和殘破的雕刻很美的靠椅椅腿作立獅形，扶手作希臘式的怪物，全部保存了原來鮮妍的顏色。

近旁一座花園的佈置顯得甚爲淸楚至今露出地面有八呎到十呎的白楊樹榦尚可看出排成小小的方形同圍繞兩邊的蔭路，至今疏勒同克里雅的花園(Bostan)還是如此。我曾在兩道平行的蘆葦籬笆之間行走，至今還是一條村道同十七世紀以前還是一樣，這眞足以引起人異常的感覺，泯除了一切時間的觀念。我用手杖在籬脚的沙中搜尋翻出許多白楊樹同果樹的枯葉在遺址的此間和其他各處，那些倒下來的古代樹榦，我的挖掘工人還能很容易的辨出那些沿道植的白楊樹，以及桃、蘋果梅、杏、桑樹之類的果木，這都是他們家中所常見之物。

從方纔的發掘看來，遺址古代居室中凡有價值以及尚可適用的東西，如不是被最後的居人，便是他們離去不久被人搜檢一空這是很明白顯然的。所以我之希望再得一些考古學上的發見，只有大部分求之於垃圾堆中。這些希望不久便很可喜的證明了。

起初考查北部時，我曾看見一處地方南北約長三哩半，橫在二哩以上，其中以半打以上的傾圮了的建築物散佈着。有一處廢址，現已倒塌不堪，無可引人特別注意之點，我曾起出一些褪了色的木牘，露置外邊，稍加挖掘約歷半小時之久，便得到兩打以上有字的木片。最可注意有兩件：上寫漢字的一狹長木片，同上書佉盧文一行紀載年代的一小塊皮。

這些發見當然很有希望。但是在這爲一普通住宅的西端牆垣半破的室內，(參看圖三六)古代遺物究竟是否豐富，我仍不敢臆斷。等到系統的發掘開始以後，露出一層一層的木牘，同各種廢物混雜一起。隨卽看、出這是多年以來積聚而成的一個古代垃圾堆，並且還有古代可以稱爲「廢紙」的遺物，只不過年代稍爲錯亂而已。

從那一堆高出原地面四呎以上的硬垃圾裏，末了我找出兩百片以上的木牘文書。全混在破陶器、草、氈片、各種毛織物殘片、零星皮塊、以及其他惡味的硬廢物層中。那時微微的東北風從剛纔掘起的垃圾中煽起一陣微塵，用凍僵了的手仔細紀錄每一塊有字的木牘，眞不是容易的事。但是所得的每件事物相當的地位必得仔細記下，一點不容錯誤；將來要建立年代的次序，以及散漫的文書的內部的聯系，這種記載是很重要的。我工作了整整的三個長日子，飽吸了古代塵土的氣味，雖在幾多世紀以後，仍然異常刺鼻。

文書的形式和材料都異常複雜，保存也至爲良好。開始幾點鐘的工作，便找出了寫在皮上的完整的佉盧文文書。（參看圖四二）長方形製作得很好的羊皮，一起大約得到兩打左右，大小雖有不同，而都捲成同樣的小卷子。內面的佉盧文寫得很清楚，黑色墨蹟仍然很新鮮。每一件文書的開始都是一樣的上面已經說過的公式，指出公文的來源，這是我所能確切認得出來的；年月別書於下方，可是只有月同日。

更有趣的是那許多佉盧文木牘中有些是鈔胥練習書法所寫。所得的木牘有許多仍然保存了原來所鈐的封泥同束縛簡牘的繩。（參看圖四四）木片之爲當時普通的文具，那是無可疑的。因此特別欣幸的是我們現在能確實斷定使用時的一切技術。

楔形木牘（參看圖三八）只適於短篇的通訊，特別的一種類似半官式的性質，總是用大小互相適合的兩片。兩片的一端削成方形，又一端逐漸削成尖形，靠尖端處兩片鑿一繩孔。文字寫在底下一片光滑的裏面上，掩一片作爲保護類似一種封套。若書訊過長，可以繼續書於上面一片的裏面。上面的木牘愈近方頭處亦愈厚，外面隆起處鑿一方槽，可容一方印。

用一根兩股的麻繩，用很聰明的圖案方式，先穿過繩孔，然後引至右手方頭處將兩片緊緊縛住。麻繩通過和印槽相通的槽溝，束成正規的十字形。於是槽內用泥塞滿，蓋住纏過來的麻繩。發信人將印蓋到泥上之後，要將上下兩片木版分開，閱讀裏面所寫的書訊，只有將封泥弄破，或者將繩割斷。所以能絕對防止私拆書訊。

據在那寶貴的垃圾堆中所得的看來，長方形木牘束縛方法的精巧也不亞於前者。我在那裏找到許多完全的雙牘，才明白底下一片較短的兩邊隆起成緣，上面一片較短，恰好放在兩邊緣之中。短牘的背面中央隆起，有一方形或長方形槽可以受一泥印。用一根麻繩通過槽溝將雙牘反覆縛緊，繩上施以泥印，以防私自拆開閱讀兩牘裏面所寫的書訊。圖三九卽爲一打開以前及打開以後的雙牘，找得時繩有破斷的，也有完全的。「封套」常和底下的一塊分開，這或者是先已如此，不然就是抛到我所謂古代的字紙簏之後始行分開的。但是所得這些木牘經有名學者拉普孫敎授(Professor E. J. Rapson)在不列顛博物院以及外邊仔細研究之後，散開的兩片大部分都復合了。

關於古代所有這種木質文房器具的奇異的觀察，此處不能詳述。不過有一件事實不能不說一下：據後來在很遠的東邊其他遺址所發見者看來，這種巧妙的器具原來始於中國，爲時甚古。在此我還可以加一句：紙的發明，始於西元後一〇五年，此後幾世紀間，木質文房器具的使用逐漸廢棄。新的書寫材料既較爲方便，顯然流行及於

第四十二圖　尼雅廢址破屋廢物堆中尋獲之佉盧文羊皮文書

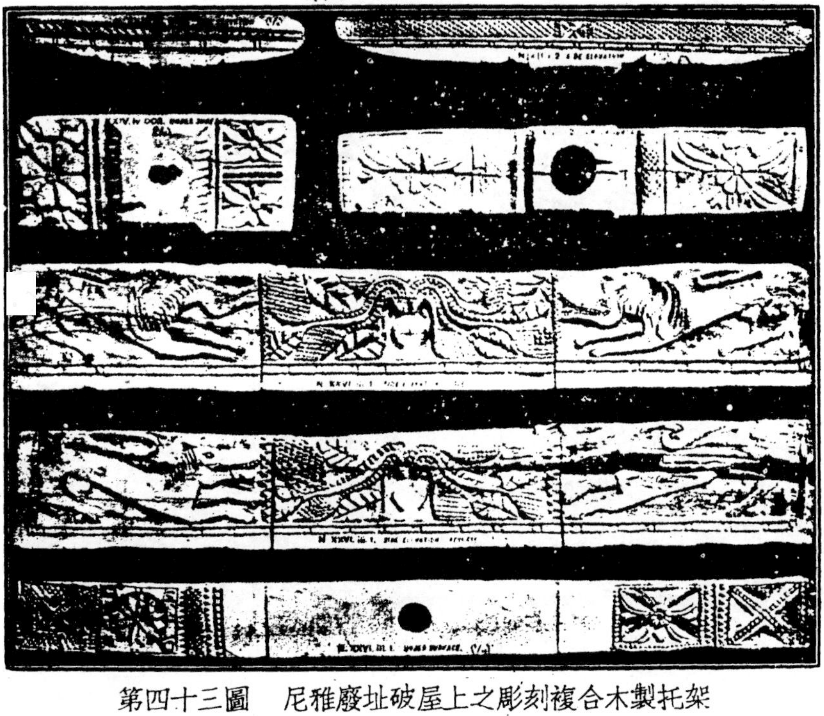

第四十三圖　尼雅廢址破屋上之彫刻複合木製托架

第四十四圖　在尼雅廢址所得之佉盧文書上的陰文封泥印

遼遠的中亞，不過較爲緩慢。即如尼雅廢址之放棄在第三世紀的下半葉，但是在我的幾次發掘之中，竟未得到片紙，可爲此事證明。

在又一方面，至今猶在所得的許多木牘上面完好無缺的一些很好的封泥，（參看圖四四）稍加考察，即可看出西方的勢力從古代美術作品上，遠遠的向塔里木盆地傳播的情形。使我驚喜交併的是剛清掘出的第一塊完整的封泥之際，我就認出了雅典娜（Pallas Athene）的像，執了楯和雷電，作古代的風格。又一塊封泥也作希臘的神像，如立同坐的伊洛斯（Eros）赫拉克里斯（Heracles）同其他的雅典娜。鈐蓋封泥的印章也和西元初第一世紀希臘或者羅馬的作品作風非常相像。

好像是要把遠西同遠東兩種勢力奇異的混合象徵化一樣，在那裏曾找到一塊掩蓋的木牘，並排鈐了兩顆印。一顆上作中國篆字，那是管理現在東方羅布區的古鄯善行政官的印；又一顆上作人首，顯然是依西方的樣式刻的。

由於我第一次考查此遺址所得到的許多文書保存得異常精好，所以關於這些古代文書的性質同用途，一開始便比較易於清理。但是不久我就明白要認識所有得到的佉盧文，却是一件很難的工作。佉盧文字體既過於彎曲，加以發音之無定準，以及使用古印度方言的一些特點，所以劍橋大學的拉普孫教授，巴黎的塞納先生（M. E. Senart）和耶穌會波葉神父（Pere Boyer, S. J.）三位大師共同努力，費了不少的心力，到一九〇二年這些紀錄才付刊行世。

我們在此處所得的佉盧文文書，加之後來在東邊所得，數目很是可觀。因爲太多，又加以戰後的各種困難，所以逐冊刊行，一直到一九二八年方才竣事。這些已經刊行的文書，要全部解釋明白，還需要印度學家多年的努力。這些紀錄對於此地民族流行的經濟同行政的情形，以及種族同文化的關係等等，非等到在訓詁方面能有更深的進步，不能集中一切，呈露光明。但是此處對於某幾項暗示明白，也就很夠了。在這許多文書中，據我初次的推測，有一大部分可以確定說是屬於各種的公文。其中不少是對於地方官的報告和命令，所論及的是地方管理以及秩序、申訴書、傳票、護照、逮捕文書，以及同樣的書信。付款以及請求的紀錄、帳目、工人名單等等，是那種寫在不規則形單片木版上面雜文書的通常內容，各行之後大概都殿以數目字。

下一章我要說到第二次再來此間，在一很大的地窖中得到一些仔細鈐印尙未開封的文書，然後證明那許多長方形的雙牘有一大部分所說的却是正式的契約以及借券。還有一部分長方形雙牘證明所含的是一些私信，作書者只顧意他和受書者得知其事。另外有一些木牘上用梵文雅語書寫一段一段的佛經，在語言學上也很有趣味。

所有這一切佉盧文文書用的是一種古代印度俗語，攙雜一大部分的雅語名辭。我們有充分的理由以爲不僅字體，連語言也是出於旁遮普的極西北部同鄰近外印度河的地方。印度現存紀述到日常生活以及治理情形的文書，年代都沒有這樣古的，而這些紀錄覺得之於喜馬拉雅山以北，尤其是有趣的事。這些文書之在此一區域內發見，很奇怪的居然同玄奘以及古代西藏文籍中所紀的古代當地傳說相脗合，據說和闐地方在西元前兩世紀左右，曾被旁遮普極西北角上的坦叉斯羅(Takshasila)即是希臘書中的 Taxila 所征服，夷爲殖民之地。

用國王名所下勅諭的稱號，以及有年代各完好的文書所提到的在位時代（如摩訶羅闍 Maharaja 梵天子 Devaputra 之類），都純粹是印度式。這同西元初第一世紀統治印度極西北邊同阿富汗一帶的貴霜朝諸王的官稱異常符合。文書中所遇到的人名幾乎都是印度式，有一些並顯出同貴霜朝的關係。但是除去熟知的印度古代職官名稱而外，還有一些稱呼，顯然是非印度的，尚待考釋。

我們時常見到 Khotan 這一個名辭，形式同現在所用的幾乎一樣，有時候的形式又作瞿薩旦那（Kusta-na），義爲「地乳」(Breast of the earth)。此名玄奘也曾說到，大約是一種附會之談。但是在書信中可以找到其他的地方如尼雅且末（Charchan）之類的古代名稱。在這些文書中所提到的地方名稱中，我後來能夠確定 Chadota 即是這個遺址。中國稱此爲精絕，據漢書所述，這是和闐東邊的一個小地方，正是現在的地位。

在拉普孫教授第一次解讀所發現的許多奇異事實之中，他曾考出各種木牘有一公認的官名，我現在略爲述說一下。楔形牘在文書中常稱爲 Kilamudra，意爲「印楔」(Sealed Wedges)。尤其重要的是這位有名的學者辛勤研究之餘，最近按照有年代的文書所示統治者在位的年代，定出各人在年代上的次序，由此證明他們所在不是和闐，而是鄯善，即今日羅布泊的地方。

覺着奇怪的是遠在北邊的這些遺址，印度傳說上隱隱約約的知爲大「沙海」者，竟能爲我們保存一種用印度語文紀載日常生活的紀錄，其年代比之印度本部所出任何寫本文書遠爲古老。第一，在古文字學上有許多證據足以證明此種結論；上面已經說過，這些佉盧文文書同西元初第二第三世紀間統治印度西北的貴霜朝諸王時代的佉盧文碑刻異常相合。此外在別一遺址又幸而發見同樣一片木牘，佉盧文而外，並且還用貴霜朝時期的印度婆羅謎文寫上數行，更足以充分的證明此事。古貨幣的證明也一樣重要，我在那裏的時候發見許多中國古錢，都是後漢的東西。

但是我所希冀的不可動搖的年代證據乃是一小片木簡，上書中國字一行，在那垃圾堆中我所得到的這一類木簡約有四十片以上。（參看圖四七）這些文書出於官方之手，經沙畹先生仔細的研究，得到一些很有用的資料。大部分所紀都是關於逮捕某人或許某人通過的中國當局的命令之類。提到的塔里木盆地以及中國的古代地方，都很富於歷史的趣味。

其中最使我高興的是一位有名的漢學家布什爾博士(Dr. Bushell)在倫敦首先發見一片木簡中確確實實的記有晉武帝泰始五年（西元二六九年）的年號。史書上明載晉武帝時中國始重行經營西域，終武帝之世（西元後二六五—八九）聲威不墜。武帝以後，遺址還有居人，歷很多年歲，這是很難相信的。中國軍隊從這些地方撤退之際，在政治上同經濟上必隨着起了很大的變亂，不能不使人以為遺址之放棄，必是直接或間接與此事有關。

清除北邊的那些居室，除去一些美麗的建築上的木刻殘片而外，（參看圖四三）並沒得到其他新奇之物。這樣一來，我也不至於棄此理想的地方，轉就他處。在這裏繼續工作了十六天，加以晝夜的嚴寒，所有的挖掘工人以及我自己都感覺疲倦了。我很知道在沙坵後面一定也隱有這樣的建築物，而我所派出去的人回來報告都說沒有，這自然有他們的理由。不過當時我因聽到報告說東西兩邊還有其他的古代遺址，心思已跑到那裏去了，加之我發掘的時期比較甚短，不久沙漠風暴的季節一到，深入沙漠作遺址的發掘便不能不停頓了。

所以在二月十三日那一天，我只好離開這一幕有希望而富於刺激的地方，怏怏而反。當取別道回到尼雅河盡頭處的時候，偶然遇到一羣房屋，以前因爲周圍的沙坵太高，沒有看見。此事更足以使我深信我此次之別去，將來還應該再來。

第六章　尼雅廢址之再訪和安得悅的遺物

一九〇一年二月離開現在尼雅河水消滅沙漠中以外的遺址時候，我確實希望能再來考查所以如第三章所述，我於一九〇六年夏末第二次探險隊再到和闐，便好好的計畫籌備，去再訪一次。在這籌備的期間，我常想若是能從空中將隱藏在沙丘後面的古代住址搜尋一番，這自然是很大的一個幫助。但是載人的紙鳶以及汽球，爲着實際的理由都不能用，那時卽使飛機已經發明，情形也是一樣。所以我只有於夏季過去，立卽派以前「找寶」嚮導依布拉欣姆出去，尋訪我們以前所未到過的遺址。

在和闐和克里雅之間的多摩科（Domoko）附近作過展期的發掘之後，到一九〇六年十月十五日我又到達了尼雅沙漠田，從依布拉欣姆那裏知道他搜求的成績不壞。同樣可喜的是看見那些舊的尼雅挖掘工人又應召而集了。此時我決心視所帶的飲水的可能，儘量多招人伕前去。因有我的「老衞隊」以身作則，以及我的老聽差克里雅的依布拉欣姆伯克在地方上的力量，於一日之間，竟招集了五十個人伕，四星期的糧食，以及添了一些運輸用的駱駝。

在尼雅河乾涸的河道兩傍豐茂的叢林帶中又匆匆的行了三天。秋天火一般的野白楊樹和蘆葦的顏色，眞令人心目俱怡。從荒涼的伊馬目扎法薩狄克聖地巡禮回來像畫一般的香客，使這寂靜的野景增添不少人世的趣味。我們在離那認爲是神聖戰士和殉道者長眠處幾哩的地方，將水桶羊皮袋都灌滿了水。於是離開生命最後居住的地方以及維持生命的水源他去兩天之後，我又能在距那一長片沙埋廢址中央不遠的處所安下帳篷。據後來的測量這些遺蹟到處散佈自南至北有十四哩以上，最寬處有四哩左右。

那一天的路線較之我第一次發見遺址的路稍微離開一點，沿途經過古代居住的地點，看見完全傾塌了的古代房屋以及圍繞古代果園的籬笆遺蹟。那些拳曲了的死果樹和白楊樹幹欣欣向榮的時候，羅馬諸帝猶然無恙；我現在居然置身其中，不禁歡欣不置。我在一所殘破不堪的小屋一隅稍事搜集便發見一些保存很好的佉盧字木牘。這在開始即足以給我們一個鼓勵，並可以證明這些區域雖南距一九〇一年我們第一次發掘的遺址足有四哩，但是遺物是屬於同一很古的時期的。

第一個傍晚，我於暮色朧朦中間步過高沙圻到一殘址，一九〇一年即曾見此，只因某種無可如何的理由勉強聽其過去。此次在此看到一根雕刻很美的臂柱，露天倒着，上蓋微沙。我覺得好似絕不曾離開此間一樣，更高與的是命運居然許我再來。但是當時我還沒有夢想到有怎樣豐富的一個考古學的寶藏，等待在我的旁邊。

第二天早晨，陷過四哩左右一望荒涼的沙圻以後，在依布拉欣姆所發見，位於以前發掘的區域西邊兩哩左右，散成一線的傾圮了的居處極北部開始我們的新發掘。這些建築物當時爲高沙圻遮蔽了我們的視線，顯然是此地最西北部分的一個延長，古來以一運渠同尼雅河終點的河道相通。

我們第一次清除的遺址是一所比較小的屋子，覆沙不過三四呎深，對於給我的印度幫手勇敢的奈克蘭星和其他工人一些增長見聞的功課，這正是一個適當的標本周圍因風蝕成爲窪地，所以此處佔一狹長的舌形地帶，看來好似高地同一至今兩旁猶有死白楊樹的灌溉渠相連接。屋西室中掘到近地處，便得到一些佉盧文書木牘。對於首先發現木牘（Takhta）的人酬以若干中國銀幣之後，在其他三間住人的室中看到這種用古印度文字書寫的古代紀錄同書信繼續出現，不禁感到滿意；這大約是最後住此一位小官所棄下的「字紙」，時間約在西元後第三世紀的中葉。

使我格外高興的是看見一些長方形同楔形的木牘，原來繩索束縛依然完好，有幾片並還存有封泥。封泥上面作赫拉克里斯像也有似乎是羅馬尼（Genius Populi Romani）的，這都是古代印章打在上面的遺蹟，（參看圖四四）發見之時，我是如何的快樂啊！在亞洲中心荒涼的遺址裏同希臘羅馬的美術居然似乎泯去一切時間同空間的距離，有確實的連鎖，不禁又使我高興了一回。

同樣熟悉的是這一所遺址裏所有的家具同農具，全用木製：一把雕成希臘式佛教美術作風的木椅，織布的器具，靴熨斗大食盤，捕鼠夾等等，據我以前的經驗，一眼便能辨識出來。此外還有用種種方法於作得很好的木柱和編織巧妙的柳條之間塗以灰泥所造成的籬牆。

我們的第二步工作是清除帳篷附近一所較大一點的建築遺蹟。這裏的牆壁以及牆壁之間或許可以存留的東西完全腐蝕無餘，只有褐色破裂的大柱高聳着，表出木料間架的位置。但是我考查一所形同門房或廐房底下的地方，立刻看出這原來是一層一層的大垃圾堆堆成的。照以前的經驗，有充分的理由使我們去發掘這種臭堆，雖然已經掩埋了一千七百年，而刺鼻的臭味依然放射不已，加以清新的東風，於是細塵、死黴菌都吹進眼鼻咽

第四十五圖　尼雅廢址發掘前爲沙所埋之屋舍破壞情形

第四十六圖　發掘出來之房屋遺址

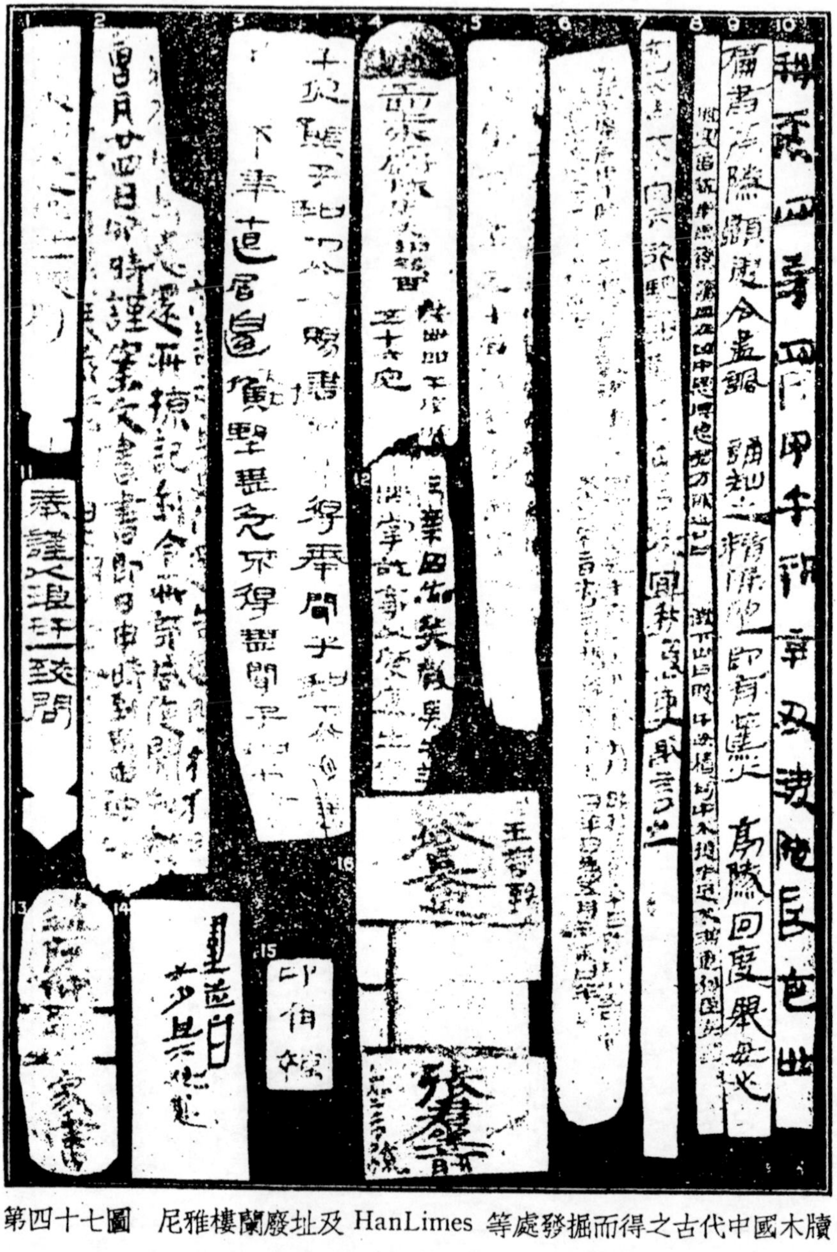

第四十七圖　尼雅樓蘭廢址及 HanLimes 等處發掘而得之古代中國木牘

喉裏去了。我們忍耐着一層一層掘開，掘到離表面足有七呎的底下，最後發現一個大約是以前居民用來盛垃圾的小小木箱。裏面有各種各樣希奇古怪的廢物，如絲綿氈混合織成的毯；銅質同骨質的印；繡花的皮；木質的筆；漆器殘片木質破用具等。

尤其高興的是發見了一打以上書法精美的漢字木簡（參看圖四七）。據沙畹先生的考查，這其間一大部分原來是附在贈送當地長官家族禮物上面的。其中一片是寫給當地長官的夫人的，由這上面所述，證明此地古來在精絕區域之內，據漢書所紀，位於且末同克里雅之間。在木箱底上並且找出一小堆穀，仍然成捆，保存完好，近旁還有兩個僵化了的鼠屍。

這一所很大而破壞得很利害的建築物，在以前起碼是一位重要人物曾經暫時住過的家；因此廳堂之大，長四十一呎，寬三十五呎。後來重訪此處，在遺址西南延長有半哩以上的一塊地方，並無沙丘遮蔽，陶器破片以及其他的硬塊遍布滿地。這在以前顯然是一處房屋稠密的地點，房屋只用土磚之類築成（現在這一區域裏村鎮平常人家還是用這種材料）所以不能像富有之家用木材及柳條建的房屋那樣能夠長久抵抗風的剝蝕。

以後為着找尋向南伸出去的居處遺址，（參看圖四六）忙碌了好幾天，這其中的詳情，此處不能細說，現只一述大略。有些因風蝕殘破已極；其他的保存略好，淸除室中所存積沙，很費功夫。書訊、賬簿、草稿、雜記一類的佉盧文木牘，差不多在每一所屋中都有得發現。此外還有足以表現日常生活以及流行工業的刻花的建築木材和家具。在這小龐貝（Pompeii）古城中，最後的居民雖沒有遺下有實在價值的東西，然而他們的生活之安逸，却有充分的證據：許多單室中都備有火爐，舒服的炕，木碗櫃等物。這些房屋附近，幾乎一律有圍籬笆的花園和兩旁植白楊樹以及果樹的蔭道（參看圖四五）。因有沙垢保護，果園中枯瘦的大部分是桑樹的斷榦，至今聳立，高達十呎到十二呎。

但是開始最足以使我迷惘的是四圍沙漠那種絕對荒涼空闊的情景。遺址這一頭的殘蹟，位於生存的紅柳樹叢帶以外。一片黃沙鋪在前面，像汪洋大海一般，單調的浪濤之中，只有一些乾了的樹榦，房屋殘餘下來成列的破柱，露出沙峯頂上，各處點綴而已。這種奇異的景像，常常使人想起有似大海破舟，只賸下一些龍骨彎木。有清新的微風，也有海洋的沈靜。

我們在這裏辛苦工作了十四天，所得豐富的收穫，絕不能在此處詳細敍述。但是所穫特別豐富的古文書由於發見情形之特殊，可以趁機一說。我在遺址極西頭一羣殘蹟之中，清除一所大屋，（參看圖四八）我以前到此，因爲時間太晚，不能完全發掘，因而保留下來，如今還是照樣未動。靠邊中央大客廳的旁邊，發見美麗的建築雕刻殘片，即刻證明住此者一定是位富人。又在一間似乎會客室的裏邊，得到一些體積很大的佉盧文紀錄，其中一片足有三呎長，可見主人並是一位重要的官吏。

靠近中間客廳相聯的一間窖室地上，有排列整齊露在外面的文書架，Ketman 一擊之下，我在他的辦公室中想更能找出一些東西的希望便證實了。所得數目，一會工夫便在一百以外。大多數是用來傳達命令的楔形牘；其他爲長方形牘，是些賬簿、目錄，以及年代顚倒亂用的雜「公文紙。」我們得到的顯然是一個公事架，倒在此處，因爲積沙深五六呎，所以保存得很好。刨掘泥土，找尋散片的工作仍然進行，我的「老衞隊」中最有經驗的挖掘工人老實的羅斯旦居然得到奇特的發見。

當第一次清除的時候，我已經注意到靠牆處有一個大土堆，成捆的木牘卽藏於此。我要工人不去擾動，我以爲除去偶然而外，那裏不會有多少發見的。我看見羅斯旦像我的獵狗抓開鼠洞一般，在地上用手抓掘之際，他正從土堆和牆壁之間抽出一塊保存甚佳的楔形雙牘。我還不及問他，他已很得意的從地下六吋處取出一塊完全的長方形文書，兩塊封泥完好無損，封套尚未打開。孔穴掘大之後，我看見走向牆壁同牆基下面的空間，全是束縛很緊一層一層的同樣的文書。

這顯然是我們找到一所隱藏的小檔案庫了。我對於這個發見大爲高興：因爲文書本身的趣味和保存完善而外，發見的情形更可以給我們一個很有價値的指示。除去少許例外，到終了所得的長方形文書（參看圖九、圖三九）足足有三打之多，繩都縛得很好，沒有打開，封泥也仍存在封套上。我在以前所得的這一類東西曾有一種假定的解釋，得此顯可加以確定。這些都是合同以及契約，照原來的封印保存不動，使需要時文書的確實可靠得以成立。

很特別的是只有兩封開口的紀錄證明是以適當的形式寫給「神人喜見的尊貴的科闍波蘇甲迦」(Honourable Cojhbo Sojaka, whose sight is dear to gods and men)的信；我以前發掘散漫的地方曾讀到許多有這種名稱的公文。據羅斯旦正確的推測，土堆的用意是在仔細收藏這些遺物，同時以此爲記號，表示物主因爲意外放棄此地，然而仍懷着回來的希望。

搬移之際十分留心以免封泥損壞其中有一些上面鈐印至兩三顆之多（參看圖四四。）夜間歸帳篷後，加以清理，我的謹愼得到報酬了，所有的幾乎都如新鈐，一大部分作古宙斯（Zeus），持棍圍着獅皮的赫拉克里斯、伊洛斯、普洛馬可斯（Pallas Promachos）以及帶胄的半身像。奇的是希臘刻印工人的美術在這遼遠的地方居然留下勝利的痕跡，更奇的是大約與土地以及其他眞正財產有關的蘇甲迦的契據，自從爲沙坵所掩埋葬了長久的歲月之後，我自己居然成爲事實上的主有者了。然而可以幫我去請求的法庭在那裏呢？

我們的工作逐漸移向遺址南部，雖尙有仍然生存的樹叢，而環境愈益陰沈憂鬱。點綴很密的沙坵，上面蓋着紛亂的紅柳樹，死活俱備，高達四五十呎；我們於是在沙坵中間找尋殘迹。殘跡卽在沙坵之麓，又一方面有剝蝕很深的地方，於是形成一幅奇異荒寂的圖畫。清冷的東北風吹起一陣塵霧，添加了一片顏色適合的氛圍。最後達遺址南端，得到廣闊的空地，我們幾乎如釋重負。這裏的殘址不大，但是視察近旁的地點以後，顯出有趣的形狀。

離我再來第一次發見木牘的遺址約六十碼遠，有一塊方地的死桑樹，樹榦高達十呎以上，以前樹陰俯照一個水池，至今還有一片窪地可以看見。（參看圖六）古昔水流入池的水渠來源必定不遠；在西邊最近一座紅柳樹蓋滿的高沙坵後面，還有一座長九十呎左右的矮橋，橫在一條毫無錯誤的乾河床上。猶有兩座橋墩聳立其間。左岸有傾倒了的果園遺址，向上約長二百碼。向西北我還能尋出古河床的遺蹟，長達兩哩以上，全蓋了流沙，到此又在低沙坵同叢林間出現。這一處奇異的斷層地方甚爲明白。

第四十八圖　尼雅廢址發掘後所發見之中央大客廳及辦公室

第四十九圖　尼雅廢址之古代葡萄園

第五十圖　發掘後之安得悅遺址之小佛寺內部

對於此地所起大變動的特別動人的證據是離小橋不遠，大約遭受風蝕圍以高沙坵的一片低地之中，找到一所很大而保存很好的果園遺址。（參看圖四九）各種果樹同葡萄架的行列都很整齊，死去雖已十六世紀，而猶羅羅清疎，可以考見。

一九〇六年十一月，我從尼雅遺址向東北經過且末以至婼羌城（Charkhlik），在沙漠中總走了四百餘哩，得到機會作地理學同考古學觀察的地方不止一處。在安得悅河（Endere river）東邊無意中得到一些東西，對於一個富於古代趣味的問題，可以作充分的解決。在安得悅河尚未消滅於塔克拉馬干沙漠之前，有一道可怕的高沙嶺將安得悅河和尼雅牙通古司（Yartungaz）兩河分開；我們從依馬目扎法沙狄克動身，經過很苦的路途，才越過這一道沙嶺，到達此處。

一九〇一年我第一次來安得悅遺址考查，在一有圓形城壁保護的小堡內開始發掘，我曾清除一所小佛寺，（參看圖五〇）形式同丹丹烏里克的很相近。所發見的有趣味的東西之中有藏文佛經殘本，這是現在所知用西藏字同西藏語言寫成的最古的標本。寺內殿壁嵌有一塊漢字碑，紀一中國官到此之事，年代爲唐玄宗開元七年（西元後七一九年）。加以所得西藏文文書，可以十分斷定此堡在西元後第八世紀必已爲西藏人所據，到第八世紀終了的有一個時候，連塔里木盆地也受西藏人的統治了。

奇怪的是西元後六四五年左右，玄奘也循同一路線從尼雅到且末，在沙漠中行走十天，便已不見人烟。但是他曾明明說到覩貨邏故國，這是中亞史上有名的一個地方，正相當於放棄了的安得悅遺址。

據我第二次在此的發見，確實證明我們在這裏得到一個歷史上的例證；沙漠中以前放棄的古城，經過若干世紀之後又可以再有人居。把小堡附近的低沙垢除去之後，便露出一些剝蝕極甚的古代居處遺蹟，這是我以前所未留意的。於是將支持不至於完全頹圮的硬垃圾堆仔細掘開，得到一些佉盧字的木牘，顯然是西元後起初幾世紀之物，——正是覩貨邏時期，即大月氏最盛之時。

對於已經證明正確的玄奘紀載，還有更顯著的證明：我發見顯然建於玄奘經過以後的圓形小堡的城牆，有一處眞的是建在一條垃圾堤上，大約是西元後第一世紀之物；有在此處所發見的佉盧文文書可以爲證。小堡的建築以及玄奘所見遺址上之重有人烟的時期，同中國威力重達塔里木盆地，使盆地得到和平安穩的時期正相符合。我還可以說後來如再訪安得悅遺址，我會在玄奘路過時已經棄於沙漠中的古代遺蹟上找得更多的遺物。

第七章　磨朗的遺址

一九〇六年十二月初，我已到達婼羌小沙漠田。現在的婼羌雖只是一小村，然爲縣城所在之地。那時的疆界自東至西佔經度五度多，而全縣人口不過五百家，並還包有半游牧半漁獵的羅布人（Lopliks）在內。全境荒涼之概，可以想見。東邊爲本書第一章中提到的荒涼一片久已乾涸了的鹽海海床，以及史前時代海洋最後殘餘的羅布淖爾。塔里木河河水注入羅布淖爾，大盆地也因此河而得名。

此地今稱爲羅布。十三世紀終了，馬哥孛羅到契丹（Cathay）去，於「橫越羅布大沙漠」之前，也曾過此。此地經濟出產方面，自古以來諒卽貧窮，可以耕種之地至爲有限，不過最早進入中亞，必須經過此地，故在中國古代歷史上此地甚爲重要。前漢書以下諸史常常提及此地，起初稱爲樓蘭，後來改名鄯善。

西元後六四五年玄奘自印度返中國時，婼羌卽已成爲羅布區的重要地方，前此幾世紀也已如此，這是有確實的證據的。此地經過長時期的墾殖，放棄後又重行經營，像今日一樣，所以考古學上的遺物不多。然而這同一的婼羌對於我却甚爲重要，因爲我久已計畫發掘那一九〇〇年首先爲赫定博士（Dr. Hedin）所發見，位於羅布淖爾北邊沙漠之中的古代樓蘭遺址，我之準備一切，卽在這最後有居人的婼羌。

在以下各章中，我要說到第二第三兩次探險隊在這可怕而現在滴水俱無的沙漠中所有嘗試的而又有豐富而有趣的成績。但是在未說此事以前，我可以把發掘磨朗（Miran）遺址的發見經過略說一遍。一九〇六年十二月七日，我由婼羌出發去羅布沙漠，首先到達此地。經過急速的試掘之後，知道此地的重要，因於一月終了再來，作澈底的發掘。遺址極爲荒涼，位於婼羌東北約五十哩左右；自崑崙山迤邐而下及於羅布淖爾澤地的極西端，有一片絕對不毛的砂灘，遺址即在砂灘的盡頭處。羅布淖爾海水在歷史時期以內必曾大爲減退，縮到磨朗遺址的北邊。

有一條小河名叫察斯干賽河（Jahan-sai），以前曾用來灌漑全個區域，至今流入遺址之內，還有幾哩。近河岸處塔里木河的阿布都爾（Abdal）人在此建有一個小殖民地，一面種麥，一面仍然過他們打魚的生活。我們到那裏的時候，他們並不在那裏，不過在河身狹窄處我們的駱駝和馬還能得到一些乾蘆葦、野白楊樹的枯葉以及有刺的灌木葉作芻秣。水的運送我們可以不用焦慮了。但是在那吹個不息的嚴寒風暴裏繼續作了三星期的苦工，那是我們誰也永遠不會忘記的。所有的幫手，除去我那老練而又光明的中國書記蔣師爺之外，無一人不病倒的。

我在一所用堅固的土磚砌成完全倒塌了的塔頂上，把遺址觀察了一遍。這大約是一座佛教的窣塔波，找寶的人曾掘一條隧道進入塔的內部。在頂上視察其他遺址甚爲淸楚，這些遺址點綴於東向的寬平的砂灘上，好像內海中的一些低島嶼一般。我的嚮導堅毅的羅布人托克塔阿渾所說爲磨朗主要遺址的古堡，從遠處看來甚爲莊嚴。（參看圖五二）但是當我走近那裏很熱心的爬上西面破牆的時候，看到那裏很壞的構造，指出是年代較後的東西時，不禁爲之失望。

第五十一圖　發掘後之磨朗廢址古代佛寺寺基

第五十二圖　發掘後之磨朗已毀西藏壘堡

第五十三圖　發掘後之樓蘭廢址之破廳中有能旋轉之木柱

沿着東面牆垣內部試掘的結果，更其證實此事，但是同時又顯出這裏有一座很豐富的鑛藏，等待考古的搜求。和那發出來的半在地下的小室成反比例的，是差不多堆齊屋頂的灰塵垃圾，挖掘開始便得到一些上書西藏文的木片同紙張。曾住此地的居民所遺下的一層一層的垃圾堆中陸續發現此種文書，有整有殘，一直到底。第一日的工作，總計所得將近兩百。此外如各種無用的器具，破爛的布片，兵器之類，亦復甚多。各種物件都指明這些富於考古學上的趣味而又特別髒汚的垃圾堆，是在西藏人佔據此地的長時期中堆積起來的。中國的唐書也證明西藏人之佔據此地是在西元後第八同第九兩世紀之間。

第二天早晨，我繼續發掘東北離此約一哩半的一座遺蹟，托克塔阿渾曾說那裏有雕刻的遺蹟。這裏的遺蹟證明是一所佛寺（參看圖五一）。至今僅存寺基，在寺基各面的碎屑上面還殘存有作建築裝飾用的美麗的上塗堊粉的凸雕。寺基東面清除一小部分之後，發見一些很大的塗堊粉的雕刻。於是我敢斷定此寺的時期遠較西藏人的堡壘為古。經過一些觀察之後，大概可說這是一處很古的遺址，放棄之後，又為人佔據，同我在尼雅和且末之間安得悅遺址所見的情形一樣。

像這種有希望的地址，如不罄其所有，便是暫且離開一刻，也覺可惜。不過因為一些實際上的原因，——大部分同氣候的情形有關的——迫不得已只有暫停。在這裏我要趁便指出的是：只有像這樣縝密的、適合於各區域流行的各種不同的氣候情形的計畫，才能在我第二次和第三次探險隊所調查的那樣廣闊的地面作地理學和考古學的研究工作。所以我們只有於一九〇七年一月二十三日回到那絕對的沙漠地方，始能從事荒涼的西藏堡壘的清除。那時幔篷就支在城牆脚下，原來希望可以躲避那從山麓砂灘橫掃過來的冰風，不料風勢從四面包圍而來，原來的希望都成泡影。

殘堡第一次的試掘，便十分滿足了我們的希望。第八第九兩世紀蔭蔽西藏戍軍的房間同半埋地下的小室，在計畫同建造上都簡陋不堪，但是却有很好的垃圾堆，供我來清理。在從竈裏掃出的看不清的塵土、草薦、破爛布片以及器具之中，找出很多寫在木版同紙上的西藏文書，其中許多都已殘破，但常有很完整的。有一間小室，煙薰的牆壁仍然保存一部分，我們找得的文書就有一百件以上。有些處所垃圾堆常常高達九呎左右。

常常有很多的證據指明這些房間一直到後來都用來當作地窖，所以地上的塵土可以愈積愈高。這只有絲毫不管塵土骯污的人才能讓他們的住室一間一間地成爲通常的垃圾箱，以至於有些地方竟堆齊屋頂。

我對於清理古代的垃圾堆，有機會得到比較廣博的經驗，知道如何去鑑別，但是就廢物拋棄之多而且密，氣味之年久不變而言，我常要把那些西藏戰士豐富的「廢物」放在前面。一年以後，當我在和闐以北五百哩外的馬扎塔格山（Mazar-tagh）上清除一所小堡的殘蹟時候，甚至在未得到任何古物的證據之前，就垃圾的氣味，我便能很正確的辨出此堡曾爲西藏人所佔領。磨朗古堡所得豐富奇異的物品之中，值得特別敍說的是很多的漆皮魚鱗戰甲殘片；這自然是許多件魚鱗戰甲的殘餘，大小裝飾各各不同。

那時候寒風吹個不停，很難得有時間來研究這些專門事項。大部分的時間我都站在東面城牆的頂上，守視各處發掘的進行，風的進襲是充分的感到了。無論何時我一下去參考發掘，便也欣賞到那些大都由堅硬的垃圾堆成的昏暗的塵土。暴露得最利害而感到不舒服的是近堡的東南角上，那裏的月城已被風所吹蝕倒塌了。正在這裏有兩間大室，裏邊的垃圾和文書特別豐富。

到末了我在這裏所得到的寫在木版上和紙上的西藏文書總在一千件以上，據有權威的學者如托瑪斯(F. W. Thomas)和佛蘭克(A. H. Francke)兩教授的研究，都是些雜公文紙並且常常很爲重要，如報告請求書，契約之類，用的是日常生活的語言。西藏文獻中佛經甚爲豐富，說到古代的日常生活的極少極少。這一些雜文書因此頗爲有趣，塔里木盆地在西藏人統治之下一世紀的地方情形，從這些文書中可以窺見一斑。大多數的紀錄所紀的是軍事敍述邊陲屯戍需要糧草援助以及軍隊開動等等。

在這許多地名中我所能考證出來的是大納布城(Castle of Great Nob)即婼羌，小納布城(Castle of Litlle Nob)即磨朗。納布同玄奘書中的納縛波一樣，顯然即是中古同近世用於全區域的羅布。這些紀錄還提出一個證據，在更古的時候，磨朗遺址大約即是扜泥的舊地，中國史書稱此爲鄯善的古東城。

在這些紀錄中漢字的文書竟不見片紙隻字，這是第八世紀的第三段時期以後中國勢力以及統治在塔里木盆地完全消滅的一個重要的指示。但是在又一方面據發見的摺縐了的一小包用北歐體突厥字寫成的紙上文書看來，也很明顯的證明在塔里木盆地遼遠的一隅，也看得見一些强毅的西突厥人，不是西突厥人的同盟便是仇敵，而中國在中亞統治勢力的崩潰，此輩一定也有分的。認識最古的突厥語鄂魯渾古碑有名的故湯姆生教授(Prof. Thomsen)曾把這些文書刊印出來，指出時期恰恰相同，其中有很多的人名，大概是突厥的兵士，發給他們的護照和通行證之類。

西藏堡壘的用意自然是保護從塔里木盆地中的南草地到中國本部西邊敦煌的通道。此道經過羅布淖爾的南邊，也同我在下一章所說經過羅布淖爾北邊的那一條路一樣，從漢朝以來就用爲同中國交通的主要路線。玄奘以及幾世紀以後的馬哥孛羅都從此通過沙漠。所以我對於這條困難的磧道有十足的歷史的趣味。但是我自己離開磨朗上這磧道之前，在這遺址中發見了美術上的遺物，比之西藏人據此所留下來的遺存更古老，方面也更廣，我的工作算是得到報酬了。

這是在散布於堡壘附近風蝕以後殘餘的佛寺遺址中發見的。據所得考古學上的證明，這些佛寺一定是在西藏人未入據此地以前便已毀敗。對於我第一次訪此便引起我注意的遺址，有兩個故事可以淸淸楚楚的分別出來。遺址的毀敗大部分由於風的剝蝕，於是上面一部分的石灰粉飾完全沒有了。但是淸除下層堆積的廢物之後，發見一些半埋在牆裏的柱子，顯然是百泄波里城(Persepolitan)的作風。此外還有幾尊嵌在壁龕中大同人身的雕像殘蹟（參看圖五一）。長方形神廟的過道以前整個被許多碎屑堆塞住了，移開了碎屑堆，我們便看到一具塑成的大佛像頭，測量一下，出廟外足有十七吋。材料只是粗泥雜草作成，所以拆下以及以後將這具大雕刻好好裝箱，倒是不容易的事。

這一具大佛頭之外，還發見其他的大佛頭，同樣顯然依希臘式的佛教美術作風製成的。淸除過道之後，看見外牆排列了六尊趺坐無頭的大像，才明白這些大佛頭的來源。從膝以上約高七呎强。由這些大坐像的衣摺可以證明遠在羅布的雕刻師，在配置衣摺方面同犍陀羅仿自古代模型的希臘式佛教美術作風是如何的密切符合。

在靠一尊坐像的底部發見一大片很好的用婆羅謎字體寫的梵文貝葉書；由材料看，這一片貝葉書寫於印度，由婆羅謎字體看年代最後不能過第四世紀。於是此寺在西藏人入據前好幾世紀便已廢棄的推測，更其可能了。

堡壘西邊一哩左右有一羣土堆，大約是十分傾塌了的窣堵波，當我開始發掘這些土堆的時候，希羅美術的影響才顯現得更爲動人。清除一座最小的土堆以後，看到一所外方內圓的方形堅固的建築。這在以前是一座圓頂的小窣堵波。從圓屋圍牆的屋頂同上部墜下來的很多瓦礫碎屑把窣堵波底部的圓形走道都堵住了。隨即在這裏得到繪畫的堊粉殘片；由此可見圓屋內部牆上以前顯然裝有壁畫。發掘到離地面四呎左左的處所，顯出繪得很精美的有翼天使的護牆板（參看圖五四），我不禁爲之大吃一驚。在亞洲腹部中心荒涼寂寞的羅布淖爾岸上，我怎樣能够看到這種古典式的天使（Cherubim）呢？

在熱烈的興奮之下，我用光手一個頭部一個頭部的仔細清理以後，我自己即刻明白在崑崙南北各處我所看到的任何古代美術繪畫之中，以這些壁畫的構圖和色調為最近於古典的作風。完全睜開的大眼靈活地注視，小小微斂的唇部表情把我的心情引回到埃及托勒美同羅馬時期木那伊墓中所得版畫上繪的希臘少女以及青年美麗的頭部上去了。

更奇怪的是對於那些顯然是古典派作風，並且借自基督教造像的有翼天使的解釋，因在過道處發見絲質彩幡，而得到確定的年代證據，這些彩幡顯然是一種供養品，上面所寫的佉盧文同尼雅遺址的木版及羊皮文書上的正是相像，幡上的字墨色鮮妍如新，一定是在寺院廢棄以前不能很久。所以磨朗地方也同尼雅遺址一樣，放棄的時候總在西元後第三世紀終了或其後不久。

所得其他足以支持此種證據的小件發見品，此處不能細說，不過在靠着過道東南角兀立的殘壁下所得的一層一層緊壓着的很好的堊灰面壁畫殘片，應在此處簡略的敍述一番。這些壁畫以前都裝在高牆上面，後來掉在堆積牆下的瓦礫堆上，未遭破壞，便為流沙掩覆保住了。壁畫繪在薄薄的堊灰面上，底下一層泥面，極易碎裂，要檢起收拾，眞是一樁很困難的工作。

這種嘗試的工作是如何的完成，以那樣稀少的材料我如何能夠裝箱，此處都毋庸細說。我十分滿意的是兩年後打開這些箱子的時候，因為裝箱時的十分謹慎，所有繪畫的泥版遺物竟能安全的到達不列顚博物院（British Museum）。於是我的忠實的朋友助手安得魯斯先生（Mr. F. N. Andrews）能夠用混有澎漲性鋁的石膏粉很巧妙的托在壁畫殘片後面，把原物好好的保存下來。各種殘片仔細拼好之後，才知道大部分的壁畫構圖原來是裝飾圓屋高牆上面畫壁的一部分。

所有保存下來的壁畫殘片，畫的都是特別的佛教故事。如圖五所示釋迦佛穿一件托鉢僧的棕紅色袈裟，右手高舉作有名的「保護式」，佛像旁邊立有六位弟子，俱披剃作和尚狀。畫中情景顯然是在一花園或林中，但是殘餘無幾，不足以表明所指究竟釋迦本生故事中的那一段傳說。

但是磨朗佛寺遺物的特別趣味同大價值，不在其造像方面的意味，而在其配合構圖以及色調的美術手腕。題材是佛教的，而美術表現的細微處所全是得之於希臘的模型。這裏只要指出那師徒們大而直的眼睛同後來中亞以及遠東所表現的一些圖畫上面長而歪斜的眼睛不同，便已足够了。更重要的是衣摺以及似乎從袈裟裏伸出曲指的特別姿勢之類。關於技術方法，則這些壁畫表示肌肉的處所通常利用光與陰影，這是一個最顯著的證據。這種濃淡法的使用，在古典美術裏是很有名的，但在印度，中亞，以及遠東古代繪畫的作品方面，以前却從沒有看見過。

現存這些壁畫飾帶殘片是那樣的變化多端，意義繁富，而其中尤以我第一次所見護牆版上畫的有翼的天使為最好。這種天使像一共存有七尊，都很安全的運了去，現在分存於不列顛博物院同新德里(New Delhi)我的收藏品處。就一切外表而言，目的明明是在適於天國博愛的一種和諧力量，面部表現一種强烈的個性。如目部的各種表情，頭部的姿勢等等詳細情形，只有就原物作適當的研究，或者在我的和闐考古圖記(Serindia)所複製的圖版中也可以彷彿一二。但是磨朗的裝飾畫家採自西方常用於特殊建造情形的構圖技術，至少有一點我可以指點出來的，那就是圓形過道牆壁稍下一部分護牆版上有翼天使的姿勢經過仔細的選擇，使與地位適合，天使揚起的注視，與繞塔右旋的信徒眼光恰好相對。

就希臘式佛教美術造像中所看到的某種青年有翼的形式而言，磨朗護牆版上這些畫像之必須追溯到希臘的神話，以有翼的愛羅神(Eros)為其直接的祖先，那是十分可能的事。不過這種直系的後代，經過中間的階段，當然受有東方觀念的影響。普通說來，磨朗護牆版上的畫像同有些古基督教派中的天使奇異的暗示有一種親屬關係。但是要記得的是把天使當作有翼的天上使者的觀念，在基督教興起以前西亞的一些宗教系統中，是很普通的。

我們至今還不知道希臘化的近東在何處有很古的天使畫像，對於希臘羅馬神話中的愛神受了變化，成為磨朗護牆版所見有翼畫像史於何地何時的問題，呈露若干光明，但是這些天使之成為眞正中國境內佛寺裏的裝飾畫像卻不難於解釋。犍陀羅派希臘氏佛教雕刻所有從有翼的愛羅神抄襲來的畫像，實在用以代表佛教神話中借自印度傳說，普通稱此爲犍達婆（Gandharvas）的一班飛天。一個人如去拜謁磨朗寺院，看見了他以前在遠處地方如敍里亞，米索不達米亞（Mesopotamia）以及波斯西部也許看見而未忘卻的那些有翼的奇異畫像，若能仔細詢問寺院的守者，守者一定能立刻告訴你那些是犍達婆像。

但是當我發掘離此六十碼左右的一個土堆時候，發見一座同樣圓屋形的佛寺，過道牆壁護牆版上所裝飾的人物，全然是世間的，並且明白顯出西方的性質。因此這種造像學上的解釋是否眞正需要，我不能不懷疑了。

這一處遺址的圓屋中央有一窣堵波，圓形過道圍繞四周：窣堵波同過道都比第一次所說的佛寺遺蹟爲大。兩處外面方形過道殘餘的一小堵牆上都繪有同樣的天使，可以證明兩處年代大致是同一時期。內部的窣堵波被找寶人摧毀得很利害，塔頂塌下來瓦礫壅塞了圓形過道，以前裝飾塔頂雕刻精美的塗金木片，在瓦礫堆中還可以看見。由東面進門處將過道清除之後，殘餘的過道牆上裝有壁畫，排成版片形，下面爲護牆版。在壁畫上兩尊

第五十四圖　佛寺中護牆板上之有翼天使壁畫

第五十五圖　此已湮滅佛寺中之壁畫係示佛教傳說中一段故事名「保護式」

人像的旁邊寫有短篇佉盧字同印度語。由此可以確實證明這些寺院以及壁畫的年代是在西元後起初的幾世紀。

西邊對着入口處有一段弓形圍牆已完全被以前的找寶人所弄平了。所以現在看到的壁畫向兩旁伸出成分開的兩個半圓形。因爲殘毀太甚，北邊所餘只是上部版片的少許，但是下面護牆版上的壁畫雖已褪色，還容易認出那非常漂亮的配合和道地希臘羅馬式的構圖來（參看圖五六、圖五七）。同此相連的是一寬條花圈同持花的青年人像，眞的是浦蒂（Putti）的像。在這些無翼的天使之間間以戴佛里家（Phrygian）帽的人物，顯然摹倣流行羅馬帝國境內的波斯太陽神(Mithra)神像。連續不斷的寬邊中間空處交互繪着男女的頭部同半身像所有這些人物面部的表情，頭飾以及手中所持的物件，意義都似乎在傳達人生坦白的快樂一般。此處以及南半邊護牆版上保存很好的揹花圈的浦蒂像之間那些人像，無論是佛教信仰或者神話，全找不出任何關係。這些人像中間有的是漂亮的女郎，盛飾香花手挈酒樽酒杯；也有彈琵琶的（參看圖五六）。他們的希臘式面容似乎還雜有其他不易忘記的地中海東部（Levantine）或塞卡與（Circassian）式的美，而精緻的首飾又顯示近東或者伊蘭的風味。

尤其可以注意的或者是男半身像所表現的繁複異常的形式。這些男像都是青年，頭部姿勢十分像羅馬人；右手高舉，手指屈伸不一，正好像是在作希臘羅馬的猜拳遊戲一樣。其他的半身像濃髯厚髮，衣飾富麗，當然寫的是從北方或東方來的蠻族。眼部表情寬厚，低額，似乎對於現世良善的事物表達坦白的忠誠，透明的酒杯舉齊胸都尤其顯得明白。同這些代表西方以及北方男子風度正相反對的是一位印度王子的半身像，頭剃得很乾淨，用珠寶裝飾得很富麗（參看圖五七）面貌以及夢似的眼睛所表達的柔和表情，以及與此不相下的特別的峯巒形頭巾，不禁令人油然憶起希臘式佛教美術雕刻中所常用以表示喬達摩王子未成佛前很著名的形式。

四圍極度的荒涼，更增高這種光輝燦爛的人物氛圍的力量。在我看來，他們的意義似乎是象徵各種生活的快樂。同我們這些人之於廢址中碌碌終日，而所求者只是已死的過去遺痕，其不快與拘謹，是如何的不同啊！那些年輕的畫像站在我的前面，我幾乎要相信我自己是在敘利亞或者羅馬帝國東方諸省的一些別墅遺址之中，而不是置身於中國境內的佛教寺院。

然而只要一看東南面所餘殘牆上面長達十八呎的壁畫，一切疑慮都可以消釋無餘了。真龐貝紅地上繪著皮珊多羅王子（Prinoe Vessnatara）本生故事的行列，這是釋迦前生中最有名的故事。從進門處左方起作虔敬的王子因為施捨無節，為父王所逐，於是騎馬出宮門像。在他的前面是一輛四馬兩輪馬車，上面他的一樣虔誠的妻和兩個兒子。然後圖中景物又換成森林，此時王子已下馬步行，有四位婆羅門見他請求布施，他即刻將他自己神奇的許願白象送給他們。以下的牆倒塌了，其餘部分的故事如何不得而知。但是由北面半圓形護牆版上殘餘的壁畫斷片看來，可知所畫的是王子夫婦隱居林中之像，以最後歡歡喜喜的回到宮庭結全部故事之局。

護牆版以及飾帶（freise）上的繪畫都成於一手。但是在飾帶裏，畫匠所用的是希臘式佛教美術對於此一特別故事所久已採用的一種傳統表現法；半世俗式的護牆版畫便聽其自由了，所有的聲味都出自當時羅馬東

第五十六圖　此佛寺中之壁畫係示左方一女郎手挈小甕右方一少年之半身像中間一女郎執有花圈

第五十七圖　上圖佛寺中之壁畫示皮珊多羅王子將其自己之白象施捨給人
下圖示一印度王子與二帶花圈之 Putti

陲一派的美術。我們幸而在白象的脇窩上發見了關於壁畫畫家的一小段佉盧文題記，使我們對於這種印像得到了更明顯的證明。據法國有名學者幫我整理一切佉盧文材料的波耶神父(Abbe Boyer)解釋這段佉盧文字說到畫家的名字是 Tita，以及他所得到的報酬數目。指示數目的字稍有疑問，名字方面則絕無可疑。Tita 這一個字在印度語和伊蘭語中都找不出根源，我覺得這就是將羅馬人名 Titus 一字翻成梵文雅語同俗語所應有的變化。

Titus 一名在西元初幾世紀間通行於羅馬東陲，其時一位裝飾畫家亦取此名，並且他的盛譽東及於中國境內，那是不足為奇的。據托勒美地理志中所保存的推羅馬立努斯(Marinus of Tyre)記錄，我們知道有同樣籍貫的羅馬歐亞人(Roman Eurasians)也常到即今中國本部的「絲國」(Land of the Seres)去作絲綢貿易，其為時還遠在磨朗佛寺的年代以前很久呢。

下面飾帶上關於皮珊多羅王子的這一篇以及其他佉盧文銘記的正本，只要反復推尋，便不難確定。但是因為氣候和別種困難，我在那時候實際上不能將壁畫全部照像，以為判定其在美術上的價值之需。我即刻明白由於壁畫泥版的特別易於碎裂，若要移取大片的畫面，結果只有破壞。除非開首把後面的牆有系統的截開，以便好好分離畫面。這種費力的工作起碼要一個月。但是季候一到，鹽澤冰溶，我經羅布沙漠到敦煌去的長途旅行中，在有幾段需水甚亟，此時若把工夫費在此處，將來免不了危險。所以只有於悔恨之餘，將這種困難的工作留待後來去做。

我對於這種需要的悔恨，證明是太確實了。當一九〇八年三月，我能够使我那位精明而永遠幸運的幫手奈克蘭星從和闐附近爲此事回到磨朗遺址時，不幸在開始工作之前，害了青光眼病。這位勇敢的西克人(Sikh)雖然盲了一眼，還是去試，竟至於雙眼俱盲，這種英勇的行爲，是一個悲慘的故事，要在此處詳述，未免太長，並且太慘了。

一九一四年一月我自己再回到這遺址時，我不禁大吃一驚，我自己同後來奈克蘭星把寺院內部再用沙同瓦礫仔細掩蓋的工作，還不足以保護。據說在我發現此地以後若干年，一位有考古學的熱忱，而缺少準備，和專門技術以及經驗的少年日本旅行家到此，用一種很壞的方法，打算把壁畫搬走。這種企圖，結果只有毀壞，這從有畫的硬泥版殘片在南半邊底下過道那裏，狼籍滿地，便可以很淸楚的證明。這種不幸的考古學手續的努力，幸而在未到北半邊便行放棄，於是我們對於這一部分壁畫上的護牆版，經過很長而辛苦的工作，從事搬動，居然沒有損害，告了成功。但是我最初所找到的一大部分的繪畫，我的照片既不完全，便只有靠着我筆記簿上的一點紀錄了。

第八章　古樓蘭的探檢

上面曾經說過，一九〇六年十二月最初的幾天，我在婼羌小沙漠田準備向一九〇〇年赫定博士在他可紀念的那次旅行中於滴水俱無的羅布淖爾沙漠北邊首先發見的遺址，開始作我久已計畫好的探險。在這裏考查過任何遺物之後，我的計畫是把我的駱駝隊橫越馬哥孛羅所說的羅布沙漠，隨着他曾走過而以後荒涼歷好幾世紀的古道，以到敦煌。若要免除重大的危險，運輸以及糧食等項，一切都得仔細的布置一番。同樣重要是盡力的節省我的時間；在滴水俱無的沙漠中工作，只有冬季的幾個月中，我們能運冰塊以作飲料，方可實行。

婼羌名爲縣城，只不過一個小村，幾乎完全都是沙漠，一切物品異常有限，所以我們的準備，成爲很辛苦的工作。在三天之內無意間招集了五十名工人以備發掘，糧食可供我們全體五星期之用，盡力所及收集駱駝，以供運輸一切；我們應帶充分的水以及米，備應我們全體在沙漠中旅行七天，在遺址中耽擱稍久，和最後歸途之需。

問題眞是可怕極了：當我把本地的物力弄盡之後，所能得到的駱駝還只有二十一頭，連我自己的能吃苦耐勞的七頭一齊在內，眞的有些並且是從且末雇來的呢。阿布都爾(Abdal)靠近塔里木河流入羅布淖爾沼澤處，那裏有小的漁村，我若不能把它當做便利上的倉庫，問題會更爲嚴重。在那裏我可以把暫時不需要的行李給養寄頓，等到要經過沙漠去敦煌的時候，再從那裏把一切東西運走。

所幸荒涼的婼羌縣的知縣廖大老爺很肯幫忙。不久我就從阿布都爾請到了兩位結實的獵戶，一位年長而瘦的名叫穆拉（Mulla），一位較胖，名叫托克塔河渾（Tokhta Akhun）。這兩位都曾幫過赫定，並不像其他的人，懼怕這種沙漠探檢的危險。可是這兩個人都沒有從阿布都爾這一面去過遺址，所以從我們離開沼澤的那地方以後，不能希望他們來作嚮導。但是他們知道我們所要經過的地方的性質，依着獵戶的經驗，習於艱苦，他們能够勇敢地去對付冬季的沙漠。那些選來作挖掘工人的當地農民，在嚴冬的季候要他們離開家鄉，向東北無水的沙漠中去做一次寥遠而完全不知道的旅行，是完全嚇倒了；一般親戚也以爲他們的命運是倒霉定了，爲之悲哀不已。得到這兩位獵戶的立刻出現，大家的精神才爲之一振。

經過極度的努力以後，我們才能够於十二月六日的早晨開始出發。我的工人隊伍按時在最後的田野邊上集齊，我去視察一遍，在那些羅布人的面部看到堅毅的蒙古人面容，不禁大吃一驚。他們都是本地半游牧的漁人一族的後裔，和從西方草地來的土耳其族僑民不同。在那裏這些人的親戚同我們道別時高呼 Yol bolsun，意爲「希望順路」（May there be a way）。這種土耳其文中再會的聲音意義沒有比此再含蓄的了。

橫過荒涼的砂灘再走兩站，到達磨朗遺址以後怎樣試掘兩日的經過，我在上面已經說過了。至十二月十日，我到達阿布都爾，那是塔里木河畔最後的一個小漁村。出發敦煌以前所不需要的馱馬行李以及給養都安頓在此，命我的最可靠的土耳其僕人狄拉貝（Tila Bai）在此照管一切。我那位忠實的漢文書啓蔣師爺也留在後邊，他自己雖然想跟着我，也只好由他去懊恨了。他的兩隻脚不能在我們前面的地上作長途旅行，我們又不能弄一些駱駝去背他同他的用具，他同駱駝都是很瘦弱的。

第五十八圖　經過風蝕之地帶毀滅後之樓蘭遺址一瞥

第五十九圖　樓蘭罕堵波古人住所遺址一瞥

第二天早晨，渡過還沒有結冰的塔里木河深流之後，遂從阿布都爾開始向沙漠出發。我們向東沿着最初的羅布淖爾沼澤走了一天，在塔里木河構成的一個淡水無吐口湖中已經可以得到很好的厚冰了。每一個可用的駱駝都背了滿袋的冰，重量達四五百磅左右。四個鍍鋅的鐵桶也滿盛了水，以備萬一之需；不久這些水也凍了。此外還有三十頭驢，也馱了小袋的冰。離開最後有可飲的水同冰的地方兩天之後，便把所載的飲料卸下，以那地方作一個腰站。至於驢子本身自然也需要水；不過只渴兩天，卸下負載以後，相信很快的便能回到塔里木河旁邊。

至於駱駝，起初聽其作一長飲，每一頭大約喝了六七桶水，據我們的經驗，大約可以經好幾星期不至於渴。在極冷的冬天，駱駝之需要草還甚於水。一離開最後有生氣的植物以後，一直要到遺址北邊一些鹽水泉子地方，才能有點蘆葦可作食料。我屢次旅行中的駝夫頭目哈三河渾却為此預備了幾皮袋菜子油，每過一些時候便用半斤左右氣味難聞的這種菜子油喂給駱駝。我的駱駝夫說這是駱駝茶，駱駝走了長路之後，沒有草吃，這種駝駱茶證明很富於營養的價值。

又走了一天，橫過一片可怕的鹽滷蓋滿的草原，在柴紐特庫爾（Chainutköl）附近一個小池旁邊留下兩個人，那裏池水已有一層薄冰，可供牲口飲用。此地暫時當作一個前進的根據地，把為工人豫備下的糧食留在此地。我們的路線從此處起轉取北北東方向，因此需要靠近一九〇〇年赫定的路線，而方向却正相反。但是路上除去他的路線圖所指示的遺址位置同羅盤以外，更無其他可以作我們的指導。而自赫定從北方橫過此地以後，這一塊不明的地域地文方面已起了顯著的變化。那一年塔里木河洪水泛濫，北流所成一些新的無吐口大湖，現在已完全乾涸了。這些無吐口湖鹽床上面小池所賸的水鹹到在這種嚴寒的天氣，還沒有結冰。

十二月十四日旁晚，我們將有死白楊樹和紅柳樹的最後的低地拋在後面，把帳篷紮在老紅柳樹怒生的高沙垢之間。驢子所載的冰袋都卸下來，仔細的堆在最高的沙垢北面作成一個貯藏所，驢子另外命兩個人押送回來時由柴紐特庫爾搬運存在那裏的工人糧食。

我們於是再行出發，很快的走過風蝕極利害的地帶。這在羅布沙漠北部成一奇異的形狀，無數連綿高峻的土堤，被一些溝很明顯的劃開。（參看圖五八）羅布漁人爲此取一方便的名稱，叫作「雅爾當」（Yardangs）。這都是夾沙的風切成的，沙刮在風的前面，於是成爲侵蝕的工具。這種臺地的方向一律是從東北東到西南西，因此一年中大部分因爲氣流的關係，從蒙古高原橫掃到塔里木盆地中最低的這一部分，所有最强烈最固定的風向，由此可以很淸楚的明白了。

我們的路線成角度進行，所以人同牲口在這些硬泥堤同泥溝中前進，都異常困難。駱駝的脚在這種地面上尤其困苦，足部軟掌易於破裂，所以每一次紮帳篷之後，總有幾頭可憐的牲口要受「打掌子」（re-soling）痛苦。打掌子是用小片的牛皮縫在駱駝足部，以便保護傷處的。駱駝當然不願意，所以這種辦法需要很好的技術。幸而哈三阿渾是此道專家，並且時常訓練其他的駝夫，——只不過他的教法太不和氣，往往踢打俱來罷了。

在這蝕壞得可怕的地方中間，我們每隔不遠，便要走過有死野白楊樹幹倒列其間的一段窄狹的低地。這些低地一眼望去，彎彎曲曲直到遠處，正像河流支渠還未沒入一望平坦的沙漠以前一般。用我在取各種不同的路線橫越羅布沙漠這一部分先後所有實際的觀察，加以我們仔細測繪這些形勢的地圖所供給的證明，使我相信這些低地以及沿這些低地帶的死樹林原來是終點的河床，以前庫魯克河（Kuruk-darya 意爲乾河）灌溉圍繞樓蘭廢址的地方，在不同的時期中流入乾了的大羅布海四周澤地，即是假道於這些低地。這種信念的地形學同考古學的理由，已經充分表明於西域考古圖記(Serindia)和亞洲腹部考古記(Innermost Asia)兩書之中，此處所能補充說明的是關於此處古三角洲同向東一帶乾了的海底，在中國史書上也有有趣的記載，足以爲此說的證明。

在風掃光了的地上屢屢拾得石器時代的石箭鏃，刀片，其他小件器具，以及很粗的陶器殘片，至於荒涼的地域我們還很少的進到裏面去。更向前進，每隔不遠，又見着同樣的東西。就我們的路線而言，我們極力的保持取直線前進，實際上不許向左右尋找，而這種發見屢見不已，可以證明這些地帶在史前時代末葉，必然已爲人類佔有。因爲地勢的困難，我雖然要人同牲口每日自清晨走起到黑方止，而每日所走充其量也不能過十四哩，在這種破裂不堪的地上，要照着羅盤方向，維持正確的路線，也不是容易的事。因爲這同樣的理由，對於我們所走的路徑，在容易看到的地點上，用死樹榦或者土堆很仔細的立一些標柱，以爲運送貯積的冰和糧食來的人作一個確實的嚮導。

我們橫過這一片風蝕了的硬泥地將近第二個麻煩的站頭的時候，在地上找到許多小件銅器，內中有中國漢代的銅錢以及無數製作完好的陶器殘片，證明我們行到此處所取的路線，是經過一段在歷史時期以內已經知道有人住過的地帶，最少也是有幾處地方如此。然而據我們的測量指示，我們離赫定所踪跡的遺址，還要一直向南走十二哩。

到那時候，我們已經包圍在冰冷的東北風之中，到第二天的半夜裏，我的帳篷也差不多吹倒了。我們停在這個區域的整個時期之中，除去短短的一段而外，這種冷風總是繼續不停。溫度很快的就降到華氏表零度以下，我們全體的生活因此感到極度的困苦。幸而在古代河床旁邊有成列死去的古樹榦供給我們以豐富的燃料，不然一般人所受的更苦不可言。然而卽在日光燦爛的時候，刺膚的冷風吹來，我的頭同手裹在厚極了的包裹同手套中，還是不能溫暖。

到十二月十七日，找到的漢代式的中國古鐵，青銅箭鏃，以及其他小件愈來愈多了，最後到那一天下午，橫過一道寬廣顯明的乾河床之後，約略指示遺址的第一個傾圮了的土堆已遠遠的可以看見了，這正是赫定草圖上引我企望的那個地方。我們的工人隊因爲到了長途尋找的目的地，心中愈覺焦急，所以也大大的興奮起來。在它們之間還有八哩的路，於是橫過一些高峻的泥堤同深削的泥溝，於旁晚之前趕到那裏。我因此能在聳立於荒涼的奇景之中巍然爲遺址主要標識的窣堵波（Stupa）（參看圖五九）脚底紮下帳篷。

到第二天早晨，發掘卽行開始，用相當多數的人繼續不斷的工作了十一天，我於是把各要遺址中所能找到的遺物都清理出來了。同時立刻遣開駱駝一大部分送到北邊，那裏最少在托克塔阿潬所知荒涼的庫魯克塔格山麓鹹泉子附近的蘆葦地可以找到牧草。其餘的送到南邊我們腰站的地方去取冰一類的給養，暫時留在那裏。

那一天早晨立在窣堵波基址高處向四周一望，異常熟悉同時又至爲新奇的樹木行列展布在我的前面。南同西南兩方聳起一些木料和石灰建的屋宇殘蹟，集成小羣。這些殘蹟使我很奇怪的回想到記得很淸楚的尼雅遺址那些殘蹟，所不同者，這裏因爲風的原故，掩蓋在上面作保護用的沙遠不及尼雅遺址之多而已。這些殘蹟的地域以外，極目一望只是無窮無盡剝削很銳的硬泥堤同深溝，一切同那刻劃這些堤溝的不息的東北風取同一的方向（參看圖五八）也很像一幅凍得很硬，曲成無數壓得很緊的町畦的海圖。

發掘是從緊靠窣堵波的南邊，聳出風蝕地面足有十八呎高的臺地上面，一座倒塌了的房屋開始。這是一座建築很好的房屋，現已殘敗不堪，很多的木料堆積在斜坡上，由此可見因爲底下的土壤爲風所剝蝕，以致上面房屋完全消滅無存。然而即就僅存的部分加以搜索，便已發見一些寫在窄木片上和紙上的漢字文書。此外還有寫在木版上面的佉盧文文書，形式正同尼雅所發見的一樣，也有一些寫在紙片上面的。

因此在發掘的開始便得到證據，證明尼雅遺址所得到的這些用同一古印度語字體寫的文書，在遼遠的羅布區域內固有的統治以及貿易方面普通也使用此種文字。試想羅布區域離開和闐是多麼遠，而這種印度語言同字體竟平均發展到塔里木盆地的極東部分，這顯然是很富於歷史意味的一種發見。在這第一處殘蹟裏還發見一些其他的奇異的遺物，此處只能提到一塊堆絨的羊毛地氈殘片和保存得很好的一小捆黃絹（參看圖六〇）。此後又找得一些木質的度量器具以及一塊有字的絹邊，使我能夠證明這一小捆黃絹正當的寬度是十九吋，以及古代中國工業中這種有名的出產運到西方希臘羅馬的眞正形式。

在開始的時候，靠近房屋殘蹟的風蝕空地上，得到金屬，玻璃以及石質的小件不少，其中有背部往往刻鏤很精的青銅鏡殘片，金屬釦，石印之類。拾得的玻璃的以及石質的珠子也不少。漢代方孔式銅錢散佈之多，很爲重要，由此可見這種小錢流布之廣而且多，以及普通由錢幣所指示的貿易之盛。

西南部有一所大建築物，一部分是用土磚造的，雖已損壞之至，還可看出原來是一座衙門的遺蹟。其中有一間小室，原來大約是作爲監牢之用。赫定博士曾在此處找出許多寫在木片同紙上的中國文文書，有些的年代是西元後二六五年到二七〇年（晉泰始元年至六年原作二六四年至二七〇年疑誤，——譯者註）之物。將全建築再仔細搜索一遍，這一類的文書又得到不少，其中有些彎曲的薄片，顯然是從剖來供臨時之用的有一定大小的木版剷下來的。

旁邊的小屋雖然粗陋，建造形式同尼雅遺址所見者一樣，這大約是供非中國人的本地官吏用的；在這裏曾得到形式很熟悉的佉盧文木版，格式內容同尼雅所得者甚爲相似。但是最大的收穫還是得之於衙門西頭外面，徑在一百呎以上的一片大垃圾堆裏面。這座臭味依然刺鼻，而在那成層的硬垃圾和其他廢物中間，却得到很多寫在木版同紙片上的中國文書，（參看圖四七）這顯然是視作廢紙從公事房中掃出來的。常有破裂不堪的木簡方面並有拿來用作點火的木條，所以略有燒過的痕跡。

在這包羅萬象的垃圾堆裏也找出寫在木版紙片以及絹上的佉盧文文書，只不過爲數不多。一件很有趣的發見在那時也並無第二件的是一片破紙，上面寫的是一種不知道的字體，看來令人想起 Aramaic 語來。後來證明這是窣利語文（Sogdian）的孑餘，以前完全失去，不爲世人所知，西元後起初幾世紀流行於今撒馬爾干(Samarkan)和布哈拉(Bakhara)地方的古康居國(Sogdiana)一帶。

所得漢文紀錄的解釋，由我的值得悲痛的故友大漢學家沙畹先生完成其事，其所著不朽的著作由牛津大學印書局(Oxford University Press)印行，連我第二次的收集也一併包括在內。這些文書的內容同以前赫定博士所得的一樣，可以確實證明遺址的地名是樓蘭，乃是古代用以稱整個地域的一站。在西元前第二世紀的末了中國所闢到塔里木盆地的古道上，此地正是西邊的橋頭。

所得有年代的文書大部分是西元後二六三年同二七〇年之間的東西，其時正是晉武帝在位，於漢室傾覆以後，在西域重樹中國的聲威。最後一件文書的年代是在西元後三三〇年。文書上猶作建武十四年，其實建武在十四年前便已終止了。由此可見這一個小站同帝國中央當局的交通已經完全斷絕。此地以及以此地爲終點站的漢路之最後放棄，到那時候顯然是很近了。

此地站頭既小而全個地方本地的出產又有限，然而在中國文書（參看圖四七）方面，仍有足夠的證明，顯示通路未斷之際貿易的重要。有從西域長史發出或呈長史的報告，以及顯然不屬當地的軍事行動紀錄的殘片。但是一大部分的文書却是關於一個中國小屯田區的一切統治事項，如種植糧食存貯以及運輸之類的紀載。對於官吏以及兵士，常有減少口糧的命令，當地不能自給的困難，由此可以很奇異的顯露出來了。

佉盧文文書原文現已由拉普孫教授和博學的法國同事爲之刊布，在字體、語言以及其他方面都可表示同尼雅遺址所得者極爲符合。據後來寄給我的節譯本，我考出此地原來的名稱是 Kroraina；樓蘭一辭大約卽是譯音，按之漢音極爲相似，當不誣也。

清理大垃圾堆以及周圍其他住室所得一些零碎的遺物，此處不能細說。但是有一樁希奇的事實，可以說明在整個遺址留有標識的毀滅力，應爲一述。在遺址區域從南至北到處可見的那些殘毀很甚的狹臺地上仔細考察一番，可見這些東西原來是城牆的一部分，用泥和紅柳樹條相間夾雜築成的；這是古代中國建築工程師在這種地方建築防禦物時通常所用的正當方法，並宜於抵抗風的剝蝕。

但是這一座原來內部方一千二百呎的圓城，卽在正順着最多的東北東風向而建的那幾面，也只存些許殘蹟，抵抗不住毀滅的力量。其他正對着這種風向的兩面已經完全夷爲平地，被風掃光了。這只有在相隔很遠的東邊得同樣殘破的遺址，我才充分體會到風力在這裏所完成的工作，因此一九一四年我第二次來訪樓蘭遺址的時候，能夠認出那些面着東西兩方儌倖沒有完全毀掉的僅存城牆遺蹟。

到十二月二十二日傍晚，我們在古堡壘的工作完畢了。賸下要發掘的是向西八哩左右的一羣遺蹟，（參看圖五三）這些遺蹟是赫定博士首先發見的。但是他只能從樓蘭站到那裏去一次，只能停一日，幫助他到那裏發掘的又只有五個工人，當然還有不少的東西留待有系統的發掘。主要點是我們能否有適當的時候到那裏去工作。我們的冰減少得很快。托克塔阿渾從庫魯克塔格山麓回來報告，說是那裏的水鹹到如今還沒有結冰，因而更使我心焦。可是我們停在遺址的時候，最低的溫度已經降到華氏表冰點以下四十五度了。駱駝爲着同樣的理由

第六十圖　樓蘭古織品之殘餘物

第六十一圖　樓蘭木刻妝飾品之碎片大部關於美術及文學方面

第六十二圖　樓蘭破佛寺中之木刻建築物之小片

也不肯飲那裏的水。所幸從我們腰站出發的駱駝已經回來，我們才能於十二月二十三日把帳篷移向那些遺址地方。

以後五天，我們便在那裏努力發掘，工人雖多患病，仍賸有三十人；發掘的成績證明很不壞。這裏只能敍說少許觀察和有趣味的發見。仔細淸除一座小佛寺之後，得到很多美麗的木刻殘片，其中有長達七呎以上的木梁，裝飾的作風顯然是希臘式，或者希臘式佛教美術派（參看圖六二）。

此處以及離此處東南一哩左右的一些大住宅地方，風的剝蝕力量大極了。然而我們後來仍然找到許多有趣的遺物。其中有從雕刻華美並且加漆的傢具遺下來的殘片，作風幾乎是羅馬式的雕刻木版殘片（參看圖六一）；裝飾用的織物，好像是一種保存甚好的拖鞋，上面飾以毫無可疑的西方式的地氈圖案之類。靠近又一座小佛寺，有一所用籬環成的古代菓園，還殘餘有死去的古代果樹，這是這座遺址中所見古代種植遺跡唯一的證明。還有其他的證明指出古來環繞古堡的此處地方，其所以重要，由於經過此處的對中國的貿易，實比本地的出產爲甚。

我之想循着這條商路，通過那一大片未經發見過的沙漠向東的希望是熱烈極了。但是在這時候，對於這種很困難的工作的任何企圖，都不能不作罷論。我們所貯的冰是減得很低了。而工人患病的日益加大，這都是暴露在寒風中的結果。所以到一九〇六年十二月二十九日，西邊一些建築遺蹟發掘完畢之後，便將主要部分的工人隨同所得的古物，由測量員雷闌星押送回阿布都爾。他因受寒風所吹，致害風濕病，在我們到達遺址之前，他已經是不能動了。

我於是帶着牘下很少的人出發，經過未發見的沙漠，以向西南。七日艱苦的旅行，我們安然得到塔里木河的冰。路上行進，因爲沙嶺愈行愈高，所以比之從羅布淖爾出發要難得多。沿途別無遺址，只偶然看到石器時代的東西。就是以前所常見作古河道標識的死樹行列也沒有了。溫度最低降到華氏表冰點以下四十八度以後，需要燃料的痛苦更其深切的感到。我們這一次旅行最後回到婼羌和磨朗，沿途對於地理學作了很有趣的觀察，但是在此處毋庸細述。

第九章　循古道橫渡乾涸了的羅布泊

一九〇七年二月到三月，我從羅布地方循着馬哥孛羅的故道向敦煌出發，因而發見中國本部極西部敦煌沙漠田一帶的古代邊牆，關於這一段沙漠中的長途旅行，我在下一章中要予以紀述。那一段幾世紀來爲中國和中亞以及西方交通要道的向樓蘭的兇險磧路，其東端的出發點，因這次的旅行我於是能够確實考定。但是要追尋這條路線而無錯誤，那只有從樓蘭方面出發。從這裏出發並且還可以證明一樁很難的工作，所以一直等到七年以後的第三次探檢，才許我試作此舉。

一九一四年一月八日，我到達婼羌。於是這一片小沙漠田又作了我在羅布沙漠考察的根據地盤。但是因爲中國革命，新疆不免也受影響，我的困難因而大增，如今趁便在此略敍一二。我從且末出發到婼羌是在除夕，在這天以前我便已聽到有一隊中國革命軍，換一句話說就是一些賭徒和挺而走險之流，不久之前已開向婼羌，據說婼羌已被攻擊，知縣官也已被捕了。駐且末的中國縣佐無力制止這種暴動，所以他只好很謹愼的替我寫兩封介紹信，一封寫給那不幸的按辦(Amban)假定他或者已經恢復自由和權力，又一封寫給革命軍的領袖，據縣佐的猜想，他們也許已經接事了。

從且末到婼羌有十站，一路大部分是沿着車爾成河走，我們沒有遇見一個行人。當時很使我詫異不置。到婼羌以後，我才知道兩封介紹信都無法投遞。那一小隊革命黨把知縣捉到很殘酷的處死之後，革命黨領袖立卽自立爲按辦，可是當地的回敎徒對此甚爲淡漠。一星期內，遠遠從焉耆開來一小隊漢回軍隊，由同一的本地善於應變的漢回頭目偷偷的將他們引入沙漠田，革命黨其時正在熟睡，驚悉此事時，已殺的殺捉的捉，一網無餘了。因爲地方的變亂，以致並無何種文官，而因文官的缺乏，要想從那些和易的羅布人以及耐勞的頭目方面得到何種幫助，都無希望了。

以後爲我這次續密計畫的探檢，徵集應用的糧食人伕駱駝，遇到困難，使我蒙受很大的損失。而所謂革命，在實際上證明只是一種假仁假義而已。我從婼羌出發以後，沒有辦法只得在磨朗遺址又花了近兩星期的努力工作，補救我於本書第七章所述在一大圓塔所發見的那些很好的壁畫。正在從事工作的時候，接到疎勒英國總領事馬卡爾特尼爵士的通知，說是新疆省當局命令各地方當局禁阻我的測量工作。這一道命令實在的意義就是要停止一切我所想作的探檢。那位永遠機警的朋友立刻請求北京英國公使出面調停。但是其時我應該滿意的是如果不極力干涉，在我那種情形之下，便是中國人用消極的方法也足以破壞我了。

所幸者是意想中發自婼羌的禁令竟沒有來。到後來才知道我之如此僥倖，乃是由於「革命黨」湊巧於此時爆發，合法的知縣在能有所舉動之前便被解決了。接手的革命黨佔據了衙門，看見了命令，但是在他自己尚未被殺之前，他還有更急切更有利的事情待他去做。後來中國軍官嚴守中國官場規矩，極力避免干涉民事，把衙門中的文件概行封存，以待遠從迪化來的新知縣接印。這樣一來却救了我，我於是能安然收集我所要的一切東西，然後向無水的沙漠出發，在那裏所謂人的干涉，是沒有可能的危險了！

在乾涸了的庫魯克河三角洲作新的探檢，發掘任何遺址以及尋找自樓蘭往東或許可以出現的古道，都包括在我的工作之中。為着使後一樁比較麻煩的工作能得適當的時間起見，最要緊的是迅速發掘，因此就我盡量帶能帶的水，或者無寧說是冰，攜帶了許多工人。大袋的冰，最少可供三十五人一月飲水之用，全體的糧食也足夠用一月，我自己的人還另備一個月的糧食，此外還有暴露在冬季沙漠冰風之中所需要的一切保護用具，我一共僱得三十頭駱駝，連我自己的十五頭在內，這並不算太多。至於各個人，不消說都是步行。

一九一四年二月一日，我帶領了這一大隊人從磨朗安然出發。第二天在一塔里木河的終點湖旁把所需要的冰都裝入袋中。從此處起走四站便到我當前的目的地，這是幾年前我的忠實的老羅布族從人托克塔阿渾首先看見的一所大遺址。外部的地面被風剝蝕得很厲害，有些處所連堅固的城堡也完全摧毀無餘（參看圖六三）。城牆是用一層樹枝條一層泥相間築成的，同以前所見敦煌西邊中國古代邊牆的式子一樣。把裏面的殘室清理以後，得到的豐富的遺物，都是建築木雕器具銅鐵之類。由這些遺物可以證明此處之放棄，和樓蘭遺址是在同一時期。經過堡壘有一條很顯明的乾河道，兩岸還有成列倒去的死樹，所以很容易追尋。就方向而言，可以證明這是庫魯克河，一稱乾河的南支，以前河水是流向樓蘭廢址的。

我們跟着這條支流走到第二處比較小一點的堡壘，在小堡北邊有一塊很大的地方，遺蹟到處散布。木材同樹枝構成的房屋因風力剝削，受了很大的損失。但是因為垃圾堆結得很堅固，得以保住了原來的地面，我們在此得到用古印度佉盧文和婆羅謎文兩種字體，以及漢字和窣利文寫的木牘紙片等古文書。此外還有其他有趣的遺物，如美麗的漆匣，有畫的絲織物同毛織物殘片，木製農具等等。這一處地方之放棄，一定也同樓蘭遺址一樣，不能後於西元後第四世紀的初葉。

這裏所得正確的古物證據，對於遺址毗鄰地方地文年代的斷定，有特別的價值。有史時代及其以前不久羅布區域的水文和古代佔領的情形，由此可以呈現光明。屬於後述這一期者在風蝕了的地面上得到很多新石器時代的箭鏃玉斧一類的石器。

在我們到樓蘭去的兩大站途中，再經過一些連續不斷的古河床。兩岸夾有成行倒去了的死野白楊樹，河床的方向很明白指出那是屬於古庫魯克河所成的三角洲地方。風蝕的地面上，有些處所石器時代的遺物之外，並隨便雜有漢代古錢以及金屬零件陶器殘片。我們所走的路線和一九〇六年我第一次來訪時不同；而所得的遺物以及觀察的相像，這充分可以證明當時所得的結論。

二月十日天黑以後很久，駱駝努力掙扎，越過那些連綿不斷不易越過的高臺地，我們才達到中國的樓蘭遺址。作我們根據的帳篷仍然紮在熟悉的大窣堵波遺址（參看圖五九）下面，我向東方以及東北方未知的沙漠中推進偵察，而我的發掘工人仍留在我前次來此未予注意的伸出去的小遺址和深垃圾堆處工作，得到不壞的結果。在這次新的清理中又得一些用漢字佉盧文和自一九〇六年至一九〇七年因我的發見以後始知為古窣利語的印度字寫的木版和紙片文書殘片。

緊鄰遺址的地方，自從中國放棄以來，河水常常暫時回轉，漲落不時，於是阻止了剝落和風蝕的作用，漠中植物得以復活，黏土亦克因而保住。我對於這種河水的漲落水平線，曾有縝密連貫的觀察，這也是很有趣的。由這種觀察可以明白看出遺址自棄置漠中後歷時一千六百年，河水漲落的程序並不是一定的，各處的情形都是如此。在那些已經死去的紅柳叢同蘆葦堉的低地裏，偶爾這裏那裏露出水來，唯一的水源只有乾河。事實上當我於一九一五年回到沙漠中的庫魯克河時，更在西邊，沿有庫魯克塔格，一稱乾山的山麓，可以很清楚的看出那條河床，在河床低陷處略掘小井，便可以得到鹹水。我第四次旅行塔里木盆地（一九三〇—三一）得知最近水文方面大起變動，影響到塔里木河河道，夏季水漲大部分的河水灌入遠在北方的寬車河（Konche-Jarya），這樣使兩河的合流斜逸再行灌入乾河以流向古樓蘭地方；此事我覺得全不足異了。我所希望能研究這最後變動影響到羅布盆地的機會，可惜因中國方面的破壞，竟歸泡影。

現在是從事更興奮的工作時期到了。二月中旬，我又回到那引我重來這荒涼的樓蘭地方的主要工作上去。阿佛拉茲果爾汗（Afrazgal Khan）是一位年輕熱心而又聰敏的回教（Pathan）畫圖員，從剋伯爾來福槍隊（Khyber Rifles）加入我方作為衛隊，他後來因為成績優異，在印度測量局中得到很高的職位。此次之能以準備恰當，得力於他的探察幫助為多。所探察的都是幾世紀以來不曾有人走過的地方，於是在東北邊發見一連串的遺址，很明白的指出我經過沙漠向敦煌所渴想追尋的中國古代軍路同商路就是取的這一個方向，如非全體，最少也在開始一部分如此。

最近這些遺址的地方是一所古代葬場，距樓蘭遺址約有四哩左右，位於雕風蝕地面約高三十五呎的一座孤立的土臺（Mesa）上面。土臺側面的墳墓因爲風蝕把堤岸削去，以致一部分暴露在外，剩至塌下。土臺上面尙未爲風力所毀，在那裏有一羣大墳堆，急速清理之後，得到許多古物，情形甚爲混亂。

人骨棺木殘片之外，還雜有各種殉葬的器物，如死者個人用的有花紋的銅鏡，木製兵器模型，傢具，寫在木版同紙上的中國文書，最了不起的是眩耀在我眼前的光怪陸離的織物。其中有美麗的彩絹，很美的地氈，同繡品殘片，堆絨地氈，此外還有粗製的毛織物同氈子。我當時明白各種衣飾殘片原來是用在這裏纏裹屍體的。中國之同中亞以及遼遠的西方直接交通，因而開了這一條古道，就是由於古代的絲絹貿易，這種情形我用不着多說了。

從各種指示可以很容易的認識這些墳堆的內容，一定是從其他更古的墳墓因爲風蝕或其他同樣的原因以致暴露，甚而懼其完全毀滅，所以收集到一處。按照中國至今尙存的風俗保存在這裏的遺物，可以指定時期是在漢代，其時中國的貿易同國力第一次向中亞擴展，約在西元前第二世紀的終了。

這裏所得許多五彩和紅色美麗的花絹（參看圖六四），據後來的證明，十足可以表現貿易仍取此道經過樓蘭以向西方的中國絲織物美術方面的風格以及技術上的完美。西曆紀元前後中國織物之殘遺，其所以引起特別注意，乃是因爲這些東西是就在最古的絲道上保留到今的。而同樣重要的是在研究遠東和西方古代關係的人看來，裝飾的織物中還有精工製造的地氈殘片，所顯示的風格，絲毫不錯是希臘式的。無論是本地製造，或是從極西的中亞地方輸入，我們從此可以見出一種文化力量顯著的說明，那條磧路對於這種文化的力量已經服務了好幾百年，只是方向相反罷了。

深棕色 淺棕色 淺黃色 深黃色 青 色

第六十四圖A　樓蘭墓中發見之十錦彩色花絲織物

深紫色 淺綠色 綠 色 淺黃色 淺棕色 棕黃色 深紅色

第六十四圖B　樓蘭墓中發見之中希混合風格之毛織品

第六十五圖　此圖係一片毛織品示赫密士之頭部

這些是現在所知中國裝飾織物美術最古的標本，關於這些標本技術材料以及圖案研究有趣的詳細情形，俱見亞洲腹部考古記（Innermost Asia）一書。但在這些顯示希臘羅馬影響的地氈中，我要請讀者特別注意有十足希臘羅馬式圖案的赫密士（Hermes）頭部那一塊美麗的殘片（參看圖六五）。另外一塊地氈殘片很奇異的反映出中國同西方美術混合的影響，顯然是中亞出品。在這裏邊緣部分的裝飾風格明明白白是希臘羅馬式，此外還連有一匹有翼的馬，這是中國漢代雕刻中所常見的（參看圖六四B）。

再繼續向東北十二哩，以前受庫魯克河河水至今還有死去了幾百年的野白楊樹和紅柳樹榦作標識的最後的乾河床都拋在我們的後邊了。於是我們走到一座有城牆的小堡，據查考所知，這是以前中國的使節軍隊從敦煌到有人煙的樓蘭地方第一個休息的驛站。牆垣用葦桿和泥相間仔細築成，這同敦煌沙漠所有從漢代長城延伸出來的邊牆，其年代在中國第一次向塔里木盆地軍事進展之後，極為相合，暴露了兩千多年，還是保存得極為完好。這是此路向西前進時西邊的一座牆頭。

堡牆建造的技術同敦煌古邊牆一樣，所以能好好的抵抗此地的惡敵，風的剝蝕。風的毀壞力工作了兩千年，對於這厚重的城牆，還不能予以嚴重的損害。但是堡內風的力量卻造成了可怕的傷害，掃成的洞穴在地面以下深到二十呎以上。但是在北牆遮蔽的一個垃圾堆裏卻找到了記有年月的中國文紀錄，同樓蘭所得的大部分相似，為此道最後放棄以前西元後第三世紀終了以後之物。

在這座大堡壘以外還找到一些別的遺址。最有趣的是東北三哩左右，聳出地面足有一百呎，在周圍沙磧中成爲偉觀的土臺上面一座小遺址。這顯然是樓蘭土人所據的一個瞭望臺，地位旣高，加以自古以來氣候之絕對乾燥，所以露在外面的墳墓中男女屍體保存的狀態極可驚異。有些屍體保存得很好，此外還有殉葬的東西（參看圖六六及六七）從飾有羽毛和其他獵獲物件的氈帽，旁邊的箭簳，粗韌的毛衣織得很乾淨的盛食品的小籃之類看來，都可以見出這是一個半遊獵的種族，同漢書所記漢路初通時中國人見到的樓蘭人正是一樣。

俯視這些屍體，除去皮膚乾枯以外，簡直像熟睡了的人一般，同二千年前住在此間，並且也安於可怕的羅布區域生活的這些人民面對面的望着，這眞是一個奇異的感覺。這些人頭的特點很近於阿爾卑斯種型。據我所收得的人類測量學材料的證明，現在塔里木盆地人民的種族組織，還以此爲最普通的因素。從此處高地向遠處一望，更可以決定我們所在是以前維持生命的河水所到地方的東頭。東邊以外，便是作乾了的羅布海床標識的一望無際閃閃發光的鹽了。

除去直接的意味而外，所簡單指示的這些發見還特別有其重要之點，這對於仍然擺在我們前面經過可怕的沙漠向東找尋中國古道的困難工作，可以供給一個安全的出發點和若干指導。但是立刻出發，却有不能。我們在滴水皆無的沙漠中，常受冰風的襲擊，加以不斷的勞苦，羅布族工人雖然像堅硬的器械一樣，也都已經精疲力盡。所以我於東北部伸出的遺址作最後的發掘完畢以後，便把工人帶回樓蘭大本營，由此他們可以安然回到生存的世界中去。

我以前曾派我的老旅伴拉爾星從磨朗出去，沿死塔里木河到寬車河，然後折入乾河床以至樓蘭，作一度測量；此時他回到遺址來，我不禁如釋重負。與他同來的還有庫魯克塔格勇敢的獵戶阿布都拉欣（Abdurrahim）；阿布都拉欣在沙漠中有很久的經驗，並隨來許多駱駝，於是我們一隊憑空添了新鮮的力量。他的駱駝中有一頭母駱駝在樓蘭遺址生下一頭小駱駝，生下不幾日，便隨着我們橫越這些滴水皆無滿是鹽粒石塊的荒漠，却毫無所苦，精力之佳，於此可見。

由先後發見的遺址地位歸納得來的地形上的指示，古代的大路似乎還在東北方。不過我們所要找的是古代邊牆以外通大路東頭的直接路線，這樣一來會使我們成一直角離開前面地圖所表示的路線了。這種觀察顯然使我們尋找古代大路的興致爲之減低；當前的地方確實證明所有一切人生必需的東西，連水在內，一概沒有。

這樣一種經過絕對荒涼的沙漠旅行，爲保持安全起見，自須有愼密的準備。估計起來至少有十日的長途，而在前幾星期我們勇敢的駱駝，已經過艱苦的工作，還要走這樣長的路，對於駱駝的耐苦力真是一個嚴重的試驗。所以第一步先得把我的隊伍向北遷到很遠的庫魯克塔格山麓阿爾特米什布拉克（Altmish-bulak）鹹泉子。三日的程途，又於俯視這古代河畔的砂灘上發見有趣的中國小墓葬遺蹟。然後使我們的駱駝在阿爾特米什布拉克休息幾天，找一點蘆草，有機會時並於三星期之後能得到一點水喝，恢復氣力。對於我們這些人呢，這一小塊植物，看來也很高興。

補充冰水以及仔細的將燃料安排妥貼之後，我們遂於二月二十四日出發，從事各人的工作。一方面由拉爾星擔任測量代表乾涸了的古羅布海床的大鹽層盆地未知的東北岸。我自己同阿佛拉茲果爾打算尋覓離開以前有人煙的樓蘭區域邊上的古代中國大路，向着敦煌追踪大路所經過的任何地方。這是很迷人的一個工作，有歷史同地理兩方面的意味，但是也異常困難而且危險。

我們前面地方一般的性質，據我所知道的，在入從婼羌到敦煌的隊商道以前，水是沒有望的，大部分地方連溶冰的燃料也沒有。還有十天左右的苦路，而我們勇敢的駱駝於以前幾星期在滴水皆無的沙漠中已經受過一番折磨，至是忍耐的力量也自有個限度。在這一切無有的荒野，我們會要遇到甚麼物質上的障礙以及阻攔，無法可以預知。至於怎樣能恰合那古代大道的路線，怎樣從這有史以來比地球上同樣大區域更爲荒涼的地方去追踪，仍然成爲問題。要仔細搜尋古代貿易所留下的任何遺物，會沒有時間。所想望的東西若不是大部分也有許多是要靠好運氣，此外還得看我以前觀察所能抽繹出來的暗示如何。可是運氣照顧我，比我所希望的好得多了。

當我們向南走了很苦的兩站，地勢上的困難立刻就自行出現了。橫過滿是硬鹽層的迂迴屈折的峻土臺和小丘，於二月二十五日到達那伸展的小堡附近，儌倖得很，我在這裏又發見一些遺址，確定了我所設想的結論，大道開始的位置確是偏東北方。在那有死植物的地面邊上，有一塔形臺地，臺地頂上有一幾乎完全蝕去的古代碉樓遺蹟，形式同我在敦煌以外中國古邊牆所看到的一樣。我們顯然是走到乾河以前曾經流灌過的地方最東頭了。從此以往，更無遺蹟指引我們；我們現在所走過的地方在有史以來一定同現在一樣，植物動物全都沒有。我們如果把倒在鹽地上最後的死紅柳樹殘餘拋棄在後面，我覺得除去我們所踪跡的一條路而外，我們是從死地走入從來不知有生命的地帶了。

但是當我們取羅盤的東北向走過絕對荒廢的黏土或者鹽層地帶有時候看着前途似乎是不吉利了，而機會常常的前來救助我們。沿途找得中國古錢小件金屬器物，珠子一類的東西，意思似乎是告訴我們所走的路，離中國使節軍隊以及商人在這無生物的荒野中走了四百年的古路還是很近。當時此路雖蒙昧不明，而中國人之選擇此路，在地形上自有其很好的理由；而由上面所得的遺物而言，也足以表明我之依賴他們，是不錯的。

所得的這些東西，只要揀最可驚異最快意的在這裏說一說便足夠了。作古三角洲終點標識的死草木的最後蹤跡久已拋在後面，我們忽然找到了古代的路線，在陰沉的鹽層黏土地面上明明白白的散佈二百枚左右的中國古錢，距離相隔有三十碼左右，方向自東北至西南，成一很好的直線。這些方孔錢都是漢代形式，似乎是新鑄的一般。顯然是護送人員帶的錢，繩子鬆了以後，從錢袋或箱子的孔中逐漸漏了出來。在同一方向約五十碼外，地下還散佈一些青銅箭鏃，顯然是全沒用過的。形狀重量同我熟識的敦煌古塞所得那些漢代軍用品正是一樣。這些錢幣以及箭鏃一定是漢代運送軍需的隊伍在去樓蘭的途中掉下來的，毫無可疑之處。至其所以仍在地上，也容易解釋，大約護送的人在夜間開動，稍為離開正路，而方向仍然不錯。

在那一天的長路中，我們經過很長一串的大臺地，風蝕得奇形怪狀，使人疑心那是一些圯塌了的塔，住宅，或者寺院。這些風蝕了的土堆很容易認出就是某一中國古書中所說靠近古羅布海床，一稱鹽澤的蒲昌海西北邊沿，中國人眼中看來甚為神祕的「龍城」遺址。最後我們再向東北走了一天，經過純粹裸露的黏土同石膏層，到達一片可怕的風蝕了的鹽層臺地。這顯然相當於中國古書中常常道及，描繪如畫位於去樓蘭古道中間的「白龍堆。」我們那些可憐的駱駝脚在此中行走甚爲困難。駝脚已經釘過掌子了，上面所說再釘掌子的辦法，差不多夜夜舉行。但是行過那可怕的硬鹽層地面的死羅布海情形尤其惡劣。

我正準備攀登一座用作我們指引點和瞭望臺的大臺地在斜坡上徼倖找得一些中國古錢同金屬物件，其中有保存得很好的鐵匕首同鐵勒，指明這在古代的大路上顯然是用作休息的地方。再視察當前的地面，脚下一片地面平坦乾淨沒有鹽質，行人經過那遠處堅硬鹽層的海床以後，一定要停下的，所以此地爲休息用的假想，因此更可確定了。

我於是卽刻決定一直向東渡過海床，第二天橫越的結果，證明我的引導果然不錯。橫渡這一片化石的海床（參看圖六八），硬鹽層皺成傾斜形大塊，其間復壓成小小的稜角，無論人同牲口一樣的都很困難。這種疲精竭神的旅行約經二十哩，我們便在硬鹽層的對面踏到第一塊柔軟的鹽上，能以在那裏休息一夜，我有理由對於我的選擇感到歡喜，得到發見，更其鼓起我的高興。據後來的測量，我們是在最狹處橫過可怕的鹽質海床，於是把在那人同牲口都找不到舒適的休息地點的一夜停留算是逃過了。

古代中國的先鋒隊之所以選擇此線爲其通路，當然是由於這方面的考慮。我們經過白龍堆對面地帶，到達古鹽澤東岸，關於古代貿易之取此道，由所得的古錢以及其他小件遺物，又有了考古學上的證據。沿岸行三站，經過仍無任何有生氣的以及死的草木踪跡，而較爲易走的地面以後，最後把我們帶到一座低沙丘的最後伸出點，由北俯臨於古代乾海床極東伸出的大海灣上面。峭壁聳然，俯視下面的大海似乎依然猶存，我們沿岸走過，看到

第六十六圖　羅布沙漠中高坪頂上墓中之屍頭

第六十七圖　羅布沙漠中高坪頂上墓中屍體

第六十八圖　乾涸羅布海床面上之鹽塊

第六十九圖　沿羅布海南岸行時所見之冰塊

有一處地方中國的大路仍很顯明，我因而大慰：在那裏橫截一座鹽質海床的小海灣，幾世紀來由於運載的牲口，大概還有些車輛，遂踏成一條直廣的大道。

自阿爾特米什布拉克出發後第九日，我們第一次看到長在乾海床岸傍沙壤中少許的灌木叢同蘆葦，不禁如釋重負。於是向東南最後行一大站，安然走過有真正鹽澤的一大片鹽層海灣，到達往敦煌大道的寂寞的庫穆古塔克（Kum-kuduk）井子。

中國史書上所說如此偉大的貿易，橫過自古以來便已無水無燃料無草窮荒不毛的那一條一百二十哩長大路，是怎樣組織怎樣支持的問題，我無需乎在此處討論。這在文明的交流上面，有極偉大的成就。事實上其由於中國方面的聲威，經濟的富源，以及組織的能力，實遠過於中國人民以及統治者軍事方面的力量。老實說，這可以視爲精神勝過物質的一種勝利。

第十章　古代邊境線的發見

一九〇七年二月二十一日，我在磨朗發掘完畢，將所得古物安全裝箱以後，開始長途的沙漠旅行，經過可怕的羅布淖爾沼澤向中國本部同甘肅西境的敦煌前進。馬哥孛羅之「通過羅布沙漠」也是取同樣的道路。馬哥孛羅之前六世紀有一偉大並不相下而為虔誠的香客玄奘法師，在西域漫遊了多少年，於是滿載佛教遺物以及經典，也從此道復反故國。

這條磧路在羅布淖爾之南延長到三百八十哩，雖然趕不上古樓蘭那一道的重要與直截，歷代以來一定有過很多的隊商貿易，其在實際上之所以復為世人遺忘，乃是由於中國西進勢力的衰弱，不然便是因為嚴厲禁止同外國通商。於是到中國最後再征服塔里木盆地以後，才重又發見。自此以後這一條路上始又有和闐莎車的商人偶爾出現，但是也只限於冬季幾個月，那時候可以用冰來克服沿途幾段井泉鹹滷的困難。

我們完成這一次的沙漠旅行，一共橫渡十七大站地方，普通的算法仍同馬哥孛羅時代一樣說是二十八段，至於我們環繞樓蘭探檢以及經過那裏所遇到的困難還沒有比較。在這一次的旅行中我們沒有遇到一個行人，沒有生命的岑寂容易使我體會到古代行旅者循着這條寂寞的磧道所生迷信恐怖的感覺。

中國佛教僧人的遊記以及史家的紀述都很正確的反映出這種感覺。但是馬哥孛羅對於羅布沙漠的地理上的敘述更其栩栩如生。我忍不住在此處要將玉爾(Sir Henry Yule)的譯文引證兩段：

「這一片沙漠很長，據說由這一頭騎馬行到那一頭要一年以上。此處較狹，橫越過去，也得要一個月。全是沙丘沙谷，找不到一點可吃的東西。但是騎行一日一夜以後，便可以得到淡水，足够五十到一百人連牲口之用，多了可不行。……

「沒有牲畜，因爲沒有東西可吃。但是這一片沙漠却有一樁奇事，如果旅客是夜間行動，其中偶有一人落在後邊或者有睡熟等情，當他打算再會到他的同伴，他會聽到鬼語，於是誤以爲就是他的同伴；有時候鬼會叫他的名字；於是一個行人常因而迷路，以致絕對找不到他的隊伍。許多人都是如此喪命的。有時候迷路的行人會聽到好似大隊的人馬在眞的路線以外雜沓往來的聲音，若以此爲其隊伍，他們會隨着聲音而去；破曉之後他們才知道是上了當，但已經是置身苦境了。甚而在白晝也可以聽到鬼語。有時候並可聽到各種各樣樂器的聲音，最普通的是鼓聲。因此作這種旅行，行人的習慣都是彼此緊緊團結在一起。牲口頸下也繫了鈴，如此方不易於迷路。睡的時候放一個標識，以指示下一站的方向。這樣一來，沙漠便渡過了。』

我們沿着大乾海床的鹽質海岸（參看圖六九）一大站一大站的過去，然後到劃分東庫魯克塔格山麓和佈滿在南面庫穆塔格砂灘上面高峻沙脊的一片寬廣的荒谷，佔據我的大部分的思想者却不是這些古代民間的信仰。有許多有趣的地理學觀察把我的精神纏住了，特別是我們經過那像漠頭的處所走進初看甚爲難測的地方。

在那北環陰鬱而絕對不毛的庫魯克塔格斜坡，南界三百呎以上的高沙丘之間，有一大片盆地，盆地中間有一連串顯明的乾湖床，湖床周圍以及其間，有異常高峻迂迴錯亂的土臺地。這些湖床證明是古代疏勒河的終點盆地，如今河流的終點是在更南十五哩的大鹽澤中了。以前相信疏勒河注入喀喇淖爾（Khara-nor）現已證明還在更東邊相差經度有一度以上。

現已乾涸的較古終點盆地的發見，極其富於地理學上的趣味。這在有史時代塔里木河同庫魯克河終點盆地所有的水道變遷方面，是一個很好的例子。表示較古時代吸收南山山脈一大部分積雪的疏勒河，原來是注入大羅布泊的所以羅布泊的灌域竟從右方的帕米爾起，橫越亞洲腹部，以及於太平洋。

我常有一種思想，以為在中國以前通西域的道上古代貿易之因而進行，始於張騫鑿空以後，並且以為人類的辛勤痛苦也於此可以證明了。據漢書所紀的寥寥數行，樓蘭一道（我們可以簡節的叫它這個名字）東邊的起點是一有堡壘的邊城古代中國史書稱此為「玉門關。」玉門之得名始於和闐的美玉，和闐玉自古至今是塔里木盆地輸入中國的一宗重要貨品。但是這有名的玉門關，確實位於何處，中西學者都不明白。

我於婼羌阿布都爾一帶考察時，在那到玉門關去的路上，得不到任何遺蹟的任何報告。法國外交官波寧先生（Monsieur C.-E. Benin）曾打算從敦煌出發，循磧道到婼羌去，沿途曾經過一些傾圮了的碉堡以及沿着碉堡的一些近牆遺蹟，後來行到喀喇淖爾西邊，遇到一些沼澤，不得已只好退回。一八九九年他出版了一部小書敘述此次失敗的經過，我曾讀此書，略知一切。波寧所經過的紀載，暗示那些遺蹟的年代一定很古，但是缺乏任何地圖同路線圖，所以無從測定這些遺蹟。

所幸阿布都爾留心的老穆拉是近代此道一位眞正的先驅者，曾告訴我說從迂迴錯亂的高士臺地出發後第一站，可以經過第一座「寶塔」，我們的希望還不至於落空。三月七日旁晚的時候，我們行過一片光石子的高地，看見離我們所走的路約一哩左右，有一座小土堆引起了我的注意。到了那裏，不禁大喜，那是一座用硬土磚造成，高達二十三呎左右，比較保存完好的碉樓。

我看見那熟悉的紅柳枝層在一定的間隔中，插進兩層磚間的情形，便知這座碉樓年代之古是毫無可疑的了。碉樓建在深創的乾河床岸邊，取一易於防守的地位。毗連處我找到一座小建築的地基，殘圮得很利害，大約是守望者的住處。在此間找得一些破鐵器，刻畫的木頭以及一片堅靭的毛織物，立即證實了這種斷測。後來有系統的調查證明這是古代防守邊界線極西段前方的一座碉樓。

因爲馱馬所帶的芻秣現在開始減少，迫不得已只好沿途不作無謂的延滯，向着尙隔五站的敦煌沙漠田前進。第二天早晨，我們離開疎勒河終點河床旁邊，我們休息的地方只有三哩，我看到東南方不遠處一條石子嶺上又有一座碉樓遺址。讓駝隊沿着顯明的大道走去，我急忙上去（參看圖七〇）。建造同第一座碉樓一樣。周圍平沙地面，並無其他建築的遺蹟。但是我的注意即刻被附近平沙中露出一線的葦束所吸住了。隨着這道葦束沿高地走不多遠，我不覺大爲高興，這一道線一直向東邊三哩左右的一座碉樓伸去，形式明明白白是橫過低地的一道城牆。

路爲搜檢便顯出我是眞的立在這道邊牆遺址上面。把一薄層流沙淸除之後，就看見用葦桿細在一定的間隔同泥層交互砌成的一道正規的城牆，全部經過鹽滷滲透之後，堅固異常（參看圖七一）。牆外面同內部成細的葦桿成直角形，還放有別的葦桿細紮得很仔細，形如束柴砌成堤形。葦桿束一致長八呎，厚約八吋。這種奇形怪狀仔細堅固的牆本身對於年代並不能有確定的端倪可尋，幸而有很好的機會，鼓起我找尋必要的年代證據的希望。

牆頂葦桿細中露出小塊絹頭，翻檢之餘，得到五綵畫絹殘片，殘木版，以及上書中國字的小木片，所寫的字異常清楚，形式也很古。無年代，只有「魯丁氏布一疋」字樣。我那位很好的中文祕書態度甚為謹慎，只說就字體而言，此第十世紀以後所用者為古。我對漢學雖然不懂，然而我敢大胆說這或許是漢代的東西。

這些明明很古的遺物何以同用來築城的材料混在一起，那時候我對於這一個問題並不十分措意。我所留意的是看得很清楚的成為一線向西南同東方伸張的那些堡壘。為着要追隨向敦煌去的大隊，我於是轉而向東，此事我沒有理由去反悔。從一座堡壘走向又一座堡壘，我找出那種奇怪的牆，一長段一長段的不時出現（參看圖七一）。

有些處所還保存有六七呎高，別的地方因為風蝕看來只似平坦的沙地的隆起。但是略一刮掘，在這裏也現有同樣的蘆草束或灌木束。在旁晚我到達紮帳篷處之前，我得到很明白的證據，證明這些碉樓意思是拿來保護一段連續不斷的邊牆的。這不禁令人想到羅馬帝國從諸森伯蘭（Northamberland）的哈得良長城（Hadrian's Wall）以達於敍里亞阿拉伯，保護邊疆，以防蠻夷入犯所築的那些長城（Limes）了。

這眞是一個有意義的發見，值得繼續探檢一番。這一道線可以再走兩站，全長在五十哩以上，碉樓實際在大路上，否則離北邊距離不等處可以淸淸楚楚的看得見。我們一路前進，沿途也可以看見更有意思的遺蹟，其後路近敦煌沙漠田，我們不得已始轉而橫過赤石子高地以向東南。

對於敦煌西邊沙漠中所有這些遺址作有系統的探檢之前，必得先將給養以及發掘工人弄妥。所以我現在向南到後來稱爲沙州的敦煌去。最後一次的大回亂，這一處沙漠田所受可怕的損害，如今在敦煌小城的四周圍還可以看出很多的證據。在這稀少的人口當中要找到最少最少的發掘工人，都很困難。所幸當地文武兩長官對於我的目的表示同情，盡力幫助，因此到三月二十四日，我居然能帶領十二名吸鴉片的發掘工人再度向沙漠中出發；此地所有能夠徵集的工人全盡於此了。

爲要證明我所推測的這道古代邊牆是否繼續伸向東邊，並且由此是否大概沿着疏勒河南岸和其他諸湖修造，我於是把路線起首轉向北方。但是我搜尋兩天的結果，顯示找古代中國長城遺蹟的希望是失敗了。據後來調查的證明，乃是由於疏勒河以及疏勒河大支流黨河的洪水泛溢，以致一切遺蹟全遭湮沒。但是當我更轉向東方尋找的時候，我居然又能遇到一道邊牆和碉樓。我的喜悅在這一次意外的發見中是完全不虛了。在這裏那一道邊牆大約有十六哩左右的距離，實際上絲毫沒有間斷。

邊牆位於低高地的光石子地面上，比沖積地高得多，在有低沙丘處戛然中斷，過此便是保存得很好的一段邊牆。邊牆厚達八呎，兩邊實際上一無損傷，聳立此間高度仍達七呎以上，建築方法之特別，在此處很容易研究。蘆柴和相間的泥層，因爲此地土壤和水中之含有鹽質，已成爲半化石的狀態。

在這種地方牆的本身便可以抵抗人同自然。由於蘆柴束連合的彈力和黏着性，所以抵當遲緩而不斷的風蝕力量比任何其他東西都要高明。我注視着聳立前面幾乎垂直的城牆，不能不驚嘆古代中國工程師的技巧。在這一望無垠的沙漠中，無有一切出產，有些處所甚而滴水俱無，建設這種堅固的城牆，一定是一樁很困難的工作。然而還最後證明直抵額濟納河全長達四百哩以上的長城，竟於比較短時期間告竣了。

當我在靠近大部分的碉樓以及毗鄰小屋遺址的垃圾堆裏，找出許多中國字的木簡的時候，尤其增强我的滿意。那些有字的小木片上有許多證明是有年代的，據我的中文祕書檢閱的結果，所有這些年代都是在西元後第一世紀。我們因此更爲興奮，這裏的邊牆遺蹟在前漢時候便已爲人據有，而我手中所有的是中國寫本文書中最古的東西，那是確實無疑的了。

我尤其喜歡的是蔣師爺匆匆檢視一過，把這些木簡的內容也弄明白了。木簡的性質差異很大：有關於軍事統治簡單的報告同命令；收到器械給養一類物件的呈報；私人的通信之類。此外還有學校字書以及書法練習一類的殘片，但是這些材料充分的解釋還待長久的研究，那是很明白的。事實上有許多古文字學以及字句的問題，尙待大漢學家沙畹先生銳敏的語言學知識來解決。

這些雜「紙」，就文具的觀點看來，其年代雜亂，是容易知道的。薄木片最普通的形式（參看圖四五）是大約有九吋半長，四分之一到半吋寬。每一行所寫中國字常有三十個以上，可見當時流行書法之異常乾淨，所用的材料除光滑細緻的木片或竹片以外，並還有本地出產甚多而比較粗糙的紅柳樹，不大正式的通訊便用此種材料。截成無定的形式，用來抄寫，當然是很好的屯戍絕域的兵士顯然以此消遣永日。

木簡上面有許多刮削的痕蹟，可見木簡來源的昂貴，於是用了又用。從圍繞着遠戍絕漠的那些衞士的狹道的垃圾堆裏所找出的那些雜亂的遺物中間還有旁的證據，據研讀木簡的結果所示，屯戍的將士大部分是犯了罪的，因而從帝國的本部遠役絕塞，否則是不大會如此的。

到了四月一日我們對於所有碉堡的探尋已經完畢，而嚴寒的沙漠風暴不斷的吹來，揚起一陣很重的塵霧，我們那時候只好向東移動。我們的一小隊中國挖掘工人已經精疲力盡，無論如何應該回到我們敦煌的根據地去。在那裏停留了一天，我又招集了一批新力工人，以及一切應用的東西，備在西邊沙漠境界上作長久工作之需。我所採的新路線使我首先到伸出去的南湖小沙漠田，南湖是一個小村落，我在這裏可以找出在漢書上同玉門關連帶說及的古代「陽關」的遺蹟。這是軍事上的一個站頭，用意在保護通塔里木盆地的「南道。」此道沿崑崙極東高峻而又極爲荒涼的斜坂而行。敦煌至婼羌的磧道因爲濱於古代乾枯了的海床，井水鹹澁，一到晚春，路便不通，到了冬天才行恢復，在這期間商運往來，還偶然有取南道的。

沿着和平的小南湖地方作考古學上的考察，到四月十日便完畢了。此後移向北方叢莽掩覆的沙漠之中，第二天達到緊靠我們第一次紮幔篷地方的長城線上。我們自從在敦煌東北方一段長城遺址有所發見以後，對於遺址年代之古遠便已確實斷定，至是重回到這邊牆上，委實覺得足以驕傲，更其喜歡的是有機會來充分的發掘遺跡。仔細測量探尋過的長城線長度很大，氣候一方面的情形愈感困難，同當地一切出產的距離也愈遠，因此工作也更爲艱苦。但是這是一樁很迷人的工作，後來得到的報酬證明比我所預期的要豐富得多。

在本書內要將一個月忙碌的發掘，把這些最古的長城防衛的情形，以及沿長城線幾世紀來所顯示的生活狀態，所有重要的事實作一有系統的敍述，因爲限於篇幅，實辦不到。在這地方所有一切的發見同觀察，以及幾百件文書的解釋，在我的西域考古圖記（Serindia）一書中都有詳細的紀載。在這裏把特別的遺址暫記一二，把所得的東西約略紀述，便已足够了。

沿伸張出去的長城西段的光石子高原邊上，有很多相距不等而保存得很好的碉樓（參看圖八四）巍然聳立。這些碉樓無論是用土磚或用泥建，都很堅固，基部方達二十呎至二十四呎左右；到頂上逐漸縮小。這在以前是一座小瞭望臺，有雉堞作保護。大多數的臺頂只能用繩攀緣上去，至今在磚牆上還可以看見托足用的孔穴遺痕。

碉樓的位置以前經過一位眼光銳敏的人選擇，一律得着地利，既適防守復宜瞭望。因此各碉樓間的距離，都看城牆線外的地方是否易於觀察而大爲不同，這是很重要的。同樣一律選擇高出的地位，以便傳佈烽火的信號。夜間用火白晝用煙的組織嚴密的傳達消息制度，當時推行於全長城線。這在文獻上以及我所找到供作信號用的材料的實在證據方面，都可以證明的。

風蝕是實際上無雨區域中古代遺蹟一個最大的仇人，在沙地地面上很可以施展一番力量。然而這些碉樓

第七十圖　古瞭望堡之遺址近敦煌之西終點

第七十一圖　瞭望堡附近之長城(Limes)之輪廓線

第七十二圖　在敦煌西之古瞭望堡之遺址

第七十三圖　中國古堡之遺址示玉門關之地位

自建造以來，歷時已兩千年，仍然保存甚好，使無附近地方風蝕力量很小的顯明證據，我真要大吃一驚。我屢屢看到一個月前我騎馬經過的足印，依然新鮮如故。七年後我因第三次探檢隊再回到這裏，還能認出我自己的足印，甚而有些處所連獵狗的足印也是明白清楚，這一切都是同樣的可以驚奇。

仔細利用各種自然的形態並細心適用地利，這是古代計畫建造守勢的城牆時候最注重之點。我們考查到城牆西段證明中斷以後，是充分的表明了。城牆沿着向羅布的大路伸展，用意顯然是在保護同守視，然後終止於疏勒河床經過處，由此突然轉向西南，蜿蜒二十四哩左右，遂止於沼澤地方。解釋起來就是古長城轉角處達到疏勒河大終點盆地的極東北角上。這裏延展出去約三百方哩，地面上滿是沼澤縱橫，一年中大部分時候極難通過。這對於騎兵的襲擊可以作有效的防禦，有好一程地方能够高枕無憂，所以古長城卽止於此。

第十一章　沿着古代中國長城發見的東西

在敍說從中國長城遺址所得特別有趣的東西以前，爲方便起見，可以將第二章所曾簡單述及的歷史事實複述一遍，這可以使這道邊牆的建造呈露光明，並可以說明邊牆主要的目的。當西元前一二一年（元狩二年）漢武帝在南山北麓將匈奴人逐出牧地以後，立刻在供他的前進政策作向中亞前進之用的通路上建立了軍事的根據地。漢書說在同時展長中國古代的長城，開始向西建造一道城牆。目的自然是爲着要保護向塔里木盆地擴展的貿易和政治發展而闢的大道。

其時匈奴人在北部沙漠地帶還依然縱橫跳蕩，謀這條貿易同軍事行動的長交通線的安全，自然爲當務之急。羅馬人的長城線原來就是帝國向邊陲軍用道路整個系統中的一部分；中國用作向西發展工具的漢武帝的長城，正同古代羅馬帝國的長城制度相像。Limes 一字用爲從行動根據地推向前方的羅馬軍路的專門名辭，這裏我們正好用以稱呼古代中國的長城。

我們從漢書上知道到西元前一〇八年（漢武帝元封三年），自肅州遠至玉門一帶，建立了連續不斷的一長線驛站同小堡。那時的玉門關還是在敦煌稍東的地方。到了西元前一〇二年至一〇一年（太初三年至四年），漢武帝第二次遠征塔里木盆地成功以後，「於是自敦煌西至鹽澤往往起亭障。」這些亭障的用意就在保障政治使節以及商隊的安全，和供給他們沿路的給養。漢書上所有關於我所發見的這一段城牆同亭障的紀載，取自中國歷史鼻祖司馬遷當時的紀錄，一定是確實可信的。

我們知道漢武帝對於中亞的通商同軍事前進的政策，並不因地理上可怕的困難，而有所畏縮止息。所以前章末了所述到達終點的長城之向西展開很可以說是西元前一〇一年幾年以內的事。清除防守長城西頭一座碉樓的不重要部分之後，得到一大塊有字的木簡，上面有太始三年（西元前九四年）的年號，同我推想的一樣，這一喜實是非同小可。據簡上說，當地地名是大煎都，長城西端的這一個地名，也見於別處所發見的文書上。其中有一片上有太始元年（西元前九六年）年號。因此我們有確實的證據，可以說長城的展開在那時便已到盡頭處了。

這些瞭望臺，從長城終點起沿着大沼澤盆地的邊緣，蜿蜒及於西南（參看圖七二），當我發掘這些瞭望臺之後，這種結論更其充分的確定了。由這些瞭望臺彼此相距的距離，很明白的可以看出大都是當作烽火臺，不可通過的沼澤爲它作成一道天然防禦線。高而分開的土脊，從石礫高地像手指一般伸入一望茫茫滿是沼澤的盆地裏去。這些是烽火臺的理想地位，中國工程師造此，大部分沒有失敗。在二十四哩以上的距離之內，碉樓錯布，幾乎成一直線，位置似乎是用反光鏡觀察擺成的。

幾乎在所有的碉樓裏面都得到有趣味的遺物。但是最多的要算長城線後面兩哩左右，顯然作爲一種支部用的一座小驛站遺址。這些平庸地方的佈置，一如設計，很容易弄清楚。進門處的木門框仍在原來的地位上；周圍有一堵薄薄的被火燒紅了的牆垣的竈裏邊的灰依然存在。室內得到一些木簡，大約是官員們用的，其中一片的年月正相當於西元前六八年五月十日。（按爲漢孝宣帝地節二年。）

尤其重要的是第一次試行搜尋遺址底下滿佈石礫的斜坡上面的垃圾堆，爲時不久便得到許多的中文紀錄在僅僅幾方呎的地域之內得到有字的木簡在三百以上。這顯然是一位小官員的檔案文件全部倒在這裏，從許多有年代的木簡看來，可知古代一位軍中書啓的那些「廢紙」是漢宣帝元康元年至五鳳二年（西元前六五—五六）間的東西。此處只能取其有歷史同考古價值者，而對於這種邊境軍事組織以及沿路的生活情形能呈露光明的，稍爲敍述一二。

這裏所得的文書有些只是重錄或者稱引關於在敦煌地方建立屯田區域以及建造亭障或城牆以保邊的一些詔諭，此外則是沿長城線軍隊的組織，各各不同的隊名之類，也有關於長城其他各部分各燧燧的報告同命令。有些文書提到有「土官」的名稱，證明此地兵籍中亦有非中國人的夷兵，同羅馬前線上間駐夷兵正是一樣。很奇怪的是我在鄰近一燧中得到半段木簡，上書古撒馬爾干同布哈拉通行的古窣利語；這半段顯然是作爲符節之用。還有奇怪的是有許多片上書元康三年（西元前六三）、神爵三年（五九）、五鳳元年（五七）諸年的精美曆書，以及一段中國有名的小學書，（譯者按：卽急就章。）有一大堆木頭「削片」，可見此間有些官員或者書記之流，亟於想把自己的書法練好（這在後來是很重要的），於是把原來的字用刀刮去，至再至三，作成簡便的木簡，以供習字之用。

就我們所知，極西這一段於長城初建的時候便已有人佔住了。我們現在一定要離開此處，好向東去把長城遺址匆匆考查一次。沿着我所謂長城沼澤段，也作過許多有趣的觀察，得到許多的發見品。可是在說到這些東西以前，我可以把東去途中所見到的T字八號碉樓約略敍述一二。我們起初看見的時候，只不過一座上蓋石礫低平的土堆而已。然而就地位看來，這在以前一定有過一座碉樓。發掘之後，證明內中有一座頹圮了的塼堡堆，大約由於建造不佳，以致完全倒塌，倒塌之後把鄰近守衛室的牆垣同屋頂也掩埋了。

瓦礫清除之後，在一些別的奇怪的遺物（參看圖七五）之中得到一件量器，形同鞋匠的足尺，上刻漢朝的尺度；又有一些木印盒，上有小槽，排列的形式可以用繩縛住，正同尼雅以及樓蘭廢址所得佉盧文木牘的蓋一樣。還有以前附於盒子或袋子上的一片木簡，上面寫明盒內裝有「玉門顯明隧蠻兵銅鏃百完」字樣，供給弩用的。這種古代兵器沿長城拾得很多。但是特別有趣的乃是一具保存得很好的木函蓋，蓋上刻有受封泥的方孔同繩槽，很像尼雅遺址發現的長方形木牘。木蓋底面下陷，四邊隆起成爲邊緣，證明原來是一種小箱蓋。蓋上寫有清楚明白的大字，說是「顯明隧藥函」。一九一二年倫敦威爾康醫學博物院（Wellcome Medical Museum）開展覽會，我曾把這具箱蓋陳列，以見古代醫藥的一斑。

我們的帳篷第一次紮在靠長城的一座小湖旁邊，由此伸展出去，有一段很好的有趣的漢長城，到喀喇淖爾爲止。防禦線至此橫過一串沼澤同小湖，這一片窪地從南方砂灘迤邐而下，以直向疏勒河。於是蜿蜒而東，沿着一大片湖澤，疏勒河自喀喇淖爾出後遂入於此，防禦線也就繞大湖一轉。中國古代工程師之選擇這條路線，煞費苦心，如此可以藉天然的防禦以爲補助，又一方可以省建造同保護的工力。前面所說在長城西南翼一支部烽燧中得到的文書上引詔諭、是關於酒泉太守的，說「屬太守：察地刑，依阻險，堅壁壘，遠候望，……」正是此意。

我們之考察長城，從小湖向東約行十八哩左右，很清楚的看出詔諭中所指示的是很澈底而且很聰明的實行了。從那裏起每一片硬地可以容敵人入犯的通道都築有城牆，如此以至於沼澤邊上。有湖澤處即以湖澤代替了城牆，這樣作成天然的防禦，而又可以省去許多哩建造的工力。我們試想一想，在窮荒絕漠之中要維持相當的人力建造長城，而給養同運輸又是那樣的困難，這種收穫之大便可不言而喻了。

向東伸到喀喇淖爾，然後沿着南岸的這一段，利用不可通過的沼澤，作爲天然的障礙，其收效更大。疏勒河沼澤同大湖所構成的「水牆」，甚爲寬廣，除去疏勒河河床顯然狹窄處短短的兩程而外，其他各處竟沒有建造城牆的必要。

因爲上面簡單述及的地形，使得我們在這個地點對於長城線的探尋，不能不格外感到困難。我的永遠機警的中文祕書和從孟加拉工程隊來的聰明助手蘭星已經開始從事於清除這些平凡的遺蹟，他們可以放心的留在後面指導這種工作。我於是自行帶兩位土耳其人從者，騎馬出發，探測一切。他們先走，探看指示等待我們工作的每一個遺址，使我在近水處選擇紮帳篷的地方。當我一哩又一哩的走過不毛的沙漠同鹽澤，蹤跡城牆同碉樓的遺蹟時候，我覺得沒有比在這種荒涼寂寞的邊城上更能引起我的奇思幻想的了。碉樓固然可以作爲遠處的引導，而荒原之間的鹽湖沼澤，以及沼澤沿邊不測的狹長地帶，有時候在我竟似乎一種障礙物的競走一般。

尋找古長城的遺址自然還能使我更爲興奮。在有幾段地面上，方向同常年的風向一致，低地的有蔭蔽的位置減少風的剝蝕力量，於是城牆仍是巍然高聳，有幾處還能到十二呎左右（參看圖七一）。此外就得仔細視察地面，以便發見作為長城線標識的那些低下連續的土堆，整飭的結果石礫底下往往露出蘆柴束。

有一次在一片特別伸出來的高地上我偶然踪跡到了長城線，沿此地一直向東可以很容易地到最近的一座烽燧。碉樓的位置，都一律用心選擇那些可以指揮最近的低地的處所。所選土臺本身就能看到很遠，因此碉樓也不甚高，至今還可以爬到頂上。我坐在那平常為蔭蔽戍兵用的小室裏，眺望廣漠荒涼的沼澤沙漠，很容易回想起過去那些慘澹的生活。那裏並無現在的生命來擾亂我思古的幽情。

橫在我脚下的殘蹟，自為以前那些流徙絕塞的人佔據以後，（參看圖七六）平靜寂寞不為人獸所擾者歷好幾世紀。靠近這些遺址，往往有很大的垃圾堆，那就是他們據有此地的時候堆積起來的。上面極薄的一層沙礫恰好足以保護最易碎裂的東西，至今猶是嶄然如新。只要用靴後跟或者馬鞭將斜坡稍為挑剔一下，便可以使平常慣於拋擲廢紙，毋寧說是木簡的堆積顯露出來。所以不久之間，我就會習慣地從幾吋的地面之下，拾得西曆紀元或紀元以前的文書了。

每當旁晚時候，我個人騎着馬躑躅長途，探察那些凜然的烽燧，想到兩千年間，人類的活動停頓，自然也呈麻痺的狀態，這有如一瞬間事，感動之深沒有比此更甚的了。夕陽的光輝從十多哩外一座一座的烽燧反射過來，炫人眼目，似乎以前城牆上所有的堊粉依然如故。這種堊粉的用處自然是要使人遠遠地便可以見到烽燧。被沙礫掩覆了的城牆還偶然存有一部分的堊粉層次顯然，可見其常經修理。我們冥想古時烽燧城牆防護謹嚴，牢牢注視着迤北一帶靠不住的低地，以防成羣結隊善於作戰的匈奴敵人的情景，不啻如在目前！

就在城牆以及烽燧附近所拾得的許多青銅箭鏃，以及蔣師爺所能認識解釋的那些木簡上的紀載，證明邊陲上突襲同警報是數見不鮮的事。無意間我的眼光投到鹽澤左右的一片低地，匈奴人於烟塵滾滾中進攻以前，可以先在此處集中。只要越過那些堡壘，展開在眼前的便是大路，可以直達敦煌沙漠田的任何部分，以及更東中國有人煙的處所。當我想到幾世紀後，命運規定了這些匈奴人西去搖撼羅馬帝國同君士坦丁堡的時候，不僅時間，便連距離的概念也似乎遇着了危險了。

夕陽的光輝斜射過來，過去的一切更顯得真實了。城牆的路線於是一哩又一哩的表現得異常清楚，即使倒塌得只賸一堆低直的土堆，也是如此。那時忽然看到同城牆平行相距約寸碼左右有一道很奇怪的溝形直線，走近仔細一看，原來是粗沙土上一條窄狹分明的道路，幾百年來邏卒踐踏往來，遂成此狀。像我一樣，其他的人也先後發見這種奇怪的道路，大都在離開商道幾哩沿城牆處，只要城牆殘餘的高度還足以抵擋飛沙走石，便有這種道路存在。

在我第一次偵察的時候，我便已作了又一種奇怪的觀察，起初看來也是一樣的難於明白。我在許多烽燧處看見斷斷續續的一些奇怪的小堆，普通排成有規則十字交叉的五點形，或者排成一道直線，却彼此相距不遠。走近仔細一看，底部大概有七呎到八呎，全用蘆柴束作十字形交互一層一層的建成。高自一呎至七呎不等，全是一樣。蘆柴束初放時中插野白楊樹枝，以爲支持之用，時間稍久，便不需此了。經過鹽質浸潤的結果，蘆柴束已成半化

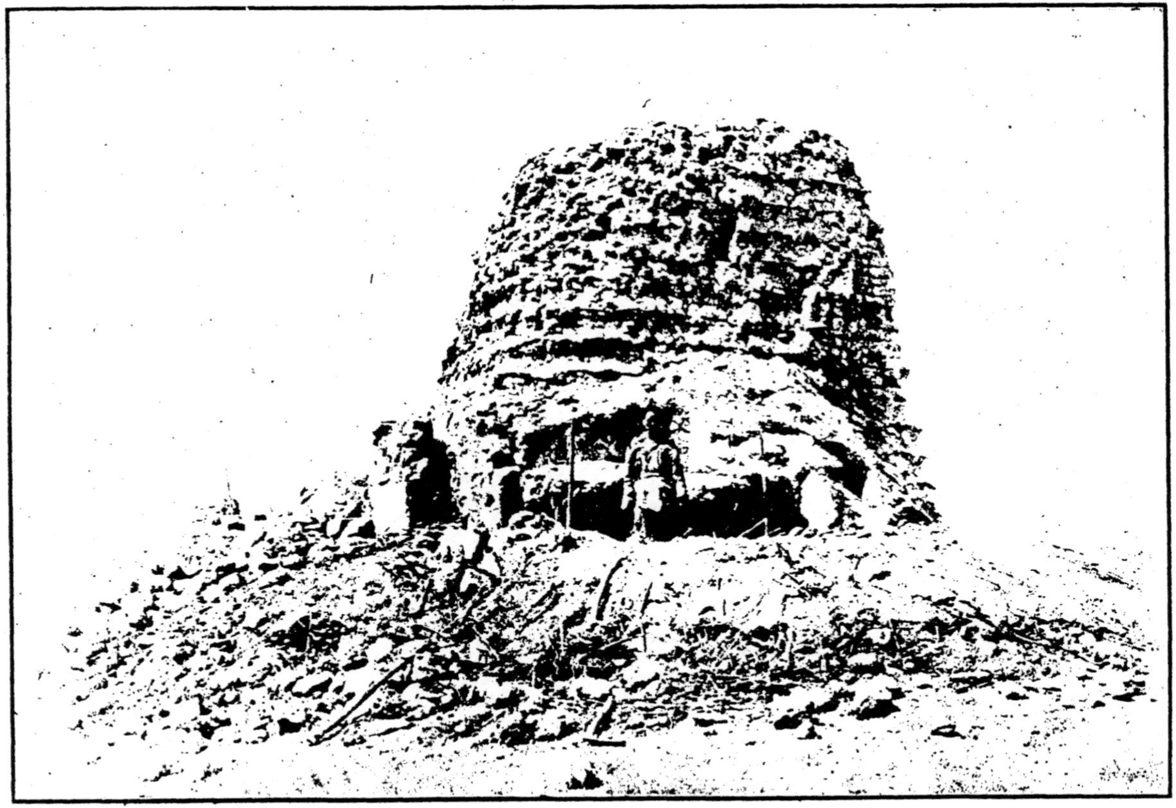

第七十四圖　敦煌遺留之瞭望堡及附近階梯遺址

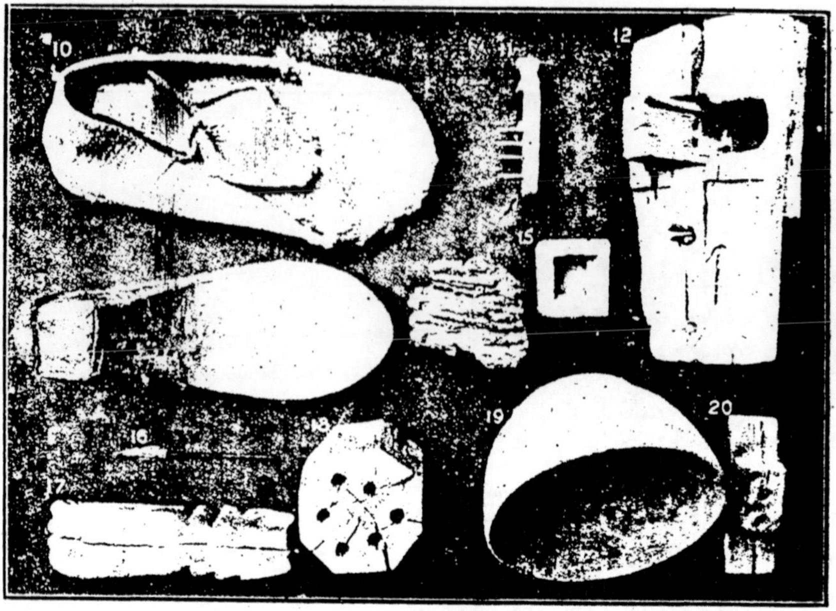

第七十五圖　從中國邊境守衛處掘出之古代工具及器具

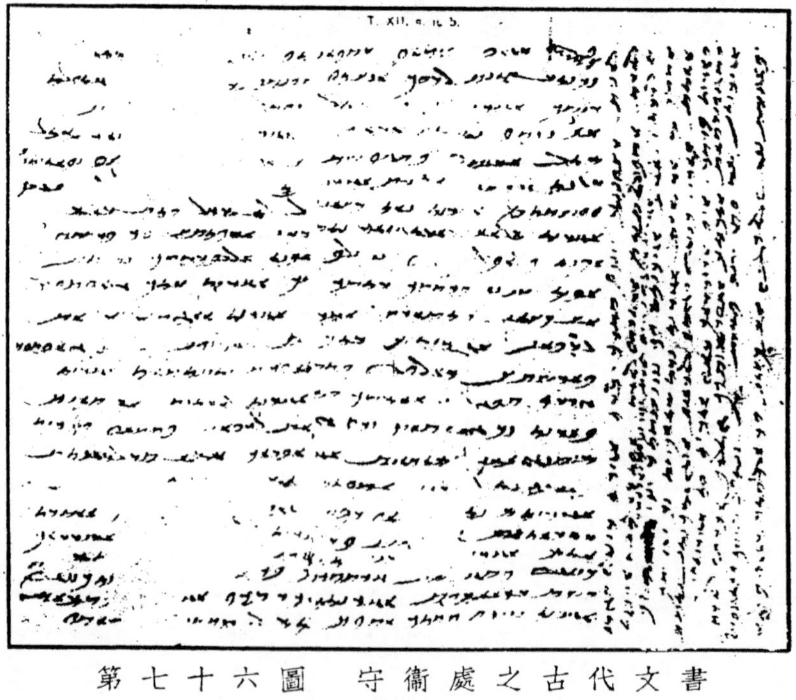

第七十六圖　守衛處之古代文書

石的狀態，但是蘆柴纖維分開以後，還仍然柔軟如故。

蘆柴束的廣袤同用以建城牆的一樣。起初以為這是拿來備不時之需。但是後來又在好幾處烽燧中得到此物，離開長城線甚遠我屢次找到一些火燒以後成為炭化物的蘆柴，於是始恍然大悟。這樣堆積的蘆柴顯然是烽燧晝夜備作舉烽火之用的。中文紀錄方面也有很多的證據，證明在這一帶古長城地方烽火的制度有很有系統的組織。

我已經說過不能在此處把有趣味的發見品一一說到。但是有一件我要說一說。我在這一段長城一座烽燧壘封堆積的室中發見了八封乾乾淨淨用古窣利文字體寫在紙上的書函（參看圖七五），這是在我第二次探檢隊以前世所不知的。其中有些找到時外面用絹包裹，有些只用繩纏住。這種字體因為過於彎曲以及其他原故，極難認識，現在知道這是中亞一帶商人到中國以後發回的私人通訊。他們顯然很喜歡用新發明的紙作書寫材料，而不喜用中國人所墨守着的木簡。

據造紙史權威故馮魏斯涅教授（Professor Von weisner）用顯微鏡考察的結果，證明這些書函的材料是現在所知道的最古的紙。製法是把麻纖物弄成漿，然後由漿以造紙，正同中國史書所紀西元後一〇五年（漢和帝元興元年）紙初發明時採用的方法一樣。這些書函以及長城他處所發見的一些殘紙同事實十分相合，由有年代的文書可以證明這一段長城除去極西一段外，一直守到西元後第二世紀的中葉，而在西元後一世紀起初二十幾年王莽篡弑之亂的時候，此處似乎曾經放棄過。

在西元後第一世紀古長城曾築過一道複城一事，由沼澤部分中段向南所築較後而稍欠堅實的橫牆，表示得很明白。正在此處傍商道邊聳立一座莊嚴的方堡殘跡（參看圖七三）。塼築的城牆，底部之厚足達十五呎，至今高度還有三十呎以上。土塼雖是異常堅固，然而外面大部分都已剝落，其年代之古，於此可見。我們在內部沒有找到有年代的遺物，但是在不到一百碼處有一小丘，發掘之後證明那是一所重要的古代驛站遺跡。在那裏找到許多中國文書，立即證明我們是撞到了漢代控制沿磧道一切懋遷往來的玉門關遺址了。尤其奇怪的是清除一座久已當作地窖後來用為垃圾箱的深窖，發見很多保存甚佳的木簡。關於所得許多木簡述及長城方面的軍事組織，服役等等奇異的細情，此處不能詳說。

向北三哩左右，正在橫牆同古長城線相連結處，我們找到一座烽燧遺址，在那裏的廢物堆裏找到許多木簡，中間年代繼續有兩世紀以上，一定也是一座重要的大本營。所得諸有趣的遺物中有一件是古代的絹頭，上書漢字同婆羅謎文，這是古代絹繒貿易的孑遺。絹頭上面備記產地以及一疋的大小重量等項。這塊即是由那疋上割下來的。同樣希奇的是在此地找到一個束紮住的小盒，中置帶破幹殘羽的銅箭鏃一枚。用同近代軍事術語相合的當時公文語氣來說是「（破）箭一支歸庫另易新者。」古長城所得文書中紀及換發新弓新弩歸還敝損者甚多甚多。

距古玉門關東五哩左右，在商道傍邊長城後面，有一很莊嚴的遺址（參看圖七八）。有三間相聯的大廳，全長在五百六十呎左右，這種遺構的用途起初很不明白。堅厚的塼牆至今有些處所雖還足足有二十五呎高而只開幾個孔穴，顯是作爲流通空氣之用。外圍牆內有內圍牆，四角有碉樓。建築的奇特，使我們猜了許久，以爲這是用作沿長城線軍隊屯駐移動以及官員同政治使節取道磧路時供給一切的倉庫。後來在內圍牆一角垃圾堆中得到許多中文木簡，簡上說到從敦煌沙漠田輸送糧食，以及積儲的衣物等等，於是把這種猜想充分證實了。所以我們在這裏找到了前進的給養根據地，這在衞戍絕塞的軍隊以及取艱苦的磧路來往樓蘭的人都是很需要的。

到這裏我們可以離開中國古長城的西部了。在一九〇七年五月中旬，我的探檢已經遠至於喀喇淖爾，其時天氣愈來愈熱，雖有沙漠中循環的風飇，仍是無濟於事，加以沙漠中其他的困難和人力的疲憊，我不得已再回到沙漠田。那年秋天，南山探檢完畢歸來，我因此能够測定長城沿着疏勒河繼續向東伸展，南至近玉門縣河身大轉彎處爲止。玉門縣就是從後來的玉門關得名的。

但是一直到一九一四年的第三次探檢，我才能够從敦煌直趨額濟納河，計程三百二十哩左右，對於長城重行作有系統的發掘。安西沙漠田東邊的長城已及於疏勒河右岸，走向靠近深削的河床；只因東北風盛，從北山砂石高原吹來，風勢甚猛，在不毛的沿岸黃土地帶表現充分的風化力量，所以遺蹟不大能保存得很好。

再向東去，長城線於是靠近窮荒的北山山麓。在這裏漢武帝時候那些軍事工程專家遇到可怕的天然險阻所表現的堅忍精神以及組織力量，又得到顯著的證明了。在「營盤」小沙漠田東北三十哩左右，我們看到長城線很勇敢的經過自古以來即是一大片流沙的地方。這裏的城牆全部用紅柳束建成，厚度同平常一樣，沒有全爲沙丘掩沒，至今還將近有十五呎高。修建保衞這一段長城的人，要得到水和給養，應廢好多的力量，那是很容易認識的。

我們之如何經過沙漠戈壁到南蒙古邊界以繼續追踪這道保護線的經過，毋庸在此處細說。關於長城方面，就已經說過的而言，已十分足以表示中國最初進入中亞，急遽創造同繼續保護這條通道之需要何等大的力量同有系統的組織。但是一看這種前進政策功成圓滿所經過的那一段可怕的地面，不禁令我們感到中國人勢在必行的展長長城以及後來漢朝猛進的政策，在人力方面所受的痛苦和犧牲，一定是很偉大的了。

第十二章　千佛洞石窟寺

在第一次中亞探險隊以後幾年，我便從事計畫第二次的探檢並很想將這一次的探檢擴展到中國西北邊界上的甘肅省去。我的朋友匈牙利地質調查所所長故洛克齊教授（Professor de Loczy）曾同我說及敦煌東南的千佛洞佛教石窟寺，因此更大大的促進了我的願望。教授曾參加過塞陳尼伯爵（Count Széchenyi）的探險隊，爲近代甘肅地理學探檢的先進，在一八七九年的時候便曾到過千佛洞。他自己雖不是一個考古學專家，然而他對於在那裏所看見的美麗的壁畫同塑像在美術上同考古學上的價值却有正確的認識，他那種熱烈的敍述使我大爲感動。

一九〇七年三月我到敦煌沙漠田後，在幾日以內，第一次奉訪這些石窟，便看出我的希望是完全實現了。石窟距沙漠田東南約十二哩左右，鑿於峭壁之上，西面俯臨荒谷的谷口。有一小溪從南山山脈的極西部分流下來，橫截於山麓的沙丘中，但是現在流到石窟下面不遠處便消失了。小溪流出的沙岩石壁之上，最初可以看見很多暗黑的洞穴，大部分都很小，像上古隱士隱居於遼遠的底拜斯（Thebais）的穴居一般。這些洞穴大都很小，幾乎全無壁畫，說是大部分作爲僧人們居住之用的地方，大概是不會錯的。

再向上去，可以看到有好幾百座石窟，大大小小，錯落有致，像蜂房一般點綴於黑暗的岩石面上（參看圖七九），從壁底直達崖頂，連成密行，總有半哩以上。這些驚心動魄的石窟，壁上都有壁畫，有的在外面也可以看見。其中有藏有大佛像的兩座石窟寺一望就可知道;雕塑的大佛像高近九十呎左右,爲使這些大佛像有適當的空間起見,於是依崖鑿了一些房屋層叠而上,每一間都有通路和通光的處所。

在這些石窟寺的前面原來依石鑿成長方形的穹門由於外牆以及面上塗有石堊的內牆倒塌,現在石窟寺便完全露出來了(參看圖八〇)。有許多處所,無論是原有或是重修的岩穹門,後來修以木廊,也已損壞不堪。爬至上面的石窟或爲各石窟間交通之用的露梯,幾全行破碎。因此石壁高處有許多石窟竟無從上去。但是因爲沒有穹門和木廊,也易於看出上面這些石窟內部的布置同裝飾,大體上同石壁脚下所鑿的那些石窟寺並無不同之處。

石窟前方地面以及進口處原來的地上,幾百年來雖是堆積了很高的細沙,然而要上去却並不甚難。所以我即刻便知道了這些石窟的平面圖形以及一般構造上的布置情形,全體都很一致。從長方形穹門進石窟寺本部,要經一條高而比較寬的過道,通光同氣到內部去只有這一條路。各處的內部是單單一座矩形的廳堂,普通幾成方形,鑿堅岩而成,上面有一高的圓錐形屋頂。

廳堂內部平常是一座矩形的平臺,飾以繪綵的塑像。平臺中央普通安一尊很大的趺坐佛像,兩旁隨侍幾尊菩薩(參看圖八一)。菩薩像的數目各有不同,而常兩方互相對稱。千百年來這些塑像因爲材料之自然崩蝕,甚而至於遭偶像破壞者以及善男信女修理的糟塌,損壞之狀,顯而易見。但是不管這一切的毀壞怎樣,石窟寺還有很豐富的遺物足以證明希臘式佛教美術所發展的雕刻技術,以及傳播到遠東的中亞佛教,都曾在此地繼續了

第七十九圖 千佛洞之石窟寺

第八十圖　傾圯之千佛洞石窟寺

很久的時間。

一般的造像頭臂，並且常連像身的上部，已毀於無知者之手，到近來才加以修繕。但是這種粗魯的修繕更足以顯出現存各部分之美，如衣摺布置之勻稱，全部顏色之調和，即是一例（參看圖八一）。佛像鍍金，還存有許多的痕跡，雕塑方面也煞費一番力量，印度西北邊省、梵延（Pamian）以及和闐各處依山鑿石而成的大佛像所表現著名的佛教美術形態，由此還可以看出來。

所有大石窟寺以及許多的小石窟寺中石堊牆面上的古壁畫，全是佛教性質的東西，美術價值之豐富，真可以使人驚心動魄。大部分都保存得很好。這自然是由於空氣和石窟牆壁之極度乾燥，此外附在高低不平的石壁上繪壁畫的石堊面堅韌有力耐久，也與有力。至於我稱壁畫而用 Fresco 一字，那是因為除一座小石窟寺外，其餘所有的壁畫全繪在石堊面上，為方便起見，所以借用此字。

在穹門同過道處的壁畫普通都是一些菩薩以及尊者，排成很莊嚴的行列（參看圖八二）。有許多小石窟廳堂的壁畫點綴一些小佛像或菩薩像，排列勻稱，正同我在丹丹烏利克寺院中所見到的一樣。此外還有聯合很精緻的花卉圖案，作為大廳堂藻井的裝飾的。在這些大的廳堂中牆壁上普通都是大片的壁畫，四周綴以卷形的花卉圖案，異常美麗。壁畫下方護牆板常作供養人，有時候也畫作僧尼的圖像。

壁畫下方滿是精美的構圖，有很多的人物，中間是一些佛像，兩旁環侍各種各樣的菩薩尊者之類，顯然是佛教中諸天的畫像。此外也有畫作各種景物的，種類甚為複雜，似乎是取材於人間的生活（參看圖八三）。在渦形卷紋中常插入一短篇漢文，指示這些景物出於神聖的佛教傳說。後來我在千佛洞所得的同樣景物的絹畫在倫敦經過專家研究之後，我才能確定這些壁畫所畫的是佛本生故事。

這些故事畫中有很自由的風景畫作背景，中國式的建築，人物大胆的動作同寫實的意味很明顯的表現一種中國作風。優美而又舒卷自如的雲彩，花卉圖案，以及其他裝飾作風都是一樣。但是所有主要的神像以及環繞的菩薩尊者，像貌莊嚴，構圖形式繁複多端，而從中亞傳來的印度型式仍很清楚。希臘式佛教美術中所展示的神聖風習，雖在繪畫以及着色的技術方面滲入了中國式的味道，仍然保存於佛像菩薩以及尊者的面貌鼻部以及衣褶之中。

雖有這種强烈的保守傾向，而那些壁畫發展的情狀，仍然各自不同。有很多考古學上的證據指明這些大石窟寺有一大部分時代屬於唐朝；千佛洞在第七世紀到第十世紀，也像敦煌沙漠田一樣，盛衰起伏，曾延續過很長的一段時間。沙畹先生曾刊布過一篇唐代碑文的拓片，碑中述及千佛洞始建於西元後三六六年（晉廢帝太和元年前秦建元二年），唐以前的石窟遺蹟，應還可以找得出來。不過這不是像我這樣沒有漢學訓練以及中國人間美術專門知識的人所能辨得到的。而在又一方面，穹門以及過道牆上壁畫作風較後，但是熟練而有力量，也是容易知道的。其中自然有不少受了損壞，據後來的碑文，元朝曾屢加修繕。

自唐室傾覆以迄於偉大的蒙古朝立國中間歷好幾世紀，那時中國本部的邊陲已不再是以長城爲界，北有突厥部落的來犯，南有西藏民族的入侵。這種種動亂，一定很不幸的影響到千佛洞的光榮和修持其間的僧尼的

第八十一圖　千佛洞石窟寺內部之佈置及妝飾

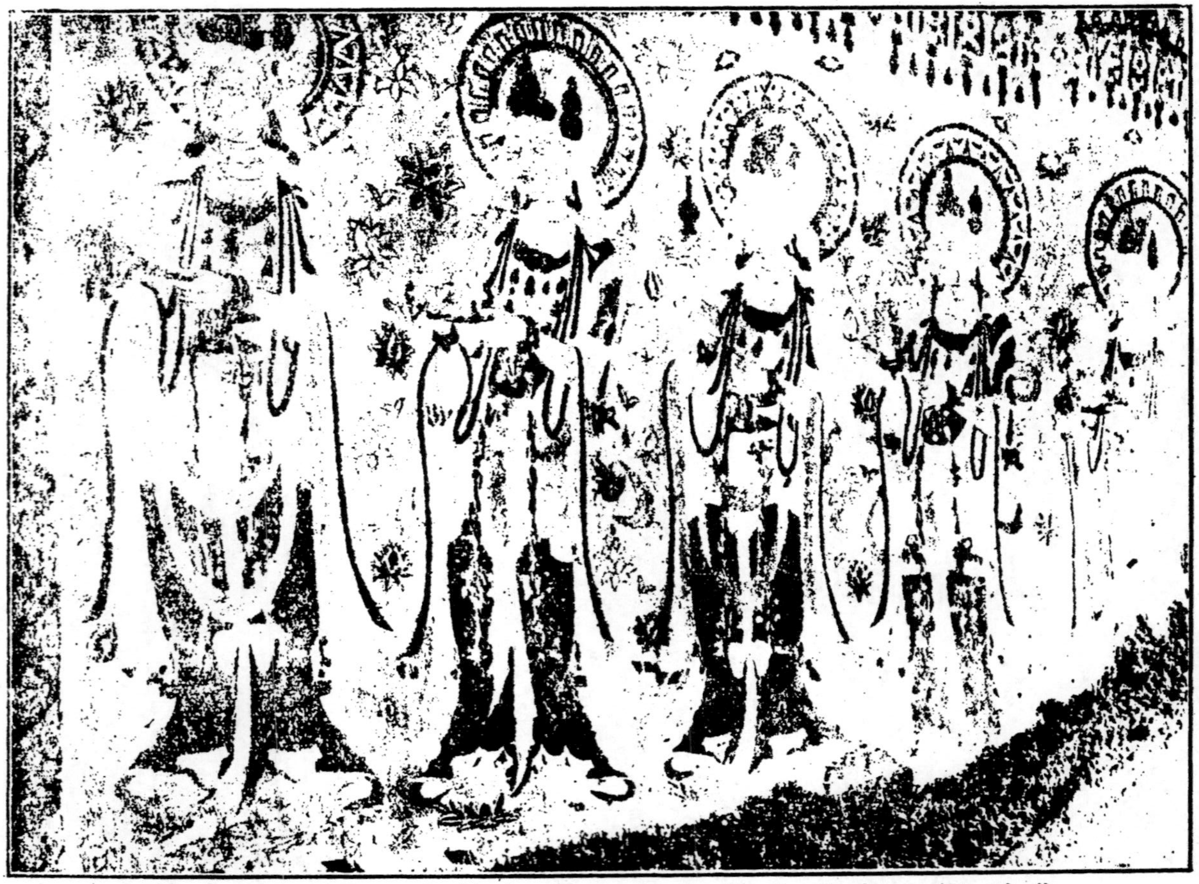

第八十二圖　石窟寺壁上之菩薩及尊者之行列像

人數。但是不管這些變動同毀壞是怎樣，敦煌顯然仍能保持敬佛的習俗。我將石窟逐一考察之後，敢說馬哥孛羅在他的書中紀及沙州一章，對於當地人民崇拜偶像的異俗有很長的紀事，也是由於看到這許多的石窟寺，以及人民崇拜佛像的熱烈，印像甚深，因而如此。

敦煌的善男信女一直到今日，對於混雜了中國民間宗教的佛教，信仰之誠，還是特別熱烈。我第一次匆匆往訪千佛洞，便看出那些石窟寺雖顯然頹敗，然在實際上仍是眞正的拜禱之所。五月中旬我從沙漠中探檢古長城遺蹟歸來，正是每年盛舉香會之期，草地中無論城鄉的人民都成千成萬的來到此處，此事尤其使我感動。我因此小心翼翼，這裏雖有豐富的機會，不少的遺物，可以爲研究佛教美術之用，然而開始還是以限於考古學方面的活動爲妙，如此庶幾不致激起民衆的憤怒，釀成實際的危險。

一九〇七年五月二十一日，我重來聖地，那時重又回後到荒涼寂寞的景像，我於是把帳篷紮在那裏，準備作長時期的擔擱，我所能說的是那時我又是另一種希望浮在心頭。在我初到敦煌以後不久，便聽到一種模糊影響的風聞，說是幾年前偶然之間在一座石窟寺裏發見了隱藏在那裏的很多的古代寫本。據報告說，那歸一位道士保管，因爲重修廟宇，無意中發見此物，後因官府命令重行封鎖云云。這種寶物很値得去努力偵察一番。

我初到石窟寺的時候，那位王道士（參看圖八五）正到沙漠田化緣去了。那時只有一位年輕的西藏僧人住在那裏，我於是向他打聽，得知古寫本的發見是在石窟主羣北頭相近處的一座大石窟寺裏。進門處以前爲墜下來的石塊同流沙所壅塞。僧人很虔誠的在此緩緩從事修理，歷好幾年，過道有壁畫的牆上裂一大縫，此處一門，後面卽是鑿石而成的一間小室。

據說裏面滿是寫本卷子，用中國字寫成的一種非中國語。所藏有好幾車，現在將此處用鎖仔細封鎖起來。我在當時所能看到的只是這位小和尙借來用以光彩光彩他那座小寺院的保存很好的一長卷。中國字寫得很美，據蔣師爺草草一看，說寫的是一卷中文佛經。並無年代，但就紙張同字體看來，一定很古。所有其他的一切研究，俱行放下，現在只有等待看到了整個隱藏的圖書館再談。那時證實此物的存在，眞給了我十足的鼓勵。

五月間我回來的時候，王道士已在那裏等待。他看來是一個很奇怪的人，極其狡猾機警。他不知道他所保管的是甚麼，他對於有關神同人的事充滿了畏懼，因此一見面就知道這個人不易於捉摸。由現在我所找到的那座祕室，狹小之通路已用磚牆砌斷看來，要想急於接近那一屋大藏書是不容易的。我的熱心的中文祕書所說那位道士的特性，更其使我感到前途的困難。我盡我所有的金錢來引誘他同他的寺院，還不足以勝過他對於宗敎的情感，或者激起衆怒的畏懼，或者兩者俱有所畏亦未可知。他所負責在寺裏添的新雕像及其他的東西雖然粗俗，然而我對於那位卑謙的道士一心敬於宗敎，從事重興廟宇的成就，不能不有所感動。就我所見所聞的一切看來，幾年以來他到處募化，辛苦得來的錢全用於此事，至於他同他的兩位徒弟幾乎不妄費一文。

我如何同他那種有意或者無意的阻礙作長時間奮鬥的全部經過，毋庸在此處細說。王道士對於中國相傳的學問一無所知，我在學術上的興趣同他說是沒有用的。所幸還有中國大巡禮者玄奘的記憶可以作我的依靠；蔣師爺折衝其間之外，最後之能成功大都得力於此。我之敬奉那位有名的旅行聖僧的事實已經大有用處；奇怪

第八十三圖　石窟寺中之壁畫表示諸像之集合

第八十四圖　敦煌之殘堡

第八十五圖　石窟寺之王道士

的是王道士雖然一身俗骨，佛敎事物盲無所知，但是對於唐僧之熱烈稱道，正同我之於其他事物一樣。

道士之敬奉玄奘，在石窟寺對面新建涼廊上的繪畫有顯明的證據。所畫的都是一些很荒唐的傳說，因此我那位中國護法在中國的民間信仰中竟成爲一種拉斯普(R. E. Raspe)所寫的英雄門什豪生（Munchausen）。這在眞的西域記同慈恩法師傳中自然是沒有的。但是這一點點分別又算甚麼呢？我用我那很有限的中國話向道士述說我自己之崇奉玄奘，以及我如何循着他的足跡，從印度橫越峻嶺荒漠，以至於此的經過，他顯然是爲我所感動了。

第十三章　祕室中的發見

到末了王道士為我的話所動，答應於夜間將祕室所藏中文寫本卷子悄悄的拿幾卷交給我的熱心的助手，以供我們的研究。這裏又有一個很僥倖的機會來幫助我們，在道士看來，却是我的中國護法聖人在那裏顯聖了。我們將幾卷寫本仔細加以研究，證明那是幾種中文佛經，原本出自印度，而經玄奘轉梵為漢，於是連蔣師爺也為之愕然了。這豈不是那位聖潔的巡禮者在緊要關頭自行顯靈，把石室祕藏許多寫本暴露出來，作為我在考古方面恰當的報酬麼？

在這種半神性的指示的影響之下，道士勇氣為之大增，那天早晨將通至藏有瓌寶的石室一扇門打開（參看圖八六）。從道士所掌微闇的油燈光中，我的眼前忽然為之開朗。卷子緊緊的一層一層的亂堆在地上，高達十呎左右，據後來的測度，將近有五百方呎。小室約有九呎見方，兩人站了進去，便無多少餘地了。

在這黑洞裏任何事情都不能考察。但是等到道士取出幾捆，允許我們到新建的佛堂一間房子裏，用簾幕遮起來以防外人窺見，把卷子內容急速展觀一遍之後，這一座寶藏從各方面看來之重要，便就自行現出了。厚大的卷子用的都是很堅韌的紙，高達一呎左右，長在二十碼以上。第一卷打開就是一部中文佛經，全部保存甚佳，大概同初藏入石室時無甚差異。

仔細考驗之後，發見經尾書有年代，為時約在西元後第五世紀的初年，就字體紙張以及形式看來，為時也是很古。在有一卷中文卷子卷背有一大篇用印度婆羅謎字寫成的文字，可見寫這卷子時印度字以及梵文知識還流行於中亞佛教之中。像這種古代宗教同學術的遺物，閟閉於荒山石室之中，不受時間的影響，我覺得並不像奇。在這荒谷裏，大氣中即使含有若干水分，卷子深藏在石室中，也就與之隔斷了。

由開始幾小時愉快興奮的研究，已經顯出等待我們開發的那種新奇遺物是如何的繁複。道士自被我們開導以後，於是很熱心的將卷子一捆又一捆抱了出來。他的熱心之眞假姑且不管，不過在卷子裏面又發見許多西藏文寫本，有長卷也有整包的散葉，都是西藏文的佛經。這些藏文經卷明明是西藏人佔領中國這一部分邊陲時期的東西，時代大約在第八世紀中葉到第九世紀中葉。石室封閉之時在這一時期之後不久，從西元後八五一年（唐宣宗大中五年）一碑可以明白，此碑道士先移來嵌在壁上，其後又移到外邊。

亂七八糟的中文同西藏文的卷子（參看圖九一）而外，還雜有無數用印度字寫的各自不同的長方形紙片，有的是用梵文，有的是土耳其斯坦佛教徒用來翻譯佛經的各種方言（參看圖九二）。就分量以及保存完好而言，我以前所有的發見無一能同此相提並論。

尤其使我高興的是這種奇怪的存放地方保藏之好，有用無色堅韌的畫布作包袱的一個大包裹，打開之後，全是古畫，大都畫在絹或布上。其中雜有一些紙片，以及畫得很美麗的印花絹之類，大約是作爲發願供養之用的。最初所得的畫大多爲長二三呎的條幅。從三角形頂部和浮動的旒看來，可以立刻知道這是作爲寺廟旗旛之用的。打開之後，絹旛上畫的全是美麗的佛像，顏色調和，鮮豔如新（參看圖八七、八八）。

作旛用的一律是稀薄透光的細絹。後來我開闢很大的絹畫時候，才明明白白看出使用這種東西的危險。原來四邊雖別有堅韌的材料以爲襯托，然而因爲在廟牆上掛得太久的原故，大絹畫也很受損害。加以收檢的時候匆匆收起，摺得太緊，以致破裂。

經了千百年的積壓，當發見的時候，如要全行打開，難免沒有損傷。但是隨便挑閱一卷，都能看出所畫的滿是很好的人物。好幾百幅畫運到不列顛博物院之後，打開修理，那些細微困難的工作，費了專家七年左右的功夫，真是不足爲奇的。

那時實在沒有時間去找尋供養的文辭，仔細研究繪畫。我所最注意的只是從這種慘澹的幽囚以及現在保護人漠視的手中，所能救出的究竟能有多少。我引以爲驚異鬆快的是道士對於這些唐代美術最好的遺物，竟看得很不算甚麼，所以在第一天匆匆尋訪之中，我便能够把可以攜取的最好的畫選出放在一邊，「留待細看。」

到了這一步，熱烈的心情最好不要表露得太過，這種節制立刻收了效。道士對於這種遺物的漠視，因此似乎更爲堅定一點。他顯然是想犧牲這些，以轉移我對於中國卷子的注意，於是把放在雜物堆底下的東西一捆一捆的很熱心的找了出來。結果甚爲滿意；在那些殘篇斷簡的中文書中，所得顯然爲世間性的文書愈來愈多，常常附著年代；紙畫同雕板印刷品；印度字的小捆書頁；殘畫絲織物等，明明白白都是發願的供養品。因此蔣師爺同我自己在第一天一直工作到天黑，沒有休息過。

當時最重要的工作是把王道士對於流言的畏懼心情除去。我很謹慎的告訴他說將來我要捐一筆功德錢

第八十六圖　王道士之藏經室

第八十七及八十八圖　古絹旛上之菩薩像

給廟裏。但是他一方面懼怕與他的盛名有玷，一方面又為因此而得的利益所動，於是常似徘徊於二者之間。到末了我們成功了，這要歸功於蔣師爺的諄諄勸諭，以及我之再三表露我對於佛教傳說以及玄奘之眞誠信奉。

到了半夜，忠實的蔣師爺自己抱着一大捆卷子來到我的帳篷之內，那都是第一天所選出來的，我眞高興極了。他已經同道士約定，我未離中國國土以前，這些「發見品」的來歷，除我們三人之外，不能更讓別人知道。於是此後單由蔣師爺一人運送，又搬了七夜，所得的東西愈來愈重，後來不能不用車輛運載了。

經過這幾天忙碌的工作，於是堆積在頂上的一切雜卷子全搜盡了，此外還選了一些非中國文的寫本、文書、畫、以及其他有趣味的遺物。然後轉向藏有中文寫本卷子縛得很堅固的地方進攻。這種工作麻煩多端。僅僅把整個塞滿了的屋子清除一番，便足以使結實大胆的人生畏，何況道士。這要好好的對付，給以相當的銀錢，才能消滅他因膽小而起的反對。

後來在這些堆積的最底下又發見一些各種各樣捆紮的卷子，於是努力得到報酬了。因為上面壓得過重，不免有破裂之處，我們在這些珍貴的遺物中又發見一幅很美的繡畫（參看圖八九）和一些古代織物殘片。把幾百捆寫本匆匆檢察一過之後，又發見若干用印度字和中亞文字寫成的寫本，攙雜在中文卷子行列之中。不料道士忽然悔懼交集，於昨夜將石室所餘寶物一切鎖閉，跑到沙漠田去，於是我們這些搜尋便無法完成。但是那時候我們客客氣氣約定的那些「選出留待仔細研究」的東西已經大部分安然運到我的臨時倉庫了。

所幸道士跑到沙漠田去，得到充分的保證，我們友誼的關係並未引起當地施主們的憤怒，他的精神上的聲譽也未受損失。他回來的時候，幾乎立卽承認我所作把這些幽閉在此因地方上不注意早晚會歸散失的佛教文獻以及美術遺物，救了出來以供西洋學者研究，是很虔誠的舉動。因此我們立約用施給廟宇作爲修繕之需的形式，捐一筆款給道士作爲酬勞。

到最後他得到很多的馬蹄銀，在他忠厚的良心以及所愛的寺院的利益上，都覺得十分滿足，這也足以見出我們之公平交易了。他那種和善的心情我後來又得到滿意的證明，四個月後我回到敦煌附近，他還慨允蔣師爺代我所請，送給我很多的中文同西藏文寫本，以供泰西學術上之需。十六個月以後所有滿裝寫本的二十四口箱子，另外還有五口內裏很仔細的裝滿了畫繡品以及其他同樣美術上的遺物，平安的安置於倫敦不列顛博物院，我到那時才眞正的如釋重負。

我從那位善良的道士不安全的保管之中得到很大的發見品，不得已而離開以後的經過，在此處應該簡單表明一下。大約一年以後，法國有名的學者伯希和教授 (Professor P. Pelliot)來訪千佛洞。藉了他那淵博的漢學知識，他誤導王道士允許他去把賸餘的許多中國卷子匆匆考查一番。努力的結果，他從混亂的堆中選出一些不是中文的寫本，此外還有一些他認爲在語言學上考古學上以及其他方面特別有趣的中文寫本。道士顯然是有了以前與我的經驗，於是允許伯希和教授攜去一千五百多卷他所選出來的書籍寫本之類。

一九〇九年，這位學者回到巴黎，路過北京的時候，他帶去許多重要中文寫本的消息，傳入當時京城中國學者的耳中，他們因此大爲興奮。後來遂由中央政府下命令，將石室全部藏書運到京城。一九一四年我率領第三次

第八十九圖　佛及其門徒之古繡像

第九十圖　千佛洞之古繡品

探險隊重到敦煌，據所聞報告，得知京城命令實施時可痛可慘的那種特殊情狀。

我回到那裏，王道士歡迎我有如老施主一般，據他說是我捐給廟中的一大筆錢，因為運送卷子到各衙門，完全在路上就此花完了。整個所藏的寫本草草包捆，用大車裝運。大車停在敦煌衙門的時候被人偷去的就有不少；一整捆的唐代佛經卷子，在一九一四年卽曾有人拿來向我兜售過。我到甘州去的途中以及在新疆沿途便收到不少從石室散出的卷子。所以運到北京的究竟有多少，這是不能不令人生疑問的。

一九一四年我第二次到那裏，王道士曾乘便將他的賬目給我看，上面載明我所有施給寺院的銀錢總數。他很得意的指給我看，石窟寺前面的新寺院同香客住宿的房屋都是用我所捐的錢修建的。說到官府搬運他所寶愛的中文卷子致受損傷，他表示後悔當時沒有勇氣和見識，聽從蔣師爺的話，受了我那一筆大款子，將整個藏書全讓給我。

受了這次官府騷擾之後，他怕極了，於是將他所視爲特別有價值的中文寫本另外藏在一所安全的地方。這一定還有不少，我第二次巡禮此地的結果，許我帶去的還足足裝滿五大箱，有六百多卷佛經，——自然，又得佈施相當的數目。

這樣的終結了我那一部分在千佛洞的道士故事，但是這豐富重要的材料平安運走以後，研究之餘所生的結果，似乎也應該敘說一二。自我於一九〇九年初回到英國以後不久，立卽開始研究，得好許多專家熱心幫助，其中一大部分的結果已散見於我的西域考古圖記同其他各處，不過仍然還有幾種工作等待完成，是可以由這種事實推得它的範圍的觀念及變化無窮的趣味的。

自然，以前作爲石窟裝飾之用，或者因爲供養而收藏起來的那許多佛教古畫，更其足以引起一般公衆的興趣。所有那些美術遺物數目近五百幅，零篇斷簡還不在內，已由不列顛博物院聘專家仔細修理，將來保存可以無憂。所有這些古畫細目俱見於我所著的西域考古圖記一書，特別的標本選刊於千佛洞圖錄（The Thousand Buddhas）中，秉雍先生（Mr. Laurence Binyon）同我自己對此有詳細的討論與說明。所有這些繪畫的詳細情形，並見於不列顛博物院刊行的魏勒先生(Mr. A. Waley)著書中。繪畫大概的情形略見下章。

在石室所得各種裝飾用的絲織品，如地氈以外各色的人物畫絹，繡品以及印花織物之類（參看圖九〇），此處因爲限於篇幅，不能加以敘述。中國古代值得享盛名的織物美術中這些美麗的出品，說到數量同興趣方面，真是大極了。但是關於這裏所得寫本內容的豐富，雖然不能詳盡，我也得在此處略爲指點指點。這對於解釋從漢代以來，敦煌一隅之所以能成爲各區域各民族以及各種信仰很重要的交流地方，不無裨補。至於這種扼要的敘述，大部分得力於多年來許多有名的東洋學專家辛勤的研究，那是無庸贅述的了。

這許多中文寫本（參看圖九一），足以證明千佛洞以及常爲聖地的敦煌沙漠田的宗教生活，大都由中國僧侶主持。一九〇七年我所帶走的中國材料，計有完整無缺的卷子三千卷左右，其中有許多都是很長的，此外的文件以及殘篇約有六千。伯希和教授起先曾打算編一目錄，後來放棄，一九一四年遂由小翟理斯博士（Dr. L. Giles）從事編目，因爲過於繁重，到如今才能竣事付印，那是不足爲奇的。卷子的大部分都是中文佛經；據日本學

第九十一圖　千佛洞石室中之中國文卷

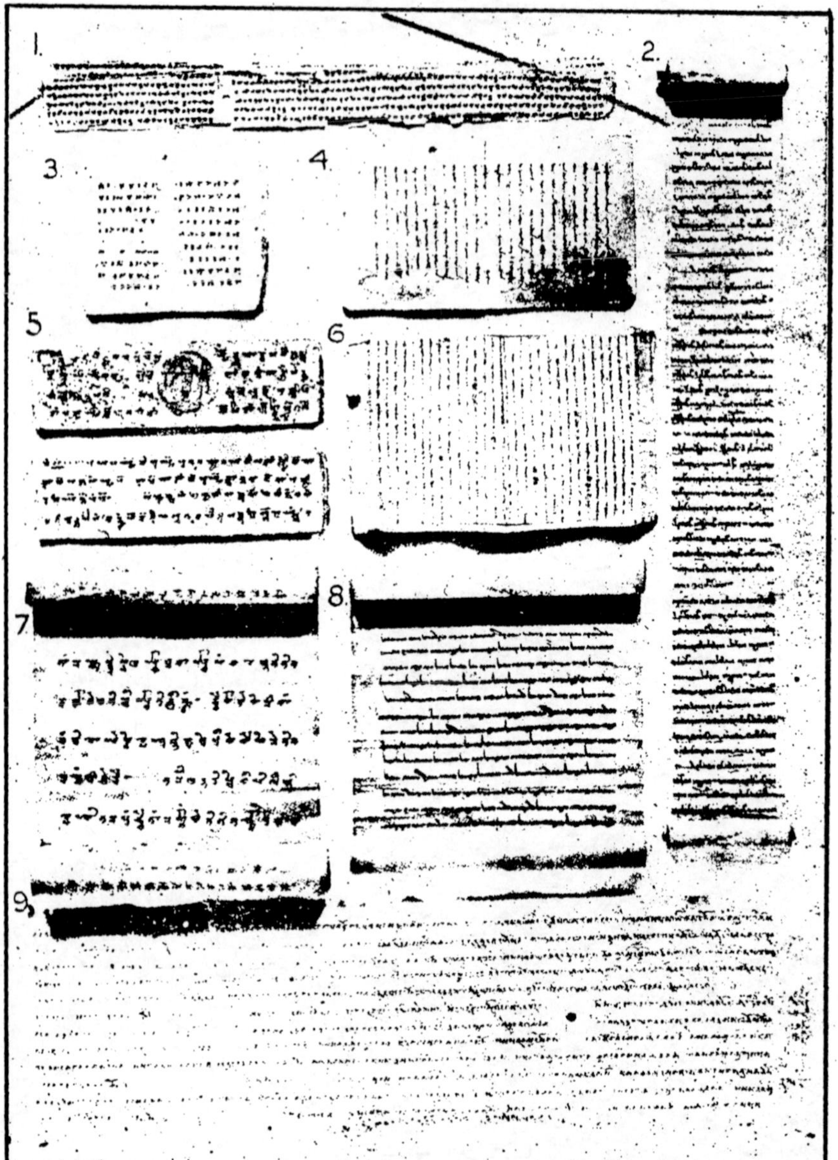

第九十二圖　梵文及土耳其斯坦等文字之經典

者矢吹慶輝師(Rev. K. Yabuki)研究以後的指示，其中頗有不少爲前人載籍所未著錄以及佚去的著作。

此外除未知者外，關於歷史地理以及其他方面中國學問的殘篇，爲以前所不知道的也還不少。有好幾百篇文書對於當地的生活狀態，寺院組織之類，可以顯示若干光明。這一切的紀錄，自古以來實際上就沒有留給我們。就卷尾以及文書中間所紀載的正確年代，這些卷子的年代大概自第五世紀的最初以迄於第十世紀的終了。研究所得的這些年代以外，再加以伯希和教授的材料，比觀互較，可知這一部大藏書室之封閉，一定在十一世紀初期左右，其時西夏人(Tanguts)征服此地，有危及當地宗教寺宇之勢，因而如此。

這一個中國文獻遺存的大寶庫，還得費許多年的辛勤鑽研。我在此處所能說的只是歐洲同日本的學者已經工作過的一兩件有趣味的發見。有一大卷雕板印的卷子，上面的年代是咸通九年（西元後八六八年），這是現在所知雕版書最古的一個標本。就本文同前面扉畫所表現的完美的技術看來，可見印書者的手藝以前已是經過很長時期的發展的。

從另一個觀點看更重要的，是中國式摩尼教經典的發見。這種經典的研究，可以使研究包含許多基督教成分奇怪的混合的摩尼教者，增加其能得到的安全的基礎。以前之於摩尼教，差不多只從反對的基督教書中以及吐魯番發見的典籍得知一二。摩尼教最初在波斯帝國薩珊王朝站穩了脚，於是在幾世紀間由此傳佈以迄於中亞。向西則覃及於地中海諸國，在東歐的異教教派中，摩尼教的勢力到中古末期，尚還存在。

西藏文卷子文書（參看圖九二），在性質和範圍方面同中文材料大致不相上下。大部分也是佛經。但是淵博的牛津大學托瑪斯教授(Professor F. W. Thomas)研究之後，曾指出從這些藏文遺獻中也可以得到第八世紀中葉到第九世紀中葉此地以及西面的塔里木盆地統治於西藏人時候，關於當地歷史以及其他的有趣味的資料。西藏式佛教之得植基於中亞即起於斯時，後來蒙古人起而信奉，聲勢因之浩大，至今還能控制亞洲的一大部分地方。

用印度婆羅謎字體寫成的許多寫本（參看圖九二），已由中亞語言學大師故霍恩爾教授（Professor Hoernle)的努力，完全作成目錄，證明寫本包有三種不同的文字。寫本大部分屬於佛經，醫藥方面也有一些。梵文寫本中有一篇大貝葉本，就材料上證明，毫無疑義是來自印度的，應算現存最古的印度寫本之一。其中有一種古代中亞語言，以前還不知道，現已定名爲和闐語或塞伽語(Khotanese or Saka)，大約貝葉本同卷子總有好幾十種，其中最長的一卷在七十呎以上。另外一種古代語言的寫本是龜茲語，一名吐火羅語（Kuchean or Tokhari），古來塔里木盆地北部以及吐魯番一帶大約都操此種語言。在亞洲所操的各種語言中，要以這一種爲最近於印歐語族中的意大利語同斯拉夫語（Italio and Slavonic)，所以特別有趣味。

就地理學上的意義而言，其足以表示古昔敦煌佛教傳布交流錯綜的情形者，或者沒有比在千佛洞發見的古代康居即今撒馬爾干同布哈刺地方通行的伊蘭語書籍更好的了。窣利字出於 Aramaio 文，在有一些含有突厥文書籍中並還採用了同樣變體的閃族（Semitie）語言。其中有一卷很好的卷子，上面是用突厥字寫的摩尼教祈禱聖詩（參看圖九二）。

摩尼教唐代已入中國，在敦煌顯然也有信徒。這裏這一派的僧侶，同別處的一樣，能同佛教徒住在一處和平無事，並且因爲千佛洞爲巡禮朝香的聖地，他們一定也有了好處。但是摩尼教會行於此地的最奇特的證據大約要數那一部完全無缺的小書，上面所用的古突厥字體，同北歐通行的盧尼克（Runic）字母相似，稱之爲盧尼克突厥文。這是一本占卜用的故事書。故托姆生教授（Professor Thomsen）是有名的通解此種古文字的人，據他說這是留傳至今最古的突厥文學遺物中「最了不起，最有涵蓄，而又保存得最好的」一篇。

東南西三方奇異的連瑣在亞洲的交匯點，卽是敦煌。而我對於此事的簡單敍述，也就以從黃海傳佈到亞得里亞海的一種民族和語言的奇異遺物作一個結束。

第十四章　千佛洞所得之佛教畫

千佛洞石室所藏繪畫爲數甚多，性質很複雜，此處只能就特別標本所顯示的幾大類作一匆促的檢討。這許多材料對於中國佛教畫美術的研究自然甚爲重要，不過在檢討以前關於這些畫的來源同年代應該略予說明。第一，據中國經卷文書所記的年代藏書之最後封閉約在西元後十一世紀初年，同繪畫上發願供養人所記的年代完全相合，這是很重要的一個證據。

但是這所小小的祕室，在以前有一時期，也許曾作爲各寺院不需用的祭祀物品收藏之所。無論如何，石室封閉的時候，有許多東西爲時已經很古，那是一定的。所以在帶走的幾千卷中文寫本文書之中，所紀年代確有在西元後五世紀初期者。織品遺物也有可以確實斷定在此以前好幾百年的。

我們已經知道除了得到那一大堆漢文經典文書之外，還有一些是用很遠的南方西方同北方各地的古代語言寫成的寫本。在所存的繪畫方面也可以看出同樣的情形。從道士不經心保管的東西中，我還能救出一些繪畫，大部分是旛同畫，毫無疑義是出於西藏或泥婆羅的印度工匠之手。只是爲數過少，不能同成於中國人之手的那些豐富的遺物相提並論，此處可以不談。

我覺得爲考究起見，圖解之足以助人明瞭，比我所能做的解釋或者普通敍述還更爲需要。不過我對於那些美術遺物的興趣無論深到怎樣，我不能不感謝研究遠東宗教美術的專家。此外我若沒有專門家的朋友如不列

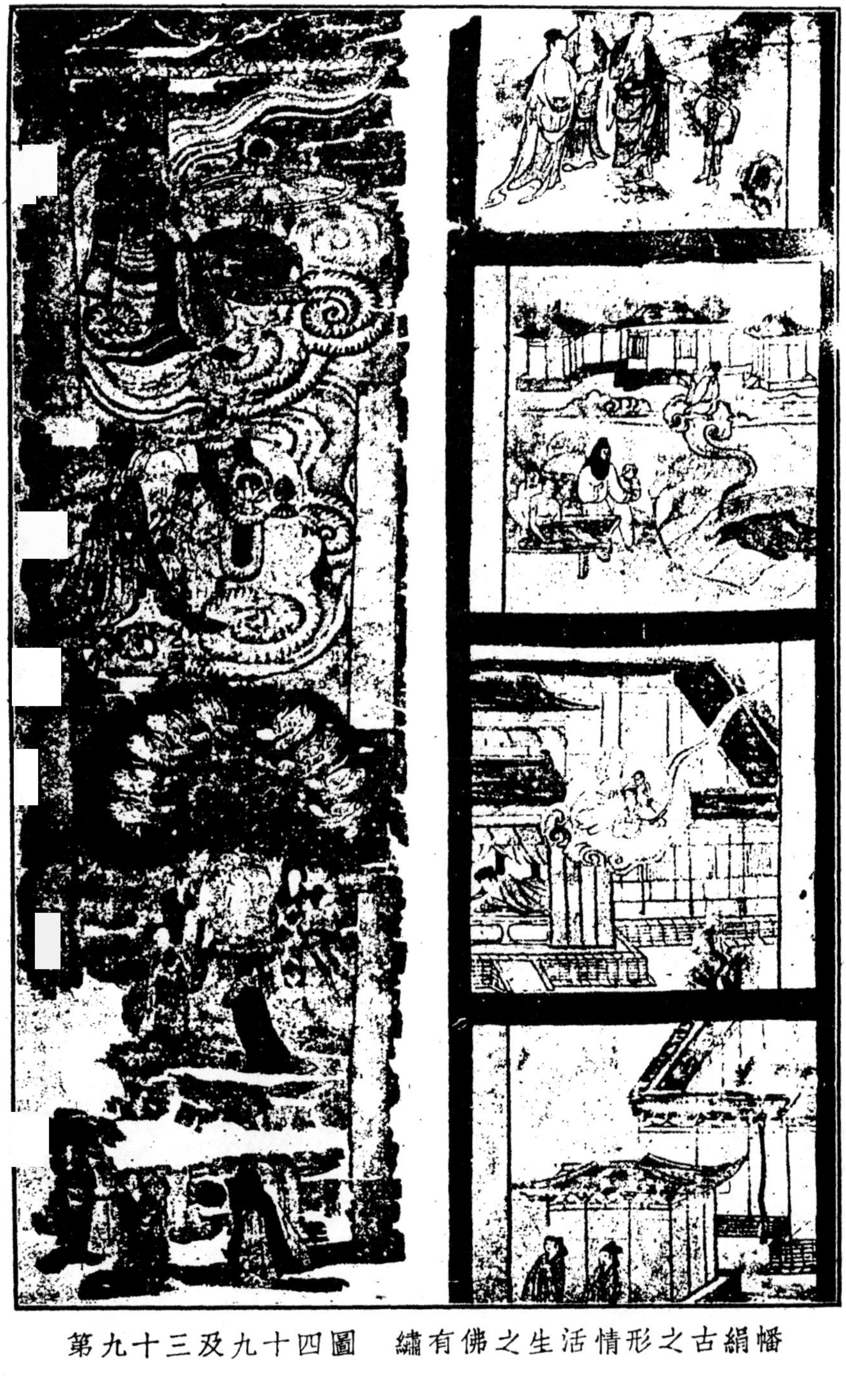

第九十三及九十四圖　繡有佛之生活情形之古絹幡

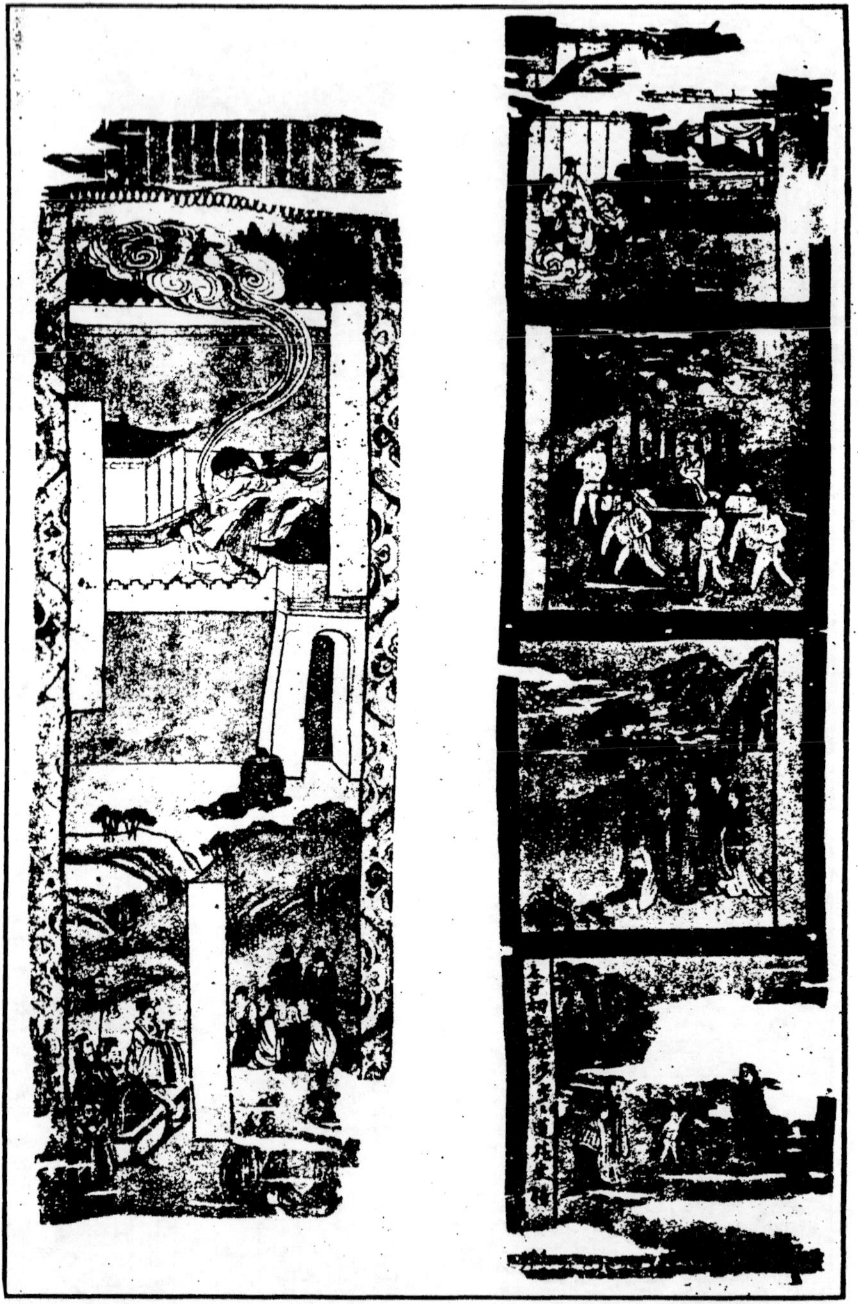

第九十五及九十六圖　繡有佛之出生事跡之絹幡

頡博物院的秉雍先生，故裴特魯齊先生（Mr. Petrucci），以及我的助手安特魯斯先生(Mr. Fred. H. Andriws)同羅立美女士(Miss F. Lorimer)許多的幫助同指導，我在西域考古圖記(Serindia)同千佛洞圖錄諸書中所有關於各種繪畫材料在佛像學上的分析，也是寫不出來的。

千佛洞所得繪畫在研究遠東美術上之所以有大價值，乃由於這些繪畫是西元後第七世紀到第十世紀唐代的遺物，那時正是中國美術最有權威的時期，當時流行的佛教畫以前又很少有眞正可靠的標本遺留下來。敦煌所有繪畫可以說是名家所畫的，眞的不多。大部分都是成於當地工匠之手，以應地方上善男信女發願供養之用的。

但是我們所得的繪畫正因為是出於中國的西陲，在亞洲的一條大十字路上，所以能夠使我們辨別得更為清楚，那一種是發源於印度西北邊省，後來同看佛教教義經過東伊蘭和中亞，影響到遠東美術遺傳的大乘佛教美術，那一種是出於古代中國繪畫，純粹是固有的天才和風格。

在一組上繪釋迦牟尼成道前故事的很美的絹旛裏（參看圖九三——九六），我們能夠很清楚的辨出這兩種主要的成分。這些以及所有的絹旛都是用的一種幾乎透明的薄絹，隨便掛在穹門或到佛堂去的過道上，力求不使擋住光線。因為畫在旛上的兩面，所以無論風怎樣搖擺，進香的人都可以看見。

很奇怪的是一面旛上所畫佛的故事分成幾段，年代的次序不十分注意。由圖九四一旛頂上一段，我們可以看見右邊將來的喬答摩菩薩在生前向燃燈古佛(Dipankara Buddha)敬聽他將來偉大的預言，佛像的姿勢同衣服很像印度式。下面一段是有名的喬答摩太子出遊四門故事的縮本，後來他之所以能成佛涅槃即始於此。再下是喬答摩的母親摩耶夫人夢喬答摩降生之像，佛作一嬰兒騎白象在雲端狀。最底下一段是摩耶夫人同一妃嬪着很顯明的中國服裝在迦維羅衞宮中閒步之像。

圖九三此旛顏色富麗，畫的是一些神人，上面一段作的是佛教神話中每一轉輪王降世都隨以俱來的七寶。這一個故事太長，此處不便解說，今只說下面浴佛的一段。八部天龍在按着印度習慣爲佛洗浴。最下一段是宮庭侍女圍看菩薩降生後下地行七步，步步生蓮花之像。

圖九六那一幅旛底下一段所寫的也是太子初生行七步，步步生蓮花像。上面諸段寫的是佛降生故事，次序井然不亂。最上一段作摩耶夫人熟睡，夢喬答摩菩薩誕生之狀。下面一段作夫人乘輿往遊藍毗尼園之像；輿夫行動匆遽的姿態，用眞正中國式的技術，表現得極爲優美。再下一段太子從摩耶夫人右脇誕生，適合印度的傳說。不過用寬袖遮蔽這種動作的莊嚴柔和的方法，以及花園後面表現得很好的小山，却顯然是中國風味。

有一幅殘旛，上餘太子遊四門故事畫兩段，中國風格尤其顯著。圖繪喬答摩太子騎馬出父王之宮，上段作太子遇見老人傴僂鞠躬之狀，下段作遇病夫仆地之狀。旛緣有中國字述兩畫意義。

此外取材於佛本生故事者，有太子出宮諸項。圖九五複製一幀，上段作太子喬答摩夜遁，妃嬪婇女以及衞士鼾睡門外之狀。上端繪卷雲，所以表示彼等夢中見此未來的佛乘快馬犍陟（犍德 Kanthaka）匆匆出宮，脫離世網。下段作使者追喬答摩不得，反報白淨王（Suddhodana），觳觫俯伏候責之狀，二紫衣人立後，卽刑吏也。

第九十七圖　千佛洞文殊菩薩繡像

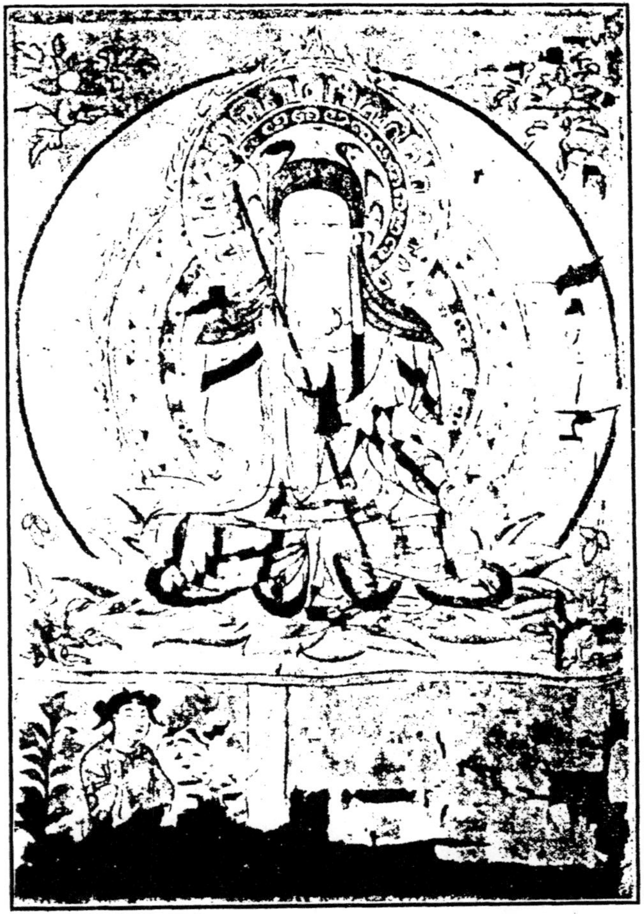

第九十八圖　千佛洞乞叉底蘖婆繡像

又有一幅畫旛，人物風景等等，全是中國風格。不過太子的忠實的快馬犍陟（闡鐸迦 Kanthaka）當太子決心避世求道，他不得不離去的時候，那種感動的姿態，却是絲毫不易的採取了希臘式佛教美術中這一種作品的風俗。下面是太子隱居林中以前預備剃髮之像，再下面是喬答摩找到了成正覺的道路以前，學印度苦行僧人實行禁食，以致瘦骨峻峋之狀。

在另一幅畫旛的上部，我們又找到兩段，上面畫的是太子同愛馬犍陟和忠實的御者車匿告別之圖。最下部分所畫爲使者乘馬尋找太子像，構圖甚美。

本生故事中相傳的人物是用中國畫法，但是佛菩薩像則同由中亞傳來的希臘式佛教美術雕刻的型式多少有點相類，顯然不同。因此引起了很有趣的問題。無論正確的解釋是怎樣，基督教傳說經過意大利同佛勒銘（Flemish）畫家之手致有變更的事，在這裏算是得到了一件奇怪的類型了。

單獨的佛像畫中，喬答摩佛以及以前成正覺得大涅槃的諸佛像雖然十分重要，却是很少很少。中國之於佛教諸神也同別處一樣，常好注意較小而較近人的神祇。不過畫那些最高的神像，却用一種特別保守的態度。所以衣褶方面常常模倣希臘式佛教美術雕刻雕佛像時的希臘標本，有一定的樣式。

反之畫在絹、麻布以及紙上的單尊佛像畫爲數甚多。風格同畫法有很大的差別，但是希臘式佛教美術傳統的影響在衣褶和裝飾方面却很顯然。最重要的是許多畫像中特別富於美術意味的菩薩像以觀自在菩薩（Avolokitesvara）爲最多；其在敦煌佛像中的地位，正同今日中國日本佛教信徒之崇拜觀音菩薩一樣。

圖一〇三畫作印度式的觀自在菩薩立像，手執卷鬚式花，褪去了的顏色還可以看出構圖之優美、姿勢以及面容之柔和。還有兩種觀自在菩薩像，大小同生人一樣，構圖甚爲莊嚴華麗，似從一名手所繪原本脫出。

圖一〇二是一幅很好的紙上繪觀自在菩薩坐於水濱柳蔭之下，右手執楊枝像。這幅畫之所以重要是因爲據日本傳說，在十二、十三世紀時，宋朝某帝始於夢中見觀自在菩薩，像貌正如此圖。有此畫可見中國之畫觀自在菩薩，作此形狀爲時已久。下而施者所戴紗帽，乃十世紀時之男服。

此外還有一些很好的絹旛上繪菩薩像，以無題記之屬，不知作者爲誰，其中如圖八七圖八八兩幅線條柔和色調富麗，尤爲選作。左方一幅菩薩立於靑蓮花上，雙手作合掌致敬狀。姿勢服飾裝束都同中國式的菩薩相合。但是衣褶則常取法於犍陀羅式，流轉自如，色調也很和諧。

尤其有趣味的是右邊（圖八八）一幅的菩薩像，合莊嚴力量以及動作急速爲一的奇怪姿態，菩薩面容也顯然不是中國式，這是敦煌全部佛像中最動人的一幅。身體的挺直，頭部的昂起，以及全部重量之向前安在右足上，將動作的力量表現得異常之好。加以衣帶的飄揚自如，華蓋上的鈴鐺，更其襯托得格外有力。面部那種昂頭天外，鄙視一切的表情，超脫於流行的中國式佛像以及傳佈各處的印度所採犍陀羅美術的希臘式佛像以外。頭部的外國風同身體以及衣服線條所表現出來澈底的中國畫匠風格，呈極强烈的對比。全部令人發生迷離徜恍之感。

在這許多的繪畫中，觀自在菩薩而外，還有兩位菩薩也特別引動信者的注意。其一爲文殊菩薩（Manjusri）。

第九十九圖　南方天王廣目天繡像

第一百圖　北方天王多聞天繡像

如圖九七所示那一幅保存甚佳的絹旛，文殊菩薩的體格姿勢，以及衣服都顯然是印度式。他的蓮花寶座安在獅背上，這照例是他的有紋章的坐騎，有一黑小廝，大約畫的是印度人作爲引導。這像身體姿勢的曲線比較近於女性，短的腰衣和透明的裳，都表示印度的特色。和諧的構圖和色調使全部有了生命。這一種形式，顯然指出雖是原來取法於印度式，然不是來自印度的犍陀羅同西北邊省，而是從南方的泥婆羅和西藏來中國的。

遠東佛教諸神中在普遍方面唯一可與觀自在菩薩分庭抗禮的菩薩是乞叉底蘖婆(Kshitig rbha)，中國稱此爲地藏王菩薩，日本稱此爲 Jiso。在畫旛中，披剃了的和尚頭表示化緣裝束的補釘直裰，一望而知經過無數的化身。他所努力的只是救渡生靈。圖九八複製很好的一幀，表明他是行人最可靠的保護者。結跏趺坐於一盛開的蓮花寶座上，右手持化緣時用的手杖；行人所用簡單的披風從頭上披到肩上，左手持一發光的水晶球，燭照幽冥。就構圖的單純和色調的和諧寧靜而言，全畫顯出一種單純的柔和同靜美的表情。

下面左方畫一青年供養人像，惜底部損去，右方牌子及中間渦形裝飾亦全爲空白；此種地位本用以塡注供養文字，但是常有如此不幸的事。購者購買此畫大約是在路上或寺院裏，因爲沒有時間或者餘錢去找長於書法的人作一段文字寫在畫上，所以留下空白。

世間之所以熱烈崇拜地藏王菩薩，尤其因爲他是六大天下之主，連地獄衆生也一併在內。既爲幽冥之主，他可以用他的權力赦免地獄中受罪的鬼魂。所以他能穿着直裰，戴了披風，坐在石上，臨於十殿閻王之上。而閻王則各着中國法官衣服，據案而坐。地藏王菩薩前面有一受罪幽靈，項帶枷鎖，由一鬼卒引帶向着業鏡自看被判各罪。

備塡寫文字的一方空白同寫供養者姓名的牌子都空在那裏。

在作詳細的論述以前，關於大畫上常見的一些小神像也趁便在此一說。各畫旛中作此種小神像者爲數甚多，可見其對於敦煌一地佛教信徒印像之深。這就是四天王像。四天王一律作戰士頂盔貫甲，足蹈魔鬼之狀。這種觀念是出自印度的佛教神話，而又可看出這種佛像實是導源於希臘式的從中亞的壁畫以至於遠東佛教美術。一部紙冊頁上畫的這四個天王管領北方的是多聞天（Vaisravana or Kuvera）手持表記戟同小塔諸物；南方爲廣目天（毗樓博叉 Virupaksha），手中持劍；東方爲持國天（提頭賴吒 Dhritarashtra），手持弓箭；西方爲增長天（毗樓勒叉 Virudhaka），手持槌矛。

從所畫四大天王的姿態以及服飾的一些變更方面，我們可以辨出那一種是準中亞式，那一種是中國式。畫南方廣目天的許多旛畫中有一幅（參看　九九）面部表情甚爲兇惡，平直的雙目，瘦長的腰身，這大約是出於中亞較古的作風。至於華麗的甲冑又是一種中國式，中國式像貌比較柔和，雙目特點爲斜上形。

這種作風有一幅很好的例（參看圖九九），姿勢方面莊嚴的曲線，畫流動的衣褶時所滲入的瀟灑，一手上舉，五指伸開，這些性質都是中國美術情感特有的表現。至於由這許多繪畫可以爲古代甲冑研究供給豐富的材料一點，我只能在此點明一下，不能更作詳細的討論了。

北方多聞天在四天王畫像中佔最重要的地位。其所以如此，完全由於古代印度以此爲卽印度財神（Kubera）之故。畫中只他有魔鬼侍從隨護。有一幅名手所作的畫（參看圖一〇〇），上畫多聞天乘雲騰空前進之

第一百〇一圖　千手觀音及其侍從之諸菩薩繡像

第一百〇二圖　觀音手執一柳枝之紙像畫像

第一百〇三圖　觀音之繡像

狀，人鬼侍從隨護甚衆。

這一幅精美的小畫，在美術上同佛像學上都很有趣味，我不能不在此處指點出來。畫工的精緻顏色的和諧，以及人物構圖各部分之比例勻稱，實在令人心神開朗。看了那天王的冕，不禁令人想起波斯薩珊朝萬王之王莊嚴的頭飾，這當然是從伊蘭來的。莊嚴壯麗滾滾不絕的波濤，和在地平線上的山嶺將距離的觀念表現得很好，中國繪畫美術上的特別稟賦在此有驚人的表現。

在這一些描繪某種職責或神聖的集會的佛教高等神祇畫中，我要提出一幅，以作現在判定這一類中國古佛教畫標本時代困難的一個說明。這是畫得很美的一幅引着一個靈魂的引路菩薩像（Avolokitesvara 見卷首）。這幅畫的構圖很華貴，畫筆也優美莊嚴。圖中的婦人頭部微俯，緊隨着前面引導的菩薩，活畫出一位虔誠的靈魂；而就頭髻和衣服的形式看來，起初以爲這幅畫也許是唐以後的作品。後來我在吐魯番從一中國古墓裏發見一幅很好的殘畫卷（參看第十七章），年代可以很確實的歸到第八世紀的初葉，才把我的疑惑消去了。在吐魯番得到的這幅絹畫，雖不幸只殘餘一部分，然而上面却畫有各種的世間景物，所畫婦女頭髻和衣飾同引路菩薩這一幅中的婦女極其相似。這一種裝飾，不能放到後來，這乃是唐初流行的一種樣式。

在諸尊侍環繞着觀自在菩薩的那些大畫中，如圖一〇一所指示的一幅顏色極其富麗的絹畫，特別值得注意。從這幅中可以看出中國畫匠採取了印度的原始形式，伊蘭和中亞的影響，以及西藏的趣味所混合而成的一種格調。畫作千手觀音趺坐於大圓盤中，諸神在外相稱地環繞着之像；即藉那無數的手作成身光。每一隻手的掌心都有一隻眼睛象徵觀音慧眼慧手無乎不在，可以在同時候救度所有的善男信女。

畫幅背景方面的上半部在圓盤之內，並涵有日光菩薩和月光菩薩的身光，下有從蔚藍色的天雨中聳出的比較生硬的花。背景下方有畫得很美的人物，姑名為「善財」同「龍女」，兩個都坐在蓮花上作成奉獻之狀。再下去左右力士各一，軀幹雄偉，頭髮倒豎，動作姿態甚為猛烈，這一定是仿西藏佛教中的魔王像。左右力士之間有一水池，池中左右各一項盔貫甲的龍王，用手舉著觀音的圓盤。

另外還有一幅幸而保存得很好的大畫（參看圖一〇五），所畫的也是千手觀音及其曼陀羅（Mandala）中的各種神像，而畫得更為精工，顏色更為富麗。畫幅足高七呎寬五呎半。關於這一幅富麗的構圖，我不能詳說，只可聊敘大略。在這幅畫中除去前面所說的神像而外，還另添許多菩薩，相對的分列左右，其中有印度神話裏的帝釋天（Indra）和梵天（Brahman）像，其餘許多奇形怪狀的神像，顯然帶有濕婆教（Sivaitie）的意味。底部的角上是許多羣的神像，每一羣中都有一尊女神。再下去又是一對一對的天王像。畫幅的下方也有一些力士在火燄的背景中跳盪。全部技術甚為偉大，色調的富麗，工力也正可敵對。

可以同這些富麗的觀音畫相比較者，還有一幅大畫（參看圖一〇四），畫中坐騎白象的普賢和騎獅的文殊菩薩像，上面便是一排形式不同的四尊菩薩；看起來是比較生硬而且簡單。但是畫的本身却有一有趣味之點，那便是有年代的畫中要以此為最古，供養的字句中明明白白寫的是咸通五年（八六四）。底部那一方的畫中還有一點考古的資料，下方那些供養者同婦女中有兩位却是女尼。其餘的兩位婦人，寬博的袖子，頭髻也無裝飾，

第一百〇四圖　普賢及文殊之繡像

第一百〇五圖　千手觀音繡像

顯然和第十世紀畫上的式樣不同；和我們相信年代較古的畫中所畫供養者像形式也不一樣。

這種畫像的第一幅並不完全是畫的，美麗的挂幅是用絲線彩繡的（參看圖八九）。此像高足八呎，橫寬約五呎半，出自畫家之手，只由手藝人或者寧是女手藝人複製而成。但是因爲它顯出圖樣的高貴，技巧及設色的純熟與細心，已成爲我們所有唐畫中最動人的作品之一。圖作佛教傳說中最著名的靈鷲峯(Vulture Peak)上的釋迦牟尼菩薩(Buddha Sakyamuni)。此峯位於現在的 Rajgiro。這幅圖像在衣服與姿態的每一部份上，都再現出由印度彫像中表現的神聖傳說的樣式。在整個畫像的調和上露出畫家的手法。

菩薩的兩邊站着一對菩薩一對弟子。因爲這幅圖像受了損傷，後者只殘存着精細的頭部。最優美的是華蓋兩旁向下飛着乘着雲渦穿着波狀長袍的兩個秀麗的 Apsaras 或天女的畫法。

供養者同他們的女人所給的特別興趣是繪畫如生，尤其是他們的服裝。男人的高而帶尾的樣子，是唐以前不久時期彫刻上的樣式。同樣的特色是女人穿長裙着長緊袖的衣服，留着平式的頭髮。我們顯然看見繡出這幅佛像的時候的時尙。這時候一定比我們注有年月的最早的咸通五年（西歷紀元八六四年）的畫更在以前。

有很多上畫佛教變相的偉大重要的畫中，並找不出正確可靠的年代，而由這些婦女服裝變遷所表現的年代上的標識，可以幫助我們來滿足這種要求。但是在討論這些之前，讓我將能直接引起信士注意和興趣冀圖往生天堂的輪廻觀念稍爲解釋。從古至今，印度人都相信不斷的輪迴。這也是所有佛教教義的基礎。這種教義的主要目的便是敎人以逃避再生和來世苦難的無窮盡的鎖鍊，於涅槃(Nirvana)中得救，涅槃卽是最後的止息。

然而這種目的在把個己存在消滅的特殊的印度式悲觀論的人生觀，中國一般人的心裏似乎有點不大高興接受。中國的佛教徒沒有印度佛教徒那樣偏於玄想他們却相信深信三寶的人因爲他們合乎德行的生活同精神上的修養可以以往生淨土爲其報酬，在那裏得到有福的休息，雖不是永久的，時期之長却也不可計量。這種的往生淨土往往畫成善人的靈魂從蓮花瓣中轉身爲一嬰兒以爲表示，於是這種虔誠的想像顯得更有詩意了。在敦煌所得的古畫中這一種有福氣的少年靈魂往生像真的可以找出若干來。

大乘佛教把菩薩的崇拜發展成爲諸佛精神上的繼承者，到了相當的時候，每一個菩薩各有他自己的淨土。於是觀自在成爲號稱無量光的阿彌陀佛的繼承者，彌陀佛在西方自有他的淨土，往生彌陀淨土乃爲信士所特別希冀，所以在我們的大幅絹畫裏，彌陀淨土遂成爲常見的一種。

圖一〇六就是我所選出的第一個標本，這一部分是由於構圖簡單可以容我們將這種淨土畫中所有重要的人物明白的分別出來，還有就是有很好的理由可以將此畫的年代定得早一點。這一幅畫的特點是色觸强烈而又和諧，從坐在觀自在同勢至菩薩中間的彌陀佛便可以看出來。下面是兩尊較小的菩薩。主要的三尊佛之後列有佛原來的六個弟子頭髮披剃成爲和尙。上面兩邊各有一天女，飄浮空際，作散花的姿勢。技術方面最可貴之點是用濃光法(high lights)以顯出肌肉的立體感覺。這當然是從希臘美術中得來的方法，另外只有一幅畫也是如此。

此畫年代較古的確實證據從畫幅下端左方供養信女的像（參看圖一〇七）可以看出來，那裏本有一塊

第一百〇六圖　彌陀佛（中間）繡像

第一百〇七圖　　信女像

牌子預備供養人題辭，可惜並沒有塡上。信女的像作跪坐一方席上的姿勢，有一種單純的美，這顯然是一位高手從眞人寫生下來的。面部及姿態都莊嚴地表示虔誠，摺疊的裳，高而寬的背子，簡單的頭飾和懸在頸部的小髻，都是一種很早的樣式，和在繡畫中所見到的很相近。實際上這種形式在第七世紀的中國雕刻中常常可以看到的。

另外一大幅彌陀變相絹畫，也很可以指出這一幅畫的好多特點來。中央佛坐在蓮花座上，旁邊觀自在勢至菩薩和其他侍從諸神環繞左右。蓮座浮在一座湖水裏，水上另有一些含苞未放的蓮花，花內中涵有將要往生的靈魂。下端有一塊牌子，並未寫字，牌子旁邊畫有跪着的供養人小像，右邊二男左邊一女。女人的衣服頭飾和我們在前面所看見的供養女人像異常相似。

從上面所說結構比較簡單的兩幅畫裏，可以使我們容易看出較爲精細的淨土變相畫的詳細情形，欣賞美術方面的造詣。圖一〇八就是一幅藥師佛變相(Paradise Bhaishajyaguru)。

佛坐在中間的蓮花座上，作入定狀，旁邊環繞的是普賢文殊以及其他較小的菩薩，衣飾都很富麗，並有身光。緊靠着佛的後面就是四位已經披剃了的弟子。上端背景方面有按着中國透視法所畫的天上閣樓，湖上亭榭之中別有一些神祇。

正在佛的前面爲一供養陳設，甚爲富麗的香案，兩邊各有一位姿態優美的天女作供養狀。從臺座聳出的平臺上一位舞女正在樂人之間跳舞。這幾乎是一切大變相畫中景象最特別的一幀。在相信眞正托根於印度思想的佛教教理者看來，要得到善行有福的報答，還是向少有世間意味的方面去求，對於這種音樂舞蹈的享樂自不免有奇異之感。畫幅右邊的景物作世俗的中國式，畫的都是一些信士藉着佛力可以超脫的各種世間煩惱。

藥師佛這一幅可算是最大而又最富麗的畫了。圖一〇九就是此畫的左半幅。雖有破損，然就結構之雍容華貴，用筆之精細而言，仍可以引起特別的興味。諸天神人的大集會很巧妙的對列在秩序井然的臺座和殿庭之間，都點綴得甚爲華麗，浮在一座蓮花池上。在兩旁沒有身光的人物之中，還雜有一些穿着盔甲的王者和力士。

從臺座伸出的大平臺上又有一位舞人按着天樂急促的節奏作胡旋舞。在這幅天樂隊畫中還穿插一點游戲的成分，有兩個奇異的胖小兒也在那裏按着音樂的節奏跳舞。是顯然是寫的兩個新近往生淨土的靈魂，因為得生天上，歡喜鼓舞之狀。還有兩個往生的靈魂端坐在前面池中的蓮花上。此外如兩邊兩層的樓臺建築，以及坐在地板上悠閒自適的一些小菩薩，此處不能一一詳說。至於邊緣上所繪藥師佛真身的景物純然是中國式。

佛教淨土畫中以彌陀變相爲最普遍。左右的觀自在同大勢至連同坐着的佛像是爲三尊佛。坐在三尊佛之間和下面的是其他的一些小菩薩。在臺座伸出的一部分可以看見一個舞女正在六個樂師之間跳舞。手中舞動的長帶和顫巍巍的頭飾更足以加強她的韻律的動作。有一位新近往生的靈魂坐在蓮花上正預備同飄浮在兩邊的天人聯合向臺座進行。

此外還有兩大幅絹畫的殘片一定得略爲敘說一下（參看圖一一〇和圖一一一）。這兩幅畫如果完全無缺，大約是用來遮蔽整部的穹殿或川堂的過道的。兩幅之中以右邊一幅保存得較爲完好，雖已破損，還有六呎半高，寬達三呎半左右。原來大概有一幅極大的畫，三尊佛身的穹形大畫，而這兩幅殘畫配起來正是三幅連續畫的

第一百〇八圖　藥師佛繡像

第一百〇九圖　最大之藥師佛繡像之左半幅

左右兩翼。

右面的菩薩是騎白獅的文殊，隨侍的有一黑皮膚的小廝，原意畫的是印度人，畫來却同黑人一般。圍繞菩薩的那些富麗的侍從，其中有四天王同一般力士。

這一幅大畫中莊嚴進行的情狀，在左邊還保存有相當的一部分。其中有兩個華貴的樂師昂首前進，一個吹笛，一個吹笙（參看圖一一〇）。身體的曲線和飄蕩的衣服顯出一種韻律動作的感覺，同全篇異常和諧。沉醉於音樂的神情在吹笛者的面部表示得很好，而右邊那位樂師凝神專一的姿態也甚爲佳妙。

像這一類描寫佛敎淨土同人天進行的畫，內容是那樣無微不至，畫筆是那樣精致，色觸又是那樣的强烈生動，展閱之餘，肅穆和平之氣撲人眉宇，同時音樂上輕快流動的情緒似乎也傳入畫中，我們還可以欣賞得到。我們懷着這樣的感觸同在僻居邊陲爲亞洲腹地的十字路上得到的那些佛敎繪畫美術標本作別，我們覺得千佛洞石室閟藏的那些殘畫，居然保留了一個最好的機會給我們，這實在是一樁可以慶賀的事。

第十五章　南山山脈中的探檢

我在敦煌沙漠田的工作完畢的時候，已經到了一九〇七年的夏季了。因此我亟於想把在燥熱的沙漠中所作的考古學工作掉換一下，另外到南山山脈的西部和中部去作一點地理學上的探檢。安西在敦煌的東邊有三站遠，是從甘肅以及中國內地到新疆去的大道，因此我於到南山去過冬之前，先到那裏去。從後漢以來，這條路就是橫越北山的沙丘和高原，同中亞交通的一條要道。在這條路上安西常常佔有重要的位置；但是在這所只有一條零落的大街的荒城或者城外只餘一些斷垣頹壁的廢鎮裏邊，找不出可以反映這種重要的東西來。

但是追尋古長城南部殘蹟那些荒地，我終於成功了。唐朝玄奘法師逃避關吏的禁阻，冒險以至西域的時候，一定經過此地的。這位求法的大師抵哈密水草田以前，在沙漠中北行迷路，幾乎渴死，幸而獲生的勇敢的故事，我是到處都要述說一遍的。

我把得到的古物安安全全的寄存在安西縣衙門之後，便向南面的大雪山開動。路上於小小的喬梓村(N. Chiao-Tzŭ)附近兩座荒涼的支脈之間，發見了一座大廢城。或者因為當地氣候的變遷，或者因為西藏高原極北部在後冰河時期所留下的冰河逐漸縮小，這一處低丘陵區域受了乾涸，於是地形大起變化。以前曾有一道溝渠從河中輸水以供廢城和附近的墾地之用，現在溝渠還賸有遺蹟，而河流已完全消滅無餘，從這一點事實便可以證明此地地形之變化了。

第一百十圖　藥師像之一部份

第一百十一圖　文殊繡像之一部份

從考古學上的證據可以證明這座古城的荒廢乃是十二或十三世紀以後的事。較爲顯著的是在此時期以後，城垣受風蝕影響的一個證明。城垣的建築雖然堅固，但是所有向東的一面完全剝蝕，有許多處所實際上並全爲流沙所蓋，而南北兩面的城垣因爲和東風成平行的方向，實際上未受到損害。

我後來爬過大西河流過第二重支脈所成的峽谷形山谷之後，來到一處風景如畫的石窟寺，平常稱此爲萬佛峽，至今還是香火很盛（參看圖一一二）。萬佛峽的性質和年代同千佛洞很相近，只沒有那們多。這裏也有很好的壁畫，可見在中國本部邊境上唐代佛教繪畫美術流行的一斑（參看圖一一三）。

測量了疏勒河西邊俯視着極度荒涼的南山高原上有冰河遺蹟的羣峯以後，我們的行程踏入一段從來未經探險的山地，雖在那樣一個適宜的時節，水還是異常的困難，然後到達長城至今猶存的嘉峪關。嘉峪關為一城堡形，千百年來，中亞來的旅客沿着長城行走，到了此關，便算是踏上了真正的契丹的門閾了。無論歐洲或是中國的書籍和地圖都把長城畫作環繞着肅州大腴壤的西端，止於南山的腳下，以爲古代保護甘肅北邊的長城即止於是。但是這一段長城古到甚麼程度，很難令人相信，據我在敦煌沙漠所發見的古代邊牆遺蹟看來，我以爲長城還應該延展到安西或安西以外的地方。

到了我第三次的探險，橫過沙漠到肅州以北五十哩左右的額濟納河，也踪跡到古代中國長城延續的殘蹟，這一個問題算是解決了。當前漢時代中國向西開始發展，於是展築長城，以保護沿着南山北麓整個的腴壤地帶，這是到塔里木盆地去一條必不可少的通道。現在旅客所經過的破碎殘敗的嘉峪關磚城，已經證明是中古以後所造。這一座城垣乃是中國恢復傳統的閉關態度以後，建來封閉通中亞的大道，用意正與以前相反。

肅州是入關以後的第一座大城，我在那裏戰勝了很大的困難，探險隊才能於七月末向南山中部出發。地方當局對於番子等的劫掠攻擊，十分知道，所以在那裏僱集必要的交通運輸器具，頗為不易。概而言之，在甘肅居住的中國人對於山畏懼到萬分，最近的一座山嶺以外他們便視爲禁地，裏足不前。我們的嚮導只肯到利希霍芬(Richthofen)和托賴山(Tolai-shan)之間高原式的山谷爲止。在一萬三千呎左右的高處，我們找到一些從西藏東北邊界上西寧來的冒險的人在那裏採金礦。

離開這些採金礦人住的帳篷以後，均荒寂無人，一直到八月末，才在甘州南邊的山谷裏遇到一座小小帳篷，裏面住的是有趣的土耳其人，在那裏放牧。好在向着哈喇腦兒(Khara-nor)和青海四周高地逐漸隆起的南山山脈所有四大高峯位置都很清楚，雖然沒有嚮導，也不甚困難。在那一萬一千呎到一萬三千呎的高地，幾乎到處都可以遇到牧羣，這對於我們所有受盡艱苦的牲口，甚爲有益。這裏的牧羣如此之多，這些寬闊的山谷大約就在古代，也很足以引起那些游牧部落如月氏人和匈奴人的垂涎的。

但是在那些大山谷口上的苔原地帶，甚至於在太平洋水系那方面的寬分水嶺高原上，幾乎每日都遇到冰雹，所以我們一羣人很吃了一點虧。而我們的中國驢夫，我只好客氣一點說他們天生成的體格就怕冒險，對於我們不能有所幫助，於是天然的困難以外，又增加了很大的困難。他們幾次三番有組織的打算要求退回，使我們沒有運輸的東西，僥倖還能鎮壓下來，不至於阻礙我們的計畫。

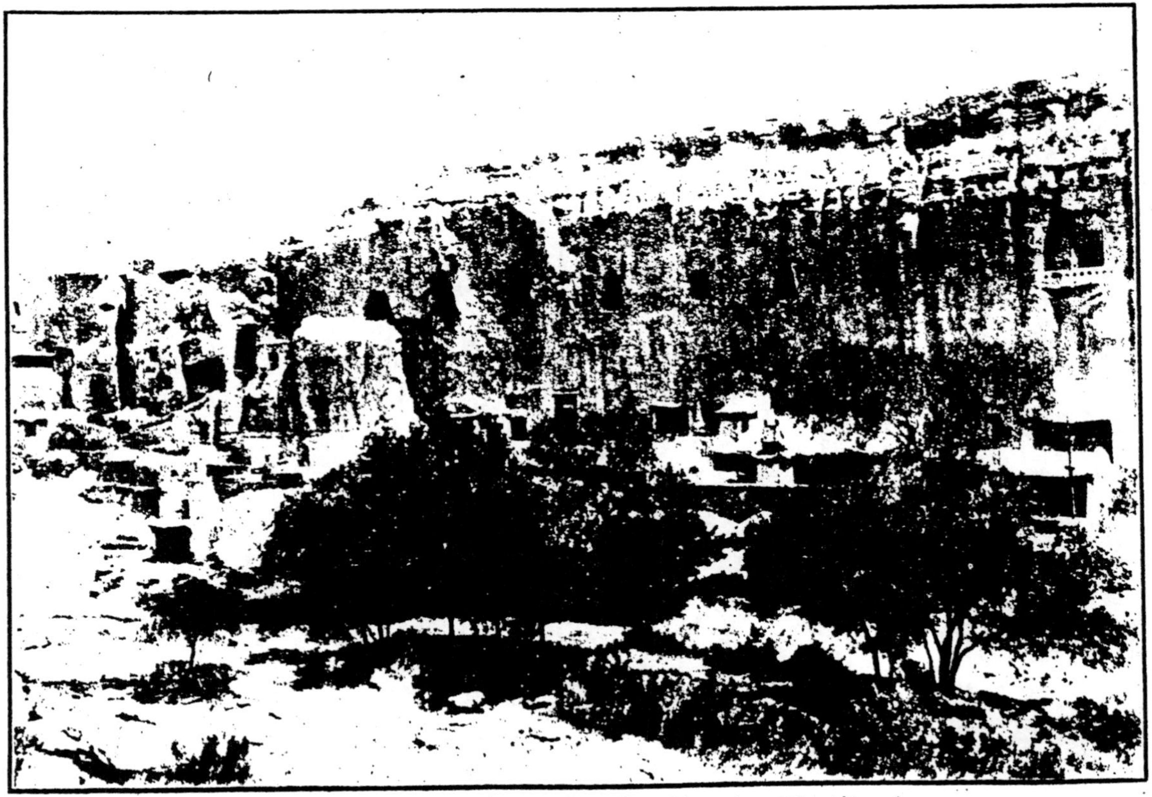

第一百十二圖　萬佛峽之石窟寺

第一百十三圖　萬佛峽石窟寺壁上之佛畫

我們計畫在八月內踏遍肅州和甘州之間，南山中部高達一萬八千呎到一萬九千呎積雪皚皚的極北三座高峯，仔細的測量一過所行的路總在四百哩以上。在測量的時候所有流向沙漠田去的河流如疏勒河之類的水源都予以探檢直到冰河源爲止。從哈喇腦兒到青海水系中分疏勒河諸源的積雪的大山峯，是沿着北面測量的，證明各個山峯（高二萬呎以上）以及山系高度都遠比北邊的山峯爲高。

我們從疏勒河源（參看圖七七）所在羣山環繞高達一萬三千呎左右的盆地裏行過苔原地帶，向大通河發源處前進，到了這裏，我們是同太平洋水系接觸了。在那裏我們又達到甘州河河谷的上游，最後行經一連串橫斷的高嶺，過利希霍芬峯（參看圖四），遂到甘州城。在安西和甘州之間經我們用平三角表測量過的山地，大約在二萬四千方哩左右。

七年以後，到了一九〇七年的夏天，我因爲第三次探險，我又到了那座甘州大城，這是南山北麓大沙漠田的中心，情形同馬哥孛羅停寓的時候一樣。我的計畫是在南山中部作一新的測量，而以此城爲我們的根據地目的是在測量更東包括甘州河源在內的高峯，擴展我們在疏勒河和肅州河河源附近高峯所作的繪圖工作。

爲着和下章所說我們在額濟納河的工作聯絡起見，這些測量的用意是在完成甘肅西北部指定的一部分的地圖測繪因爲這一部分地方所有的水都流向一個沒有出口的盆地，所以就一般的地形而言，很可以說是應該隸屬中亞，而不應該隸屬中國。我有了以前的經驗，因此預備不教當地的中國人冒險深入山中，以致運輸發生困難。但是不料那時甘州的鎮將正換了蔡將軍，他是我的老朋友，因有他的好意，使我至今還記得一九〇七年到甘州的那一次訪問得了他的幫助，我於七月開始的第一個星期便向山中出發了。

在最初前進的那幾站路上，我於馬蹄寺看到了一些古代佛教的石窟寺（參看圖一一五）以及其他的佛教遺蹟。山麓小南古城鎮的寺院裏有一些很好很大的銅造像沒有受到以前漢回（Tungan）造反的浩劫。現在走近一所很富於地理學意味的分水嶺了。西邊的地方，無論是平地或者山麓，種植只有靠着人力灌溉，而現在却是一些台地和冲積扇形地，只要有雨水便可使土壤肥沃，而氣候狀況之顯著的變化，也可以指明已經靠近太平洋和真正中國大河河谷的分水嶺地方。大道上因爲回亂，殘破不堪，這裏却不然，草色青青的山麓還有真正可以代表中國的建築物存在（參看圖一一八）。

循着向西寧去的大路，爬過如畫圖一般的峽谷，抵鄂博關（O-po），到了廣闊的山谷，甘州河東源即來自此處一萬一千呎以上的高地。我們從這裏折向西去，經過高原牧場，每逢夏季青海牧牛牧馬的人常常來到此處，我遇到他們的時候，正是萬騎奔突，聲勢洶洶，這一次幾乎結束了我一切的旅行生活。我騎的那匹拔達克山種小馬（Badakhshi stallion）忽然駭得直立起來，失去了平衡，向後翻倒，壓住了我，結果我的左脇下的筋肉受了重傷。在行軍床上很痛苦的躺了兩個星期，才能支着拐杖勉强起來。幸而工作已經預先安排妥帖，所以我的測量助手印度拉爾星能夠照常進行我所計畫的地形學的測量工作。費了好多的力，這位孜孜不倦的老旅伴把測量南山的工作竟告完成，所包括的地面同一九〇七年所測繪的一般大小。那時候我的跛脚情形仍是很壞，最後不得已我只好要人把我用轎子抬回甘州。

到了一九一四年八月的第三個星期，我開始出發作計畫已久的經過北山戈壁的旅行的時候，足部還是不良於行。這次是回到中國土耳其斯坦北部從事秋冬工作。所選的路是任何歐洲旅行家以前都沒有走過的。我藉此得以熟悉了一處一部分還未經人探檢過的沙漠。進入這一段沙漠，須經過毛目小沙漠田，甘州河和肅州河在此會合，成爲蒙古人所稱的額濟納河。額濟納河廣闊的河床一年中有一大部分是乾涸的，然而實際上南山中部向北流下來的水都注入此河，最後由此以消滅於一個沒有灌域的盆地之中，這同塔里木河之於羅布泊的情形正是一樣。

第十六章　從額濟納河到天山

我在上面曾大略說到考察肅州北邊的古代長城以後，於一九一四年春間到過額濟納河流域一次。蒙古極南端這處地方的地理情形，很引起我的注意，那裏同羅布盆地的性質相似，歷史方面也不相上下。此地在以前曾先後歸屬於甘肅游牧民族大月氏人以及匈奴人所管轄；大月氏即是後來的 Indo-Scythians，匈奴人則屢次西徙，嚴重地影響到中亞歐洲以及印度的歷史，這都是後話。額濟納河谷地方因爲大自然所給予水草的方便，自古以來要從蒙古草原向沿着南山北麓而爲聯絡中國與塔里木盆地以及中亞腹地大官道的沙漠田入寇侵略，就以此處爲最容易。

一九一四年五月，我從肅州動身，沿着肅州的北大河而下，以達金塔沙漠田，從此再追尋沿着北山東南端荒涼犖确的冰川地以至毛目的古代中國長城遺址。這道長城並且從甘州河和肅州河合流以後蒙古人稱爲額濟納河的處所再延長若干距離。古代長城的城垣和碉堡從這一窄條的熟地北端以外一直伸到那條寬河床的左岸盡頭處。長城線顯然曾伸入額濟納河東邊的沙漠以內，但是我們於六月間從額濟納河三角洲回來的時候，因爲夏季天氣太熱，不容許我們更向那滴水俱無的地方去尋覓，於是只好作罷。

中國人最初佔據了到南山北部的交通地帶以後，用古長城截斷蒙古草原入寇的路徑，即在此處。我們在河兩岸所找到的那些年代很古的大堡壘殘蹟，當然是用來防禦從此處入寇的門戶的其中一座用特別堅固的土磚所建的堡壘正同我七年前在敦煌西邊沙漠中長城遺址所勘定的玉門關殘址一樣。

我們從毛目沿額濟納河而下，沙質的河床寬度往往到一哩左右，而在那時滴水俱無。只有很少的地方於河岸下掘很深的井才得到一點點水。離毛目九十哩左右的處所，額濟納河流過從北山伸出來的一段低低的石梁，然後散成一個三角洲地帶，向北約一百十哩，始入於一些帶鹼性的沼澤之中。

此處因爲連續不斷的低水季（Low-water seasons）所造成的情形，正可以爲庫魯克河最後乾涸以前樓蘭三角洲的遭遇作一最好的說明。在那裏河床兩岸已經枯死了很久的窄條叢林裏面，我們找到了很多已死或將死的野生的紅柳樹。各道河床之間的一些大片荒地，只有很稀疏的灌木，甚至於絕對不毛。因爲如此，額濟納河三角洲上四散寄居的兩百多戶蒙古土爾扈特游牧部落，爲着牧地一天一天的感覺困難而抱怨叫屈，實是難怪。然而這一片廣漠的河水地帶，水源雖然有限，而在那些從北方蒙古腹部向甘肅腴壤作長途旅行的武裝或非武裝商隊看來，仍然常常是很重要的處所。從偶然遇到的那些後來所建的碉堡，可以證明這條通蒙古的路，即是後來到了中古時期，依然還是好好的保護着的。

當我前進考察黑城子（Khara-khoto）之後，更其使我感到同古樓蘭三角洲的類似。說到黑城子，是一九○八年至一九○九年有名的俄國探險家科斯洛夫大佐（Colonel Kosloff）首先到此。在當時我就相信這同馬哥孛羅所提到的亦集乃城（City of Etzina）即是一地。據馬哥孛羅說，此地從甘州騎行十二日可達，「位於北邊沙漠的邊沿，屬唐古忒省（province of Targut）管轄。」所有往蒙古的舊都和林（Kara-Korum）去的人，都得在此停留，準備糧食，以便渡越那「向北行四十日既無人烟又無歇處的大沙漠。」

馬哥書中所指的地方正相當於黑城子，而從一廢址（參看圖一一四）所得到的古物更可以為此作一完全充分的證明。由此我明白，此地蒙古人雖然傳說在西元後一二二六年成吉斯汗曾從此地第一次侵入甘肅，於是城垣受到很大的損害，但是一直到馬哥孛羅的時候，還有人住，並且後來到十五世紀，至少一部分還是不斷人烟。這當然是由於農業的原因，以前有一時期此地曾為當地的中心地方；沙漠中從東方至東北方我們曾經找到了不少的遺蹟。至於此城的黃金時代，應在十一世紀初葉以至元朝的西夏或唐古特統治時期。

從這一個時期以後，自南方來的西藏人勢力似乎逐漸的強起來了，充滿了廢城內外的佛寺和窣堵波，大都是這一時期所建。科斯洛夫大佐就在城外的一所寺院裏發見了很重要的佛經和古畫。而把這一座寺院和其他遺址再作一次有系統的發掘，立刻又發現此地考古學上的寶藏並沒有盡。

我們把窣堵波底部同寺院裏面地室所堆積的沙土仔細清除之後，發現很多用西藏文和至今尚未能通的西夏文的佛教寫本和刊本典籍，此外還有很多有趣味的塑像和壁畫。城裏那些很大的垃圾堆中又找出好些用漢文、西夏、回鶻以及突厥字體寫的各種紀載的殘紙。其中特別可以稱述的是西元後一二六〇年馬哥孛羅的恩人元世祖忽必烈時代的一張寶鈔。在風蝕的地方，如精緻的帶釉陶器，金屬和石質的裝飾品以及其他古物，亦復不少。

黑城子之放棄由於灌溉困難的說頭，有許多證據可以相信。緊靠廢城流過的乾河床，雖東邊最近的支流只

第一百十四圖　黑城子之廢址

第一百十五圖　馬蹄寺石窟寺之佛像

第一百十六圖　鎮西城外之古廟

第一百十七圖　吐峪溝西寺院之遺址

有七哩，那裏一到夏季，還有水流。我們所考察過的直到東邊荒廢了的農莊的古渠，現在已經移開很遠了。至於灌溉之所以失敗，是自於額濟納河水量減少？還是由於河流在渠頭處改道，而墾地因爲某種原因以至不能得到充足的水量？固然沒法下肯定的斷語。但是無論如何似乎有很好的理由可以相信在現在僅僅夏季短短的幾個月之間可以達到三角洲上的水源，對於以前的墾地實在不足以供給適當的灌溉。即使溯河上去一百五十哩到毛目地方，那裏的情形遠爲適宜於維持溝渠，但是過去爲着要在春初得到適當的水量，也曾感到重大的困難。因此，有許多以前的墾地就此荒廢了。

當我正忙於黑城子遺址的發掘時候，拉爾星則從事於額濟納河終點盆地的測量。三角洲的盡頭是相距不遠的兩座大湖，兩湖之間隔以砂灘高地。這種隔離的形勢，甚爲有趣，正同我在敦煌西邊所見疏勒河流入沙漠中間的情形一樣。兩湖的東湖在以前卽已受不到泛溢的水源，所以水是鹹的；另一湖現在雖是河水主流灌入的地方，却是淡水，只是也沒有灌域。

到六月中旬，夏季酷熱急速的增加起來，使我們迫不得已停止工作，回到甘州去。我們到甘州去是走的毛目南邊的一條沙路，我們的駱駝因爲辛苦過甚，於是放到東北邊上蒙古地方的公果爾旗山上(Kongurche hills)去過夏，到八月底才同我們會齊。我那時正從南山回來，因爲坐騎失事，足部受了傷，不良於行；此事已見上章，今不重述。

此後到一九一四年九月二日，我們又由毛目出發上路，想爬過蟠踞沙漠中間成東南至西北向的在那裏面積是極寬廣的北山大山脈。我們所走過的路徑總有五百哩左右，從未經人測量過。我只知道在十字交叉的明水井（？Ming-shui）那一處可以走上以前曾有俄國旅行家到過比較為人知道的路上。為着安全起見，我們於是分為兩隊各取一道，庶幾測繪的地域可以更廣一點。我那時還是不能走路，也不能騎馬，不得已只好坐驢轎。這樣一來，負責指揮我們行動的工作更其困難了。

在毛目我只僱到兩位嚮導，都是中國人，據說曾同商隊爬過北山，到過天山北邊的鎮西（Barkul）。但是他們對於沿途的知識，即是聯合起來也很不夠，所以不到一半路程，兩個便都打發走了。自此以後，我們沒有辦法，只好靠着那模糊不清的商道作指南，而商道常有混亂之處，往往使得我們的羅盤的方向錯雜不清。在這些石骨峻峭的高山深谷之間旅行，沒有水泉是不行的，這樣一來，連找那很少的水泉也大大的增加了困難。水草稀少，前進愈加危險。在二十八站的長途中，只遇到了一個小小的蒙古包，也是得不到嚮導。

後來過了明水井，看見了天山最東頭的高峯積雪皚皚的喀爾里克塔格山（Karlik-tagh），遠遠的在西北邊，遂以此作為大概的方向。但是因為缺水和在高低曲折的山谷迷亂了的原故，我們爬最後一道荒涼不毛的山峯，還遇到許多很重大的困難。我們經過一條險峻的峽谷，在那裏驢馬駱駝因受了驚駭，總停步於離水草很遠的地方，幸而安然過去，得以俯視廣闊無際巉巖削露的準噶爾斜坡，遠遠望去，見一小小的黑點，可以揣想大約是樹木之類。那就是我所想望很久的拜城（Bai）路上，繼續不停的走了四個星期，安然到達此地，牲口一匹都沒有損失，欣慰之狀，眞是非同小可。我們取新道爬過一大片荒涼不毛而在地理上有顯著的趣味的區域，作了很廣闊而又正確的測繪工作，雖然歷盡艱辛，也算得到報酬了。

到了十月，我們又急急忙忙沿着已見冬雪的天山東部北麓，向鎮西和古城（Guchen）而去。所過的地方，地形方面比較的知道得多一點，因爲歷史上如大月氏，匈奴，嚈噠，突厥，以及蒙古人的先後幾次向西大遷徙，都要經過此地，所以它的特殊地形特別引起我的注意。準噶爾的山谷和高原，在氣候方面比較適宜，遠沒有塔里木盆地那樣乾燥。有許多地方都是很好的牧場，在中亞的歷史上常常佔很重要的一部分。

在古代這些地方一次又一次的爲游牧部落暫時所佔領。像塔里木盆地那樣乾燥的平原，絕不能養活他們的牧羣。但是一爬過天山，他們便可以很快的侵入那裏，向沙漠田中定居的人民徵取貢賦。我覺得最有趣的是從那無數的奉回教的哈薩克人（Muhammedan Kazaks）帳幕之中，還可以看出很奇怪而又依稀彷彿的部落大移動的反影。這都是些吉里吉斯人（Kirghiz）說的很好的土耳其話，因爲蒙古人受俄國的卵翼，獨立成爲外蒙古，這般哈薩克人被他們驅逐，只好南向，受中國人的保護。而中國當局之兢兢業業，極力制止這些游牧的客人移動，以防備釀起移民的大潮流，這也是一個極可注意的教訓。

我們到達鎮西城的時候，已經是冬季了，在北山經過冰風的吹打，至是能得到內中有一塊重要的漢碑，緊緊封閉着的古廟（參看圖一一六）以爲蔭蔽，真是不勝歡迎之至。然後由此通過爲中國同蒙古商隊中心的古城，在濟木薩（Jimasa）附近考察測量那些多而且破的遺蹟，這是古代此地都會的故址。中國統治中亞的時候，歷史所嘗見到的金滿以及北庭，卽是此地。而準噶爾盆地的這一部分在經濟上和政治上同南方吐魯番盆地重要沙漢田之有密切的連瑣歷史上很早的時候便已如此了。

吐魯番是我冬季工作的地方，我喜歡取一條最直截而又未經過測量的路程到那裏去。我們於是取道天山的一個險峻處所，許多雪峯的高度都在一萬二千呎左右。這一次的行程又證明了古代中國紀載到這一條路徑的書籍之正確。同時又經歷到天山兩面的氣候之懸殊。

準噶爾斜坡的高處一帶都是很大的松林，稍爲下去，有豐富的牧場。在另一方面，向南下降則為極度荒涼的巖谷。這在乾燥而又低陷的吐魯番盆地，却是很適宜的，在那裏樹木的生長，開化人的生存，只有靠着灌漑的一條路。

第十七章　吐魯番遺蹟的考察

自從離開額濟納河以後，我們的探檢隊便分成幾隊，到了一九一四年十一月的第一個星期，才在吐魯番盆地中央一個重要的沙漠田哈刺和卓（Kara-Khoja）地方重又平安會齊。這一個小區域在經濟上和歷史上都很重要，而我之所以選此為冬季探檢的根據和主要的工作地，還有其考古學上和地理學上的理由。就地形言，吐魯番盆地之所以特別有趣，乃是由於在很密接的地形範圍以內都成集中的形式，所有鄰近廣大而相對的塔里木盆地一切特點，這裏都可以表現出來。除此以外，此地的終點鹽湖，是全世界陸地中在海平面下最深的一個陷層。因此在時間允許的範圍以內，我們自然得留心去作一次比較大規模的詳細測量。現在且敍大略如下。

無灌域的吐魯番盆地，在北邊是天山方面積雪的博格多山（Bogdoula），南邊是滴水俱無的庫魯克塔格山，盆地恰夾在中間。沿着庫魯克塔格山麓，有一個很大的斷層槽，為最深的處所，在海平面一千呎以下，形成吐魯番盆地最特異的一點。鹽湖沼澤大部分都已乾涸，比之羅布泊海床，有如大巫之見小巫。向北是荒涼的高山斜坡上廣闊無水的冰川迤邐而下，正相當於和闐東部的崑崙山在山麓部分因為有同樣一大地層變位的原因，隆起一連串荒涼到極點的丘陵，下面則因此造出了斷層槽。這些丘陵因為只是嶙露的砂岩和礫岩層，形成紅色，崢嶸可畏，所以中國人稱此為火燄山。

盆地中的沙漠田只靠山脚下這些斷層脊作唯一的水源，大都作為灌溉之用，因而出產甚為豐富。最奇怪的是灌溉不靠從天山高峯下降，至是重又冒出的泉水，而是用的一種很精密的井渠(Karezes)制度，以引導從山上流下來的地下水。盆地的氣候極其乾燥，並且因爲槽谷過低，一年之間倒有多半是很熱的。於是由於氣候的溫暖，以及泉水同井渠可以供給水源，盆地中的腴壤一年倒可收獲兩次。在這種適宜的情形之下施以灌溉，土壤因而肥沃，當地穀類以及果實棉花出產豐富，其故在此。

但是現在的吐魯番商務甚爲興隆，而在過去由歷史和許多的遺跡看來也很富庶，不僅由於那有限一點耕地釋宜於農業，此外還得加上和天山北部諸地交通往來以及互換出產大自然特別予以便利這一點，才能充分的解釋。在天山北部因爲氣候比較潮濕，有很廣大的牧場，於是出產牲口羊毛之類，這正是吐魯番所缺的，而博格多山東西的山道又終年可以通行，因此交易往來，甚爲方便。

吐魯番盆地和迪化同古城之間一帶地域彼此互相依靠的情形，從那些地方的政治史中都可以反映出來。漢唐時代，無論是北方來的匈奴人以及突厥人或者中國人來統轄，而車師前國和後國的政治命運嘗是密切的分離不開。第八世紀末葉唐朝在中亞的勢力告終以後，這些地方的情形還是一樣。西元後七九〇年，車師後國的都城北庭都護府爲吐蕃和突厥的聯軍所攻破，而爭鬥也就此告一終結。

到了第九世紀中葉，突厥部族中的回鶻人在中國西北邊陲突破了吐蕃人的勢力，統有東土耳其斯坦的多半地方，於是吐魯番和迤北的地域爲回鶻可汗牙帳者歷數百年。在中亞，原來是游牧民族的回鶻人證明比之任何其他突厥部族能够而且熱心於自己去適應文化的生活。一到夏季，回鶻可汗便移牙於山北斜坡上，享受祖傳的生活方式，保持一個長久的時候，同時則向住在吐魯番沃壤的人民吸取物質方面和精神方面的資糧，以加強他們的力量享有屬地的快樂。

回鶻人之統治吐魯番，一直到十三世紀初葉蒙古人征服此地時為止，但是從文化方面看來，就在此後也沒有受甚麼很大的變遷。據宋太宗太平興國六年（西元後九八一。譯者案：原作九八二，今依宋史更正）王延德使回鶻可汗所紀，那時的吐魯番還是很興盛，佛寺甚多，並有從波斯來的摩尼僧，而回鶻人的智力以及吸收能力亦復不弱。王延德也看見回鶻王仍然不忘游牧舊習，每年都要向天山北面斜坡去住居一些時候。蒙古人統治的時候，回鶻酋長雖然改信回教，但是一直到西元後一四二〇年，蘇丹沙鹿海牙（Sultan Shah Rukh）遣使中國經過此地，佛教依然未衰。

吐魯番的佛教信仰既然如此根深蒂固，回鶻統治的時候，又沒有遭過激烈的變亂，因而回教時代以前的文化遺存如宗教文學美術之類，四五百年來還能比較完好的留傳至於今日。同時，因為吐魯番盆地地理上的情形特別適宜於灌溉，歷史時期以內墾地的面積也沒有受顯著的變動，所以此地不像尼雅廢址或樓蘭一樣，有以前放棄在沙漠中的遺址，至今未有居人，或實際上放棄以後從無人居的處所，替我們保存一些在可以推知的有限的年代之內不受擾亂的日常生活的遺蹟。此外加以本地重要地點未曾經過完全毀壞以及放棄的原故，吐魯番盆地所有豐富的回教時代以前的遺物實際上所以全在耕種區域之內，或至今還在城市和鄉村的附近者，其故在此。

因爲易到而又顯明，一直到十九世紀的末年，俄國旅行家都曾注意於此地。後來俄德以及日本的探檢隊曾接續在此作過大規模的考古學工作。在這些人中間，尤以一九〇二年到一九〇七年有名的德國學者格倫尉得爾（Grünwedel）和勒柯克（Von Le Coq）兩教授所得爲格外豐富。不過我於一九〇七年在此小住的時候，就看出吐魯番的遺址並未完全發掘淨盡。

所以我們很高興把下一個冬季的考古學和地理學的工作拿吐魯番作根據和主要的地點。拉爾星是永遠熱望新的工作的，於是派他去測量那一大段然而一部分還未考察過的庫魯克塔格沙漠區域，第二位測量員則從事於塔里木盆地的詳細測量。至於我和另外兩位印度助手已經開始考古學方面的工作，此後三個半月的工夫，我們就一直忙於此事。

鄰接哈剌和卓大村一稱爲 Dakianus 城的亦都護城（Idiku-Shahri）是我們發掘的第一個地點。此地久已認爲是突厥文中稱爲 Khocho 的高昌故址，唐朝以及後來回鶻統治時期的吐魯番都城。周圍土磚砌的城垣面積約有一方哩左右，成不規則形，內有各種建築物的遺跡，都是用土磚建成的。（吐魯番除菓樹而外，木材甚少。）大部份是佛教寺院，其中規模弘大的爲數不少。歷年以來，附近鄉村的農民嘗將此地堆積塵沙的遺跡拆去，以爲肥田之用，有許多掘臢的小建築物也被他們剷平，以好多得耕地。

自從柏林民族博物院（Ethnographie Museum of Berlin）的格倫尉得爾勒柯克兩教授先後在此發掘得到豐富的收穫以後，當地土人於是也希望弄到有價值的寫本和古物，以好賣給迪化的歐洲旅行家一類的人，偶

第一百十八圖　南古城外之中國寺院

第一百十九圖　Sirkip 寺廟之遺址

然也賣給中國的收藏家，因此毀壞的工作爲之大增。這一類的出品數目自然也很可觀。但是在我看來，還是到那塵沙堆積較深未經前人發掘過的遺蹟去找爲比較妥當。有系統的清理，找到各種各樣小而有趣的遺物如壁畫畫片，紙本和布質畫的殘幅，以及塑像，都可以表示吐魯番的佛教美術；此外還有一些作裝飾用的織物殘片也掘出一些用回鶻西藏漢文以及摩尼教人的變體敍利亞字所寫的書籍殘片。

因爲遺址居人繼續很久沒有斷過，所以不容易斷定這些發掘品的正確年代。較爲有用的是發現一大批保存甚佳的金屬物件如鏡、各種裝飾品、以及家具之類，在那裏並還找出許多中國古錢，由此斷定遺物的年代是在宋朝，可算相差無幾。而十二世紀初葉地窖始建的時候，有倉庫的圓頂形教堂建築必已開始倒塌了。

我們把吐魯番東部的小遺址，連那稱爲 Sirkip 塔的佛教大塔（參看圖一一九）在內，趕快的考察之後，便轉向吐峪溝（Toyuk）上面景物如畫的峽谷內的遺址。在那裏有爲以前佛教和他教僧侶住過的無數石窟，像蜂房一般點綴在風蝕了的小山峻壁之上，下面是一道小河，由此流向以產葡萄和葡萄乾出名而很繁盛的小腴壤裏去。山坡不甚陡峻，建有窄狹的台地，上有小寺院和僧寮遺蹟（參看圖一一七）。在這些地方的最上頭第二次的德國探檢隊曾得到重要的寫本。

這些像猿猱居住的地方，以前是多少沒有被人動過的，後來本地找古董和寶貝的人在此予以很慘的毀壞。但是在下面還是找出一些遺址，被很厚的塵沙掩住，作爲保護，只要僱到許多工人便甚易清除。我以前在沒有人烟和水草的沙漠廢址中工作常遇困難慣了，如今到吐魯番的遺蹟中工作，在我看來，眞是如同郊外一般。到末了我在吐峪溝找到不少好看的壁畫和塑像殘片。此外漢文和回鶻文的寫本也很多。

到了十二月中旬，我們從吐峪溝移到木頭溝(Murtuk)下面重要的伯子克里克(Bezeklik)遺址。伯子克里克遺址位於流灌哈剌和卓沙漠田的河流西岸斜坡礫岩台地上，在荒山窄狹的峽谷之中，俯瞰着吐魯番主要的盆地。這裏有很廣闊的一連串倒塌了的寺院，一部分是鑿石而成，牆上都繪有壁畫，爲回鶻時代遺物，畫的是佛教故事和崇拜，種類風格極爲複雜。就豐富和美術方面而言，吐魯番盆地中任何同樣的遺址都比不上，而同敦煌千佛洞豐富的古畫可以相抗衡。在一九〇六年，格倫尉得爾教授(Prof. Grünwedel)以他淵博的佛教圖像學和美術的造詣，曾對這些精美的壁畫作過仔細的研究，選了許多好壁畫拆下來運回柏林，故勒柯克教授以前也曾弄回過一些，很好的保存在那裏。

幾百年來此地的壁畫爲不信偶像的回教徒有意的損壞不少。到了近來本地人又破壞一次。他們很鹵莽的一小部分一小部分的拆下來賣給歐洲人。最近的將來之會再加以毀壞，那是再顯明不過的事。在目前的情形之下，要把中亞這些精細的佛教繪畫美術遺蹟中特別的標本盡量予以保存，只有很仔細的用有系統的方法搬走（參看圖一二〇）。我於是利用我的幫手納克山蘇丁(Naik Shamsuddin)的有訓練的技術和手工經驗來做這件費時困難的工作，並由阿夫拉茲果爾汗(Afrazgul Khan)予以勇敢的幫助，繼續不斷的作了兩個月苦工，竟告成功。爲着指導他們工作，曾仔細的預備了畫好的圖樣。

拆下來的這些壁畫，足足裝滿一百多箱，裝箱時很嚴密的依着我第一次裝扎彌蘭寺院壁畫的專門方法。這

第一百二十圖　伯子克里克石窟寺壁上之佛像畫之一部份

第一百二十一圖　吐魯蕃人阿思塔那墓中掘出之泥塑像

些脆弱易破的大泥板，如何用駱駝犁牛驢子運輸經過近三千哩的路程，沿途最高處達一萬八千呎，安然運到印度的詳細情形，此處不能細說。從一九二一年至一九二八年，我的美術方面的朋友和助手安得魯斯先生大部分的時候都花在把伯子克里克的壁畫裝置在新德里（New Delhi）特別為陳列我的第三次探檢所帶回的古物而建築的新博物院裏面。

那時大約在聖誕節左右，我匆匆忙忙的跑到天山北邊迪化省城，去拜訪我的老朋友，那時正做新疆藩台而又是一位學者的潘大人（參看圖一九）在我的三次探檢之中，無論遠近，他都熱心幫助我的工作。省當局曾有一次又想阻攔我，幸虧他幫忙才得打銷。一九三〇年我再到那裏，這一位全省欽佩的公正長官已經逝世了；他雖歷經要職，而身後仍是清風兩袖！那時我能趁着機會親自向他道謝，回想起來，總算是比較可以自慰的一樁事。

一九一五年一月在木頭溝附近的工作，足可以牽絆住我，所得收穫是既豐富又離奇，有幾點又未免有點不愉快。從木頭溝口峽口下降處有一滿是石塊的荒地，位於阿思塔那（Astana）大村之上，西邊和哈剌和卓相接，那裏有一大片古墳場。覆着石頭的小圓錐形堆，圍着石頭的矮牆，把那些墳堆一組一組的分開來。墓室大都很深的掘入細礫岩或砂岩層中，由墳堆可以知道墓室的位置。從岩石上鑿一狹長的通道，鑿成後又行塡塞，由此下去是一短短的隧道，為至墳墓的通路，也築有磚牆將路擋住。

據當地人說，這些墳墓大部分是於十九世紀回疆大亂以後阿古柏執政的時候被人盜發，搜掠殉葬值錢的東西，但是時間大概還要早一點。而據我們考察的證明，吐魯番沙漠田中無論樹木或是牛糞一類的燃料都很缺乏，所以那些古代棺材上的硬木頭，也成爲很有用的副產品了。以前開向墓室去的通道已爲流沙完全塞住，而當地的氣候又異常乾燥，所以我們在那裏面得到的東西都保存得很好。近年來中國因爲革命，解放了人民對於死者尊敬的觀念，於是這些墳墓便引起了當地找古董者的注意。他們的工作並沒有十分深入，但是由此可以看出地方對於此事並無嫉視之意。我於是能找到一位阿思塔那的村民作有用的嚮導，他對於此事有悠久的經驗，於墳塋地點也特別的熟悉。

自願的工人可以招集很多，於是無數的墳墓先後便很快的都掘開了。把每一座墳墓作有系統的研究之後，可以明白這些墳墓都是第七世紀初年到第八世紀中葉之物。這是唐太宗貞觀十四年（六四〇）征服此地以前，統治吐魯番的本地王朝最後諸王在位的時期。至今哈剌和卓和阿思塔那附近的高昌故城，就是當時的行政中心和屯戍重鎭。

緊靠許多墳墓的入口處並還找到一些漢文磚誌，可爲年代上作一證明。據翟理斯博士(Dr. Giles)和馬伯樂教授(Professor Maspero)的解釋，這些墓誌記的是死者的姓名、年代、生平等等。這同在有些墳墓中所找出的漢文文書上面所寫的年代也相符合。那些文書的內容都是一些日常例行的瑣細公事，如驛站的建立，書信的登記，部屬的過失之類，大約視爲廢紙，所以放入墳內。有幾具棺材，到當時還未為盜墓者所開，其中一具就放有一大包各種各樣的紙，顯然是用來填塞棺材的。

所找到的死屍以及在一起放置的東西大都保存得很好，這自然由於氣候的乾燥。所得的東西種類甚多，幾乎一切都可以幫助我們了解那一時期吐魯番地方日常生活的許多方面。其中有作得很乾淨的家具用品的模型，以及許多備死者在另一世界使喚的繪畫的塑像。有作得很仔細的女俑，衣飾甚爲有趣（參看圖一二一）；還有一些武裝的騎士，大約是侍衞之類；此外是衣服特別的本地僕役。

還有很生動很精緻的馬俑，可以使人回想到至今猶爲帕米爾東西兩側所寶重的拔達克山種。鞍轡之屬甚爲華麗，可以見出當時所用馬具的一斑，裝飾的圖案，有許多至今那地方的鞍韉匠還在使用。有許多駱駝俑也是仿生物造的，其精美不下於馬俑。在墳墓進口的小室中又找出許多奇形怪狀的大塑像，和中國雕刻中的土鬼（Tu-Kuei）相像，大約是供死者拒退妖魔用的。

爲死者所備的許多食品中最有趣的是各種各樣的麵食（參看圖一二六），保存得甚好，特別是性質極脆易損，經過盜墓的慘劫而猶能如此。因爲這些麵食極易脆破，所以安然的裝箱轉運，很不容易。死者個人所用的東西中有婦女的化粧品，這一定是生前所用的眞物。

這裏也　把屍體用氈子一類的東西裹在的風俗，和樓蘭古墳的遺物一樣，裹的東西大概是絲質品，研究古代的織造美術，這眞是很豐富而有趣的材料。在阿思塔那（Astana）諸墓中所得的年代大概都很確定，所以尤其有價值。織物中有些是彩色或單色織成的人物畫。那些複雜的圖案，對於說明那一時期的吐魯番和中國土耳其斯坦其他沙漠田在中國和西亞貿易交往中所佔的地位，有很大的幫助。在純粹中國圖案的人物絲織品旁邊還找出很多的絲織品，上邊的　案都是第三世紀至第七世紀近東各處以及伊蘭——爲方便起見稱爲薩珊王朝時期，絲織品所特有的裝飾風格。

種薩珊式人物畫絲織品特別用為死者的面衣。其中可以特為一述的是一塊很美的圖案化的熊頭，放在薩珊式的珠圈以內（參看圖一二四）。這是很有力量而又很新式的一個作品。此外還有一些畫人物的絲織品，確實是中國製造，而用的母題（Motifs）却是特別的薩珊式，那一時期西方的圖案之影響到中國的趣味，由此可以很清楚的看出來。這一類也許是製來輸到外國去的，亦未可知。

東西接觸的情形，還有一個很奇異的說明：那便是金幣仿東羅馬（Byzantine）式鑄的金幣，按照古代的風俗含在死者的口中，第六世紀薩珊朝諸王所鑄的銀幣則用來掩住雙眼。但是有眞正的美術價值而值得在此一說的乃是中國的東西。有一幅很美麗的分成數幅聯起來却是一卷的絹畫殘片。這顯然是死者生前所珍愛的遺物，不幸為盜墓者撕破，只餘殘片。上面很精細的畫作一些各有所事的婦女在花園中的情形。中國美術到了唐朝號稱極盛，這一幅畫雖只餘殘片，然而不失其為世間繪畫的一個可靠的標本，所以雖然破碎，還是有很大的價值。

我在吐魯番所得許多考古學上的東西，仔細的包紮好，裝上了五十隻駱駝，於是把這大隊古物交給我的最可靠的從者土耳其人伊布拉欣姆伯克（Ibrahim Beg），由他押送，經過兩個月的長途以至疏勒。到二月中旬，吐魯番盆地的詳細測量也將近完成，我於是可以在現在的吐魯番城西位於兩河之間島形的雅爾湖（Yar-Khoto）故址作一縝密的考察，以結束我們在吐魯番盆地所做的工作。

那是一所孤立而天然堅硬的高原地方，有一些倒塌了的房屋和廟宇，大部分是鑿開黃土地而成的。這是漢代吐魯番地方的古都城，形勢甚爲偉大。但是因爲遺址裏面的黃土，附近的村人很容易掘去肥田，只賸下很少的幾層塵沙，以供有系統的發掘。所以當中國人又開始直接禁阻我作考古學的活動時候，我也願意放棄此地，南向庫魯克塔格山，在沙漠中作新的探檢。

第十八章　從庫魯克塔格山到疏勒

在吐魯番盆地的考古工作固然很有趣而結果也很好，而我却時時刻刻渴想回到空曠的沙漠中去。但是夏天在南山所受的傷還沒有復元，不能像在羅布沙漠一樣作長時間的新鮮探檢。所以一月底拉爾星「乾山」(Dry Mountains 卽指 Kuruk-tagh) 探險安然歸來，我也就引以爲慰，不作別想了。我那位孜孜不倦的測量助手自從十一月和我告別以後，經過極大的困難和危險，竟能完成他的重要工作。

在庫魯克塔格山間那一大片荒凉不毛的高原中，只有新格 (Singer) 是唯一永久可住的地方。他到達那裏之後，照着我的指導，東南向風蝕的羅布沙漠中樓蘭廢址附近作三角測量。他在那冰風刺面溫度降到華氏表零度以下的地方，好容易盼到空氣澄明的時候，能够望見南邊崑崙山脈積雪的高峯。我要他注意的目標是把他的三角測量和一年前沿崑崙山脈北坂測量時候所定的山峯聯絡起來。他爲此事未嘗不受過苦努過力，但是現在他和橫過羅布沙漠山脈之間的距離太大，在一百五十哩以上，同時從他前次在那裏工作以後以至於今，時間也相隔過久。所以後來在德黑拉敦測量局 (Debra Dun Survey Office) 計算他測定某峯的角度觀察，那峯只見一次，並微有蒙氣，觀察因有錯誤，實是不足爲奇的。

拉爾星並不因遇到困難而失望，那時他仍向阿爾特密什不拉克 (Altmish-bulak) 東北未經探檢絕對不毛的區域推進。幸而他在新格得到阿布都拉欣姆的同伴和幫助，這是很有經驗的獵人，一年前我從樓蘭向敦煌找尋中國通西域的古道時候，就曾得過他的有價值的幫助。在那極度乾燥的區域裏，他們攜帶冰塊，靠少量的水來維持他們那一小隊人。但是從阿爾特密什布拉克帶來的燃料好幾天之前便已經告罄，所以在拉爾星決定自東經九十一度以外再向西去之前，晚上只有同嚴寒奮鬥。然後他們取一條從前哈密獵取野駱駝的獵人曾經走過的舊磧路，一直下去以到充滿吐魯番盆地最深處的鹽澤地帶。沿途用水銀氣壓表仔細觀察，所測定的海平面的低度（約在一千呎左右），遠比以前為正確。拉爾星雖然很受點辛苦，他仍然不顧，在我們的根據地只小作休息，便於二月的第一個星期再向庫魯克塔格山出發，這一次他測量的是西部。

我自己於一九一四年二月十六日離開吐魯番向庫魯克塔格山出發，在新格找到阿布都拉欣姆的小兄弟作嚮導，考察西邊山谷中一些地方，在那裏可以找到古代居人的遺蹟。連續不斷的極其險峻的羣山和其間風化了的深谷，和庫魯克塔格山大部分嚙蝕下去的高地情形大不相同。但在此地找水也極其困難。然後取道東南經過絕對不毛的沙灘地以達庫魯克塔格山麓。在那裏常常遇到野駱駝；這一處荒涼的地段，也同敦煌西邊的沙漠一樣，是這些極其膽小的動物最後的安身之所。

在多蘭阿齊齊克（Dolan-achchik）鹽泉子取到冰塊之後，我向南走入風化了的沙漠地帶，測繪「乾河」河道；此河河水以前曾流向樓蘭。去年在此，把最後一部分沒有測量。沙霾季現在已經來了，酷烈的冰風使我們的工作很感困難。在這種情形之下，我於俯視古代河床平原的黏土台地上發現兩座小小的古代葬地，從事發掘的工作，很使我回想到去冬在樓蘭墳地的經驗。發掘所得的東西，和去年在樓蘭東北部最遠處的墳墓中所得甚為相合。葬在這裏的人卽爲中國史書上所說西元後第四世紀此道廢棄以前住在樓蘭地方以游獵維生的土著人民之一種，那是毫無可疑的。

從這些墳墓中所得的東西，很可以顯出住在樓蘭的那些半游牧人民生活的方式和文明，同往來那條古道上的中國人相差是如何的遼遠。其中我要說及的特別有趣的一點是所找到的總是用羊毛布包住成小捆的，現已證明是麻黃的植物，這是近年來才傳到西洋醫學界中作爲很猛烈的藥劑的一種鹼性植物。在最古的雅利安人書中往往讚賞神聖的號摩草（Haoma）和印度挲摩汁（Soma），以爲是一種甘美的飲料，爲神和人所喜歡的，何以後來火祆教儀中以極苦的麻黃來代替，至今還是成爲問題。

沿着庫魯克塔格山麓，我很焦急的找尋阿佛拉玆果爾（Afrazgul）的踪跡。在二月初間，我從吐魯番派他出去到羅布沙漠中作一困難的補充探檢工作。因爲地方極其艱險，路程又遠，於是把四頭强壯的駱駝交他帶去。但是要到我們指定的地點會齊，他未免有點過於勞苦，所以我對於這一小隊的安全甚爲憂慮。我回到多蘭阿齊齊克的第二天，他帶了連我的老駝夫堅壯的哈三阿渾在內一共三個土耳其同伴來同我們會集之後，那時我才如釋重負。

他自從北邊抄近路到阿爾特密什布拉克（Altmi h-bulak）取得冰塊之後，在樓蘭的極東北，去年我經過那裏沒有時間停留的地方考察了一些遺蹟。然後由中國古道折入乾羅布泊海床的那一點向西南，很危險的從那時塔里木河春汛正到的小湖極北邊找尋近路。最後橫越我於一九〇七年一月所曾橫過的那些可怕的高沙

第一百二十二圖　雅爾湖城市大街之遺址

第一百二十三圖　至庫爾勒途中之中國碉樓遺址

第一百二十四圖　阿思塔那墓中覆屍織物之碎片

第一百二十五圖　從明屋寺院中掘出之壁畫

丘，而另取一個方向，以達庫魯克塔格山麓。這一隊人在路上一個半月，沒有看見一個人以至於一個生物，經過極度困難的探檢，帶回了一個正確的平面測量和詳細的日記，此外還有一些有趣的古物。

我們後來向西移到稱爲「營盤」的地方。「營盤」位於古代乾河河床和從焉耆來的寬車河（Konche-darya）分流地點附近。科斯洛夫大佐和赫定博士首先在此發見有趣的廢堡遺址和一座小寺院遺蹟，據所得的古物，證明這是一座堡壘。據一中國紀錄，此地原名注賓（Chu-pin），西元後的起初幾世紀位於到樓蘭去的河水旁邊。這顯然是保護古代中國通西域大道的一個重鎮，至今從婼羌到吐魯番的路道要經過此處。這裏之有中國戍卒，由一些保存很好的古墓中所得遺物可以看出來。

後來在我從東北經過沙漠以達庫爾勒的途中，沿着庫魯克塔格山麓，發見古代障塞遺蹟，綿延到一百餘哩。這些碉樓（參看圖一二三）其中有很大的，構造的形式同我在甘肅沿着中國古長城所發見的是一樣。這種碉樓顯然建於西元前一百年左右，那時漢武帝開通西域，因築長城建障塞，以保護從敦煌到樓蘭的通路。

從這些碉樓的高度，彼此間的距離，以及其他各點看來，最初乃是用爲傳達烽火信號之需的。自從中國的統治擴展到天山以北，並且開闢了取道哈密的一條大路，把經樓蘭的那條路廢棄以後，這條古來的大道遠不如從前重要了。但是從在碉樓旁邊垃圾堆裏所找得的古錢，紙質的破爛中國文書之類，還可以看出碉樓所在的那條路線，到了唐朝，仍然有人來往。

從前後漢書上我們可以知道匈奴人的侵略一定到過塔里木盆地東北角上的庫爾勒沙漠田，對於住居樓蘭的中國人以及通樓蘭大道安全的威脅不止一次；所以在漢朝的時候，這種烽火的設備一定是特別必需的。庫爾勒迤邐於天山山麓，在腴壤的東頭，從古至今都是塔里木盆地北部的一條大道；同時離焉耆大山谷也最近，從此到焉耆只有半天路程。這一座山谷從裕勒都斯(Yulduz)河源大高原處向下逐漸展開，自匈奴時代起以到現在的蒙古人，都是游牧民族最好的牧場，無論何時，游牧民族入寇侵略，這都是最易到的地方。

焉耆山谷在南端和近焉耆城處逐漸展開，成為一相輔的盆地，其間由博斯騰淖爾(Baghrash-Köl)佔去了一大部分。這是一座天然的大蓄水池，一稱為焉耆河的開都河(Kaidu-gol)即出於此；庫爾勒大量的灌溉，以及古代一年中大部分為乾河的主要水源，而水量甚多常常不變的寬車河也都取給於此。

現在的居民大部分是蒙古人，大約是因為這個原故，現在沿博斯騰淖爾邊上肥沃的地方，比較開墾得不多。但是據中國紀載古代焉耆在經濟上和政治上俱佔重要的時候，情形都與今日不同。緊靠淖爾的北邊為古都城故址今稱為報達沙里(Baghdad-shahri)的那許多遺蹟，就是一個證明。此地因為地下水分含有鹽質，氣候又不如塔里木盆地本部那樣乾燥，所以一切的建築遺蹟全都毀了。但是在我第二次探險的時候，却給我一個很好的作考古學工作的地方；一九〇七年的十二月，我能夠清除一大羣倒塌了的佛寺。這些佛寺，當地回子稱為明屋(Ming-oi)意卽「千屋」，疎疎落落，點綴於天山山麓以至博斯騰淖爾出口北邊石台地的低處。

這些殘址排成長列，室宇彼此分開，大小不等，而構造和形式却全一樣，多僱人伕，不難有系統的予以清除。所有佛寺除受雨雪摧毀以外，還曾遭了很大的火災。此地所得的古錢年代直到西元後第九世紀，所以很可以說此專與最先入寇的回教人不無關係。但是不管摧殘偶像是如何熱烈，氣候情形是如何不適，發掘的結果得到很豐富的古物。大殿內部以及走廊上塵沙堆積的深處，找出許多很好的小塑像，以前大約是用來嵌在壁上的（參看圖一二七）。黏土塑像經過火燒變得像陶器一樣的硬，因此在當地那種顯著的氣候情形之下，還能不受損害，保存至今。在有些穹形的走廊上，我們還發現很有趣的壁畫，只因一時爲塵沙所掩，遂得免於火災和潮濕之劫（參看圖一二五）。以前這些寺院總有不少的供養施捨，至今所得畫版以及以前盤飾富麗的精細木雕品就是一個證據。

這些美術遺物的風格，除去木雕四天王像爲唐雕佳品以外，其餘明白顯出印度極西北邊流行的希臘式佛教美術很大的影響。但是在研究這種美術傳入中亞的歷史的人看來，大多數塑像中最有趣的是模製頭部（參看圖一二七）的奇異傾向，有些姿態儼然模仿峨特式(Gothic)的雕刻。這似乎是一種平行發展的結果，尤其奇怪而可貴的是在過程中全無聯絡；至於最終的原因也許有點關係，亦未可知。

一九〇七年一月我第二次探險的時候，來了一個給我試驗流行於庫爾勒和塔里木河北邊一帶沙漠田中關於沙埋古城故事的機會，據說向南入沙漠以後便可看見。在這些沙漠田和塔里木河以及從庫車和布古爾來的北方支流河畔叢莽地帶之間，比較的窄狹，沒有高的砂丘。那是真的，但是到處還是一樣的相信此說。

庫爾勒的獵人屢屢堅持他們曾經見過有牆壁的城垣，這引起我在庫爾勒的西南英氣蓋河（Inchike）和孔雀河（Charchak）之間未經測量的沙漠區域作一短短的探險。此處河道遷徙無常，這種變遷在地理學上是很有趣的。但是到末了才知道這些詳細的報告，除去在乾河床旁邊有一些回教人墳墓和粗陋的牧人房屋之外，其餘全無實在的根據。我的那些假嚮導十分相信自己，起初他們希望可以靠着我的法術發見那些遺蹟和寶藏，後來覺得我那種假想的法術敵不過妖魔鬼怪，以致故老相傳，他們幻想中曾經看見的古城俱隱而不見，因此眞的發愁起來。其實他們不知道那種古城是沙霾中所常見的事！

在我的第三次探險中，當一九一五年四月初間，我以庫爾勒爲吐魯番工作以後各隊會齊的地方。幾天之後又從此重上漫漫的長途以至疏勒。拉爾星的工作仍是緊靠着天山，在季候的初期和時間許可之內，作主峯的測量。派第二位測量員穆罕默德雅古伯(Muhammed Yakub)向南渡過孔雀河和英氣蓋河以達塔里木河，任務是測量莎車附近塔里木河主流的情形。一九一三年的秋季，他們一切準備妥當之後，因爲河畔叢莽間有豐富的牧地，我於是把大多數的駱駝交給他帶去。我自己仍然沿着天山南麓那一長條的沙漠田，大都從事於考古的工作。

塔里木盆地的主要商道仍和往古一樣，從這條路線經過。自庫爾勒到疏勒這條有名的大道長達六百哩以上，關於這些沙漠田的歷史以及現在的地形和經濟上的情形，幾還能得到很多有用的觀察。但是因爲有種種原因，禁止作眞正的探檢，所以此次的旅行只能約略敍述一二。

因爲居民繼續不絕，灌漑又甚繁密，在小沙漠田中得以存在的遺蹟不多，而周圍以及其間的沙漠地又無充分的流沙，可以保存古物。例如庫爾勒西邊五站路的布古爾沙漠田，我相信卽是前漢書所說西域都護所在的輪臺，可是並沒有找出甚麼古代遺蹟。而在此外向庫車去的土質沙漠中，沿着商道，我却發見一羣龐大的碉堡遺蹟，

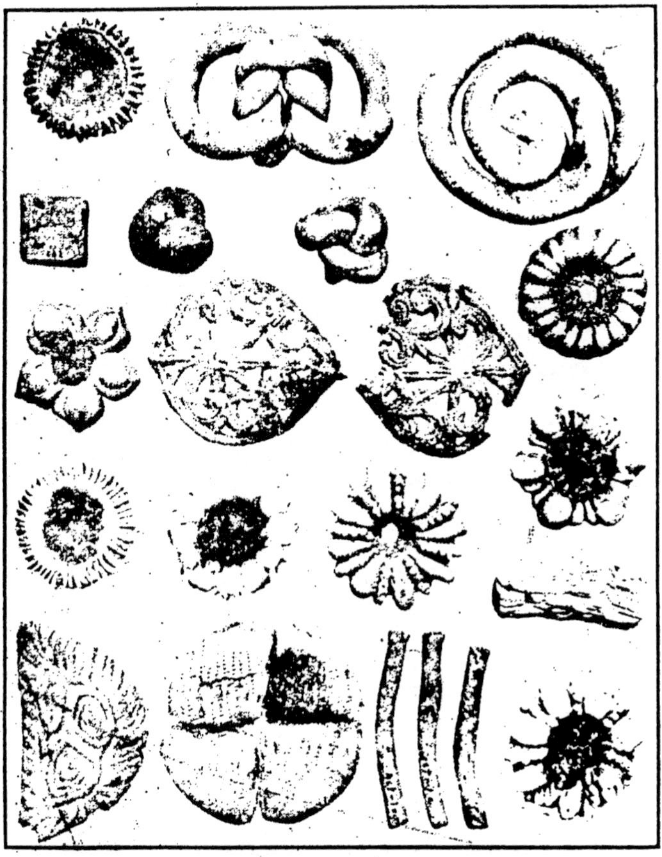

第一百二十六圖　阿思塔那墓中之麵食品

第一百二十七圖　明屋寺院遺址中掘出之小塑像

這可證明古代中國通西域的大道，一定和此路相合的。

大道到達了庫車，這是疏勒以外，天山南麓最大的一片沙漠田了。這裏墾地面積很廣，因為有兩條大河，灌溉方便，經濟方面的出產也很豐富；此外向北過山可達富庶的準噶爾地方，向南可沿和闐河河床橫越塔克拉馬干沙漠，可以直通和闐，這兩條路都與大道在庫車相接，所以就地理上的位置而言，特別宜於貿易。在政治上和文化上既然如此重要，因此歷史上此地常常引起人的注意。如今庫車所有無數的寺院以及石窟寺遺蹟，都可以反映出當時佛教的興旺，以及維持這些寺院的人民之富庶來，其重要可想而知。

大部分遺蹟都在河流離開山麓距大道不遠的處所，所以一向就為人注意到。一九〇八年第二次探險，我才能抽出一點時候到庫車作一短短的訪問，而在此前德、法、俄諸國的探險隊早已先後到此作過詳盡的發掘。往年裝飾在和色爾（Kizil）昆都拉（Kumtura）石窟寺的那些最好的壁畫，都運到柏林人種博物院，而成為格倫尉得爾勒柯克諸教授大著中的主題了。這些探檢所得到的寫本也有極大的價值；寫本範圍雖然不廣，卻可使我們知道庫車古代的語言，也和現在吐魯番盆地所說的話一樣，證明屬於印歐語族，尤其和意大利斯拉夫系（Italo-Slavonic branch）相近，而非為雅利安語。

以前諸人工作的結果雖然有限，但是還有不少有用的考古學上和地理學上的工作，使我在庫車沙漠田和附近足足忙了三個星期。得着阿佛拉茲果爾汗的幫助，對於現在的墾地面積，以及散布在南東西三面犖确不平的沙漠中無數的古蹟，可以證明以前一定有人住過的地方，都作一次詳細的測量。在有些遺址得到有趣的古物，可以斷然將有人住的時候推到佛教時期。而測量的結果更可以確實相信唐代庫車腴壤所需要的灌溉工具遠比現在爲多。

結論似乎明白指出爲庫車溝渠水源的兩道河流，從佛教時期以後，水量是大減了。但是和闐沙漠田的情形有許多和庫車異常相像，若就和闐比較來說，一個以前灌溉很好的地方在歷史時期遽然放棄，是否水量減少可以算是直接的原因？在此以前還經過甚麼階段？就古物的證據看來，這些問題還不易確切答覆。不過要講到議論紛紛的中亞乾燥問題時候，水量減低的事實却不能不留意的。

一九〇八年一月我第一次草草的拜訪庫車的時候，從此開始作一很困難並且顯然很危險的旅行，自塔里木河向南橫過可怕的塔克拉馬干大沙漠，以向消逝於沙垢中的克里雅河地方。至於那一次要算危險的旅行經過，我在沙漠契丹廢址記(Desert Cathay)一書中已經說得很詳細，此處卽使可以使我再述一遍，從我們在此處的立場看來也未免離題太遠了。

五月初間我從庫車動身向西，離開那些青翠美麗的菓園，以及正和中國古書所說一樣的那些溫和有禮靄然可親的人民，未嘗不有點黯然。阿佛拉茲果爾汗派去測繪到阿克蘇去最近的古道，這一條路經過犖确不平的沙漠到達一座荒凉突出的小山之南，現在有好幾站滴水俱無，實際上已是廢而不用的了。我自己爲着要查訪一兩處小小的佛教遺址，於是經過拜城小盆地，循大路前進。拜城在小山的北邊，有從附近天山木素爾達坂（Muzart）冰河發源流向庫車的一條河以資灌溉。

我們行抵那遼遠的阿克蘇沙漠田，土耳其斯坦夏季的酷熱已經開始到臨了。所以我對於從西北來的托什干河（Taushkan river）兩岸狹窄的耕種地帶無古蹟可供發掘一事全然不愁。此地在古代似乎不甚重要，現在之所以有這許多人口，乃是後來一種原屬半游牧性土耳其部落不爲人知的多蘭人（Dolans）移殖到此而成的。

我們到巴楚（Maral-bashi）去，總走了六大站，還有多，經過的大部分是沙漠地，所望見的只是屬於環繞柯坪（Kelpin）小沙漠田的天山外支的一些荒山。在我第二次探險的時候，我曾於一九〇八年五月橫渡著些荒山作過一次測量，離開此地以後找到一線倒塌的驛站，可見古代的下道是在現在路線的北邊，經過現已無水流沙充塞的荒井地方，而巴楚以外喀什噶爾河終點河床的易道，大約就是古代商道所以改途的原因。

巴楚附近另外有一多蘭人的居留地，位置在塔里木河和喀什噶爾河將要相近的地方，天山最後支脈的那些孤獨的石山，像島嶼一樣聳立在至今有些處所猶是沼澤的廣大平原之中。有兩處正在現在的大道經過圖木舒克村（Tumshuk）的地方，有一些唐代佛寺殘蹟。這些遺址我都去過，但是因爲伯希和先生（M. Pelliot）和勒柯克教授曾經在那裏搜訪過，並不能使我留戀。一九一三年的秋天，我已經在北邊很遠同樣位置的一所小佛教遺址作過探檢。加以其他考古學上的證據，指出現在從巴楚到疏勒的商道在左右岸先後交錯的喀什噶爾河主流，大約在中古時候，要比較的靠近俯視疏勒東邊平原峻陡的山系脚下一點。

然後行近伽師（Faizabad），已經進到肥沃的疏勒大沙漠田的東頭了。到五月杪，我又到了奇尼巴格（Chinibagh）受英國總領事老是那樣和靄的蔭覆，自從一九〇〇年以後，我所有的中亞探檢，全是以他爲溫和而可靠的根據的。

第十九章　從疏勒到阿爾楚爾帕米爾

一九一五年六月我到疏勒以後幾個酷熱的星期都在忙於把長途跋涉，過喀喇昆侖以到帕米爾的古物好好的重新裝箱的工作和其他實際的事務，一共裝成一百八十二大箱。那時候我的舊根據地由大佐賽克斯爵士(Colonel Sir Percy Sykes 其時爲 Brigadier General)暫代馬憂爾特尼爵士爲英國總領事，得了他的好意使我工作減輕不少。雖然因爲不久就到了帕米爾，我於是失去印度政治部有名的這位官員和天才作家而兼旅行家他的妹妹賽克斯女士作伴，然而在奇尼伯克(Chini-bagh)好意安排的一切，使我仍然能夠得到所有的快樂和幫助。

然而最能使我精神興奮的乃是能夠實現渴想已久的橫越俄屬帕米爾和嬀水以北諸山的計畫那一樁事。我從幼的時候，對於世界屋脊以及鄰近伊蘭極東頭那些大區域因爲地理學方面各種各樣的趣味以及民族學和歷史學上的關係，就有一種特別的幻想。只是由於政治的情形，很久以來便禁止所有英國的旅行家通過此地，尤其是像我這樣服務於印度政府之下的人。但是英俄協定的完成，調和了兩大帝國在亞洲方面的利益，於是爲着我的學術上的目的，這種障阻也許最少可以去除一部分的事，似乎不無若干希望。因此我於一九一三年的秋天向印度政府外交部陳請，並經倫敦外交部的許可，希望俄國政府或許可以允許我遊歷帕米爾的阿拉(Alai)地方，以及向西自中國到大夏的古絲道必定經過的那些山地。

由以前的經驗，對於中國土耳其斯坦所需要的外交手續以及遲滯的郵政交通，安排了適當的時間。一切和從前一樣，一九一五年四月在庫車收到一個郵包，從西姆拉（Simla）帶來了半官式消息，說所希望的允許已由俄國外交部答應了，我才爲之釋然。我覺得甚爲高興，英俄兩帝國的同盟因大戰發生而鞏固，而大戰似乎也幫助了這次特許之成功。

我最後的計畫是以通過俄屬土耳其斯坦到波斯東南部作爲下一個冬季的工作；我急於希望實現這種計畫，但是到了疏勒，劫大受挫折。俄國外交代表總領事麥斯撒爾斯基親王（Prince Mestchersky）和英國總領事的交情很好，接待我也很客氣。但是他宣稱並沒有接到任何許我入俄國國境的訓令。他於是立刻向塔什干去詢問，總督署也說同樣的不知道有允許我入境的那一回事。這種延宕當然使我異常焦急，最後我只好直接向彼得格勒英國大使去一電報，得到鮑卡南爵士(Sir Buchanan)的回電，說是所要的允許證，俄國外交部久已發出來了。於是麥斯撒爾斯基親王很客氣的答應對於我自己即以此電作爲充分的證據，簽發所要的特別許可證。

此外我還有一個很高興的理由，就是談論之後，因爲我之所以要到那地方去，爲的是科學的興趣，於是那一位文質彬彬的外交家立即答應許可證可以通行全帕米爾和俄屬土耳其斯坦鄰近諸地。後來我通過邊境和不哈剌保護國，三個月的旅行受到最得力的幫助，其間大部分當然是由於他的好意通知俄國當局，才能如此。一想到以前英國遊歷俄屬土耳其斯坦的人所受的猜疑，以及從此以後那些地方變本加厲的情形，我不能不感謝命運，在大戰的那一個適當期間，使我能實現久所想望的一次遊歷。

把我要運到印度去的沉重的八十駝古物一切都安排妥帖之後，到了七月六日我於是能夠離疏勒西行入山了。但是夏季崑崙山谷的山洪暴發，不許可我那貴重的駝隊立即向喀喇崑崙嶺道出發。於是負責照管駝隊的拉爾星，趁那時候出去測量由穆斯塔格山（Muztagh-ata），迤邐向北到喀什噶爾河源以與天山相接的那些高聳的雪山。

在他沒有同我會齊聽取最後的命令以前，我於是趁機隱居在博斯騰山（Bostan-arche 參看圖一二九）吉里吉斯人帳篷上面滿是落葉松的高山之中，得一個星期很快活的安靜生活，清理了許多急迫的文債。山谷底下是我的那些在羅布沙漠中及其他地方堅苦的伴侶勇敢的駱駝，冷清清的在那裏放牧享幾星期的福。等到我離開高山頂上的隱居，和這些駱駝最後分手，幾乎和忠誠的拉爾星暫時告別是一樣的難過。我留下的印度助手只有年青的阿佛拉茲果爾汗一人，這一個人我知道即使無測量或發掘的工作可做，他也時時刻刻準備在使他有用的。

長期勞碌以後，經過休息，精神恢復，我於七月十九日從山上帳篷中向疏勒和印度發出最後一封沉重的郵包之後，遂開始對着烏魯克恰提（Ulugh-art）關口和那面的帕米爾前進。到第二天我們越過高達一萬六千呎的險峻的隘口。過了隘口，陡然下降，只見橫越摩吉（Moji）大山谷以達俄屬帕米爾東端堅壘，白雲瀰漫，有若大海，眞是洋洋大觀。從隘口的下面可以看見自南方冰峯流下長約十哩的一座大冰河的中間和下段。

下降時要經過北邊一連串的峻峯，附近是一些小冰河穿插其間；全程甚是困難，有些地方馱東西的牲口直是沒法通過到達平安地方再仰望那偉大的冰河河口時候，我深深的感到我已經爬過了子午向大山，這在古代是界分托勒美的內斯克泰和外斯克泰（Inner and Outer Scythia）的伊摩斯山(Imaos)，在現今則作爲伊蘭極東部和中國的中亞領土極西部的界線。騎馬步行走了三十三哩之後，當夜到達摩吉下面大山谷公提格馬茲(Kun-tigmaz)的吉里吉斯牧地。在那裏我會到賽克斯爵士兄妹，他們正從塔格敦巴什帕米爾(Taghdum-bash Pamir) 回來，第二日在他們的帳篷裏很快樂的歡聚一天。

我們緣着中屬帕米爾極北邊上到喀什噶爾河西源的峽谷，匆匆忙忙走了五天。在橫越高達一萬三千八百呎的克什貝爾山口(Kosh-bel pass)途中，我第一次看見橫亙東西高峯在二萬呎以上的外阿拉山。我們升到流向疏勒的瑪爾堪蘇河(Markan-Su)河床，便越過沒有標識的俄國邊界。那一晚我們遇到了雪雹，溫度降到零點以下。第二天是七月二十六日，到達克則勒隘口，(Kizil-art) 連結帕米爾方面以及費干那省 (Farghand) 沿嬀水一帶俄國驛站的軍路卽在這高達一萬四千呎左右的地方橫過外阿拉山。

足足兩年之後，我又來到此處，軍路已經修好，並樹有里程標石，真令我不勝今昔之感。我們自從離開摩吉山上吉里吉斯人帳篷以後，一直到晚上向下達北邊博爾多鄂博（Por-döbe）的小驛以前，沒有碰到一個人。我在這裏，找到一位和氣的俄國關吏，他是高加索鄂塞特人 (Ossete)，正從疏勒通費干那大道上的伊爾克什坦木(Irkesh-tam)驛來到此地。從他那裏得知治理帕米爾區軍民事務的雅格羅大佐(Oolonel D. Yagello)從他的駐紮處取近道到塔什干去，明天就要到此。因在博爾多鄂博小歇一日，打算一會這位名將，因遣一位善騎的吉里吉斯人從公提格瑪茲送一封信給他，通知他我就要來。

經驗不久就顯出雅格羅大佐替我在帕米爾和他所管轄的嬀水上游護密(Wakhan)的識匿(Shughnan)和洛山(Roshan)地方安排的一切之完備與得力，卽使在興都庫什山的印度方面也想望不到。他在塔什干的陸軍大學裏添設東方語言一科，對於嬀水區域的地理和人種極感興趣，所以對於凡是能發見過去歷史光明的考察都熱心幫助。我在比較的短時間以內，沒有耗廢一天的光陰，遠過原來的計畫，能夠看到許多有趣的地方，這大部分是由於雅格羅大佐自願的幫助和遠慮。

我在第三次探險的開始，便想把路線延長，橫越帕米爾以及附近俄屬嬀水流域各山區，其主要的理由是希望如此我對於中國和西亞最早交通往來的那條古道所有的當地的問題，或許可以作一番探討。在東方各處所得的經驗久已告訴我這些研究，以與歷史地理有關的問題作根據爲最好。我旅行經過了偉大的全阿拉山谷以後，尤其使我感覺這一種辦法之特別滿意。而在十四年前我從第一次探險歸來的時候，只能從伊爾克什坦木(Irkesh-tam)到他爾狄克(Taldik)山口脚下的途中看到山谷的頭部而已。

從東到西，宛延於帕米爾北部高聳的邊緣，接下去就是稱爲紅水河(Surkhab)的肥沃的克則勒河谷，這是天然貫通的大阿拉山谷，古代從中國以及塔里木盆地來的絲商卽沿這條山谷而下以達嬀水中部，這個結論無論就地形的事實，氣候的情形，以及當地所流傳的材料而言，都可以充分證明。關於這條大道西元後第二世紀的大地理學家托勒美在他的書中曾將他的前輩，泰勒的馬利努斯(Marinus of Tyre)的一條重要而歷經討論的紀載保留下來。這一條紀錄所載的是馬其頓人也稱爲狄興努斯(Titianus)的邁斯(Maës)商業代理人從現爲巴爾克(Balkh)的大夏向卽是中國的絲國(Country of the Seres)去販運絲繒的路程，方向和東來的正是相反。

這一條紀載所述道路方向的詳細情形，此處無需乎討論。很久以前古代游紀大考訂家玉爾爵士(Sir Henry Yule)證明相傳經此上升以達伊摩斯的科邁多伊(Komedoi)山谷非紅水河河谷哈剌特斤(Kara-tegin)莫屬，到了中古阿拉伯地理學家還稱此地爲科邁得(Kumedh)，於是這條古道之係往上從媯水以達阿拉山谷也因而成立了。哈剌特斤和東支阿拉谷槽，在事實上是從媯水到塔里木盆地最容易的一條交通路線。然而地形方面阿拉山谷之特別適宜於爲兩者之間天然大道的情形，我從那裏實地經歷一次以後才澈底了然。

阿拉山谷從俄國軍路橫過的地點起，一直下到達羅特庫爾干(Darant-kurghan)的吉里吉斯人村落，足有七十哩之多，山谷底部的寬度總有六哩到十一哩左右。向東約二十哩上到桃木倫山口(Taun-murun)，從疏勒方面進阿拉山谷的大路發軔於此，路是一樣的寬廣和容易。氣候方面比南部的帕米爾來得潮濕，所以到處都有很好的牧草。因此阿拉山谷成爲千千萬萬的吉里吉斯游牧人夏季的大牧場，每年夏季帶着他們的牛羊駝馬，從費千那平原移徙到此。一九〇一年六月初間，我從伊爾克什坦木到費千那的烏什(Osh)和安集延(Andijan)，曾遇到他們照常的遷徙，駝隊負着游牧家庭所有華麗的氈毯以及其他財產，絡繹途中，真是如同畫圖一般。此刻因爲夏季的溫煦，他們的帳篷於是移到高一點的山谷地方去找嫩草，季末便須下降，以好沿着山谷主要部分去

第一百三十圖　哈剌欽姆吉里吉斯人之一瞥

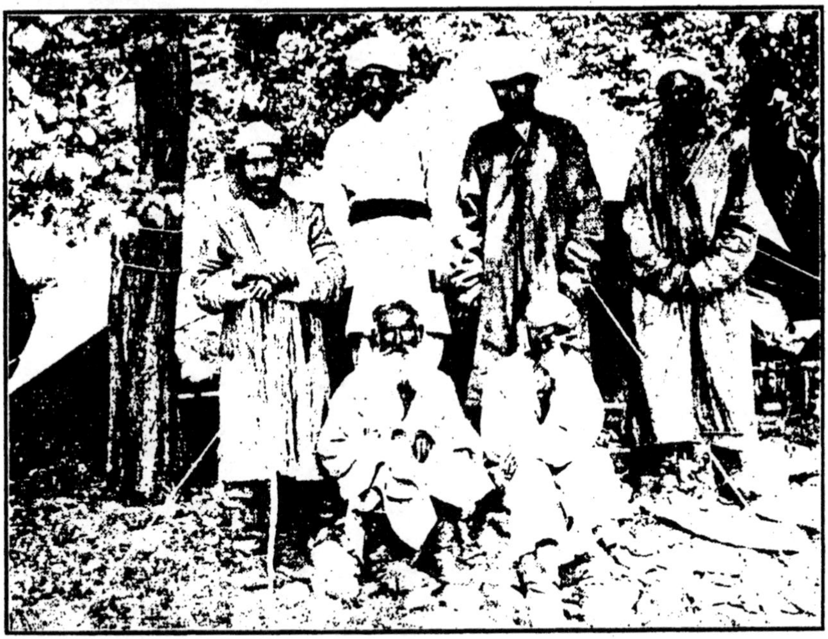

第一百三十一圖　茲納布村民之領袖

第一百三十二圖　因地震而被塞斷之巴爾塘河

第一百三十三圖　四面築堰而成之西都湖

放牧了。沿路上南邊的大雪嶺山脈，以及高近二萬三千呎的高夫曼峯(Mount Kaufmann)，遠遠看去，無異畫中。

在未到達羅特庫爾干之前相距很遠的地方，我在九十呎左右的高處，找到一些古來墾植和形製草率的石屋遺蹟這些石屋和下面冬季現在半游牧的吉里吉斯人所住的一樣。同樣在疏勒方面伊爾克什坦木和上面高度大約相同的處所，也找到墾植的遺蹟。所以古代的行人在這條大路上，除去阿拉山最高部分不到七十哩長的那一段以外，沿途一定可以得到給養和安身之所。阿拉山上從十二月到二月雖然積雪很深，然在那時一定照常通行，這和現在高一萬二千七百呎的特勒克山口(Terek pass)之在此季因為有充分的商貨從伊爾克什坦木到費干那，仍然通行的情形正是一樣。

以前塔里木盆地和嬀水中部經過哈剌特斤以及阿拉山所有的貿易，現在久已沒有了。巴爾克和嬀水南邊阿富汗土耳其斯坦的一些地方也久已沒有看見從中國來的貨物經過了。從嬀水方面到哈剌特斤當地的一點點貿易都是從達羅特庫爾干以取道於費干那的馬吉蘭(Marghilan)或者安集延，至於自疏勒出口的貨物則橫過特勒克山口，藉俄國鐵道以轉向這些地方。

我為着要安排運輸和給養事宜，不得已曾在達羅特庫爾干暫作停留，那是位於哈剌特斤山谷向着阿拉山展開的一個小地方。沒有一俄國稅關，以稽查不哈剌邊疆。下去三哩左右為差得村(Chat)，那裏有一塊很大的墾地，並且有一座廢城，這大約是俄國併吞土耳其斯坦以前大亂時候的遺蹟。這地點最適宜於在路旁設一大驛站，托勒美書中所云古代紀載中行人從大夏往上入哈剌特斤山谷所遇到的有名的「石塔」(Stone Tower)

我們以爲應卽在此地附近。

而托勒美書中馬利努斯紀述塞迦游牧人(Nomadic Sakai)疆域東邊到中國的商路，所云「伊摩斯山上商人向絲國去那一個驛站」之相當於現在的伊爾克什坦木大約也是可能的。至今此地還是一個知名的地方，中俄雙方在此沒有稅關相距很近，從疏勒到費干那的商隊往往在此受到無端的勒索。

我從達羅特庫爾干向南橫過穆克蘇河（Muk-su）和嬀水上游洛山河識匿河（Shughnan）分水嶺的連綿高聳的大雪山。離開橫越克則勒山口(Kizil-art)過喀喇庫爾（Great Kara-Kul）大湖的有名大道，這是唯一的路，我可以從此自北至南橫過俄屬帕米爾，查看作爲西邊屏障的那些大山。因爲這個理由我決定採取這一條路。但是事後證明雖然因爲雅格羅大佐的命令，得從遇到的少數吉里吉斯人帳篷中徵集了一些特別耐苦的馱馬，而這一條路還是極不容易行走。不過這是一片不大開發過的區域，有些處所仍是極不宜於測量，在那裏所得到的豐富的地理學上的觀察，以及美麗的風景，也就報酬我而有餘了。

塔尼馬茲河（Tanimaz）是發源於大帕米爾的穆爾格布(Murghab)的一條大支流，我們所取的路遠至此處，經過一座作帕米爾西北屏障冰河漫頂的大山（參看圖一二八），吉里吉斯人隱約稱此爲塞爾塔格（Sel-tagh），或者穆斯塔格山(Muz-tagh)意卽「冰山」。自達羅特庫爾干出發的第一道山口是外阿拉山的塔沙噶爾(Tarsagar)，過此以後，穆斯塔格山峻峭雄偉，突立在湍急的穆克蘇河河床之上，氣象之壯偉，我在喜馬拉雅，與都庫什以及崑崙山各處也少有看見。鋸齒形的峯頭似乎在二萬一千呎以上，而各個積雪皚皚的山峯其高還遠在此上。

一直到那時候，高聳於帕米爾西部以及從此流入嫣水的那些河谷間大山的近似正確高度，還沒有用氣壓表或測高儀測定過。而在俄國地面要打算作任何測量工作，卽使最微細的也不允許，所以阿佛拉茲果爾和我自己至今還再三引以為恨。不過雖無此種測量，在我看來，穆斯塔格山主峯顯然比高夫曼峯為高。後來我知道一九二九年由著名的地理學家和旅行家李克麥斯博士(Dr. R. Rickmers)領導的俄德探險隊選定這一處大高山區域作系統探檢的場所，並且測定穆斯塔格山高過高夫曼峯，不禁為之大慰。

經過穆斯塔格山主峯的直路應該循着穆克蘇河而上，然後再轉到珠倫山（Zulum-art）和塔克塔科倫山(Takhta-Koram)經過的山谷，由此以逼近大喀喇庫爾湖和塔尼馬茲河所溉及的區域。不過從春天到深秋，鉅大的錫爾河（Sel-dara）或因俄國探險家首先見此而得名的費成果（Fedchenko）冰河洪水泛溢，把這條路完全封閉了。所以我們迫不得已取道開英地（Kayindi）峽谷的頭上，越過一座高達一萬五千一百呎左右的山口。而峽谷中有些處所為古代冰河堆石完全塞住，爬越之際極為麻煩。

離開開英地，地形像帕米爾而較平坦，從此下降過一高原，一大片地方向着錫爾河和流入錫爾河的渚河谷展開，呈露眼前。從此上昇比較容易，道旁濃綠撲人，景物甚美。然後爬過高達一萬五千呎以上的塔克塔科倫山口。為着再向前進，必須換僱新的牲口和嚮導，我於是不能不向現在東邊大喀喇庫爾湖畔放牧的吉利吉斯人酋長(Ming-bashe)浩罕伯克（Koihan Beg 參看圖一三七）作一次接洽，所以在第二天卽八月八日，我們爬過克則勒伯爾(Kizil-bel)山口，到達拔海近一萬四千呎的夏營地點，受到這位老人衷心的歡迎。他穿着王者的服飾，束一具大銀帶看來甚是威嚴。十五年後聽說浩罕伯克在塔格敦巴什帕米爾受到布爾什維克黨人的虐待，所有的財產幾乎蕩然無存，他自己逃入中國地界後，卽死於彼處，真令人嘆惋不置。

我從這位酋長處才知道四年前一次大地震，把穆格布河谷塞成一座大湖。這座大湖包括了以前的薩勒茲帕米爾(Sarez Pamir)地方。據說我所打算爬過馬爾詹奈(Marjanai)山口以達阿爾楚爾帕米爾(Alichur Pamir)的那條路，已經被這座新湖完全塞住。我不去管這些事，經過俄國的帕米爾斯基驛(Pamirski Station)回到那有名的大道，但是決定向下移到洛山河谷盡頭處最後的蘇納布村(Saunab)。我希望在此地能有一個機會可以爬上穆格布，找出一條通過作新湖障壁的新路。浩罕伯克以為我們帶着那樣多的行李，是不能繞過的；後來我才知道吉里吉斯人對於一條實際上只有牲口可以行走，而他們也可以幫幫忙的路，是絕不願意去走的。

在哈剌欽姆(Kara-chim)停留一日，於是利用餘暇去向住在那裏的吉里吉斯人作一次人類學的測量。他們是堅卓的土耳其人部落中一個良好的標本（參看圖一三〇），在冬季冰風之中受過帕米爾氣候的訓練，愈其顯得勇敢。然後我們由此再回到塔尼馬茲河。當我們渡過河的右岸，在從穆斯塔格山主峯大冰河流下的主源轉而向南處不遠的地方，看見谷底已經完全被大石塊塞住了。封鎖穆格布河谷的那次山崩，把沿着西邊河谷的峭壁斜坡也崩塌了下來。這些石塊到處堆積，比之以前墾植的帕勒茲(Palez)平原高出二百呎以上。在這裏要前進兩哩也很困難，八月十二日傍晚，我們到達巴索爾(Pasor)茂密的白楊樹和柳林內塔吉克(Tajik)牧人所建稀疏的村莊，心上真是高興極了。

第二天沿着河干懸崖以及峻峭的高地，到達塔尼馬茲河和現在實際上已乾涸的穆格布河床相會處。在上面吉里吉斯人稱爲石塔的塔什庫爾干的風景佳麗的茲納布村，我們找到一種操伊蘭語的噶爾察山民(Ghal-chas) 住在這最高的世外桃源洛山山地裏面（參看圖一三一）。他們體格高壯雄偉，有許多和歐洲人十分相像。美麗的頭髮，藍或鋼灰色的眼睛，以及濃髯，一眼看去就知道和游牧的吉里吉斯鄰人不同。這些洛山山民住居於沿護密和南邊識匿山谷一帶，代表極純粹的阿爾卑斯種型(Homo Alpinus)，同歐洲有些地方所看見的一樣。所以在我一天的停留中，有很廣大的工作，收集人類學測量紀錄，考察此處因爲和外界隔絕所留存的習俗，房屋建築，簡單的裝飾木雕品之類的情形。還有一點高興的就是離開疏勒鄉間之後，在此處才第一次又看到阡陌井然的麥田和菓樹林。

我們在這裏僱到一隊馱東西的背伕，這是我們前進所不可少的。要到南帕米爾去，我們所有唯一的路就是爬上吉里吉斯人叫上游作巴爾塘(Bartang)的穆斯塔格河所橫過的那條峽江。但是由於一九一一年二月大地震的結果，這些窄峽江的道路弄得異常困難。有許多地方崩塌下來的大石塊把河道全給塞斷，舊日沿河或河旁山上所有的道路都毀壞了。以前和阿布伊般闍河(Ab-i-Panja)水量相等並且曾當作嬀水主源的大河，已經全然斷流。於是山中到處點綴着顏色極其美麗的很深的小湖，代替了河流來助成我們的困難（參看圖一三二）。有些地方山坡上土塊如泥一般，還在移動，簡直無從沾足。

第二站我們爬上一座峭壁，峭壁北邊有從河谷對面因山崩而帶來的一些大石頭四散錯置，成一高障。下去的時候我看見一座峽湖（參看圖一三三），這就是封閉了巴爾塘河（Bartang）的那座大障壁，同時也塞住了西都(Shedau)河谷口，因成此湖。這裏的石塊堆積極爲凌亂，好容易爬過去，我們於是過西都湖北頭，沿着大障壁的脚下前進。

最後到達爲西都河谷和以前的薩勒茲帕米爾分界的峻嶺。爬上這座峻嶺，對着東南，於是大山崩的景象便全然顯露了（參看圖一三五）。從北邊山系中崩下了一整座山，於是把以前是吉里吉斯人最好的牧場的薩勒茲帕米爾變成了一座美麗的高山湖，（Alpine lake）；據一個俄國的紀載，此湖長度在一九一三年已達十七哩以上，此後還逐漸瀰漫全谷。大塊的石頭和碎屑被猛裂的山崩，都被推送到沿西都河谷谷口的峻嶺之上。這一次成功的大堤，就在大山崩四年之後，高出新湖之上，還有一千二百呎。大障壁上面的山坡有些地方還在移動，從那裏崩塌下來的石塊烟塵漫天，在照片中都可以看得出來（參看圖一三五）。

在上面峻嶺的脚下，我看到由普勒阿布拉青斯基教授（Proferssor J. Preobrazhenski）領導的一小隊俄國探險隊正從阿爾楚爾帕米爾，來此測量這座大這障。俄國科學家由湖的南岸乘皮筏渡湖，他們爬過蘭伽爾(Langar)山口以到湖濱，我也一樣的想試一試。他們款接我甚為和氣，但是他們相信我打算沿着湖濱峭壁走的那條路，實際上會是不可行的。雖然如此，、不過堅決的洛山頭目和我們都準備去試一試；峻嶺高達一萬三千二百呎，帳篷卽紮在一所小泉水附近。

第二天早晨我們從陡峻處下去到泉水耀眼的葉爾克(Yerkh)內湖邊上，我於是知道沿着峻峭的石坡以及危險的石塊再向前走的困難；這些石坡都是因地震而崩塌下來的，而有些石塊那時還在移動。所幸我們的洛山山民都是絕頂的爬山好手，生長在山嶽之地，凡是不能通過的峭壁，他們用木片石塊建築棧道(rafaks)，極爲熟練。走過那一段兇險的峻坡足足花了五小時的工夫，其實直徑還不到一哩。

到達內湖的盡頭處，爬上河谷走了好幾哩，於是看見一片平地，地震以後，才有幾家洛山人在此從事耕種。此地距湖面有五百呎高，然而湖水繼長增高，還有被淹的危險。在這快樂的地點很高興的休息一天之後，我們轉向南邊的河谷上移，將近蘭伽爾山口的時候，幸而會到帕米爾斯基驛丞派來幫我們的吉里吉斯運輸隊。所以到八月二十日，幾乎全是平岩層堆積，以前沒有測量過，而高達一萬五千四百呎左右的蘭伽爾山口便安然渡過了。到第二天我們行抵大伊西庫爾(Yeshil-köl)湖西頭，從自識匿山主要谷盡頭分隔廣闊無際的阿爾楚爾帕米爾的布羅曼山(Buruman)上遠望此湖，全入眼底。到了這裏，我們又走到橫越世界屋脊的古代大路上來了。

第二十章　沿嬀水上游紀行

我們自從離開阿拉山，經過所有的山道和峽谷以後，雖然過的還是高地，我們上行已覺容易。而在爬上寬廣的阿爾楚爾帕米爾槽谷的兩天行程之中，很容易使人感到古來要從塔里木盆地方面直達識匿山地，自然以這一片從東到西寬達六十哩以上的平地爲最便當。那些中國旅行家和軍隊要經過帕米爾以向識匿和嬀水中部之須使用這一條路線，除有歷史紀載留傳至今外，我們還有直接的證據。

在本書第三章中我已說到唐代高仙芝於天寶六載（七四七）引有名的遠征軍橫越達科他冰坂，過帕米爾以驅逐來自嬀水流域的大食軍；（譯者案：原作西藏人，今正）。他第一次帶他的主力軍取此道而下以達識匿。其所以如此，明明爲的是在此可以從拔達克山方面得到給養。四年之後，又有一位中國旅行家悟空取此道以向印度的西北部。他是一位僧人，在那裏住上了三十多年。在他回國的途程中又取道識匿，經過千辛萬苦方到疏勒，那時中國勢力最後崩潰，通過塔里木盆地的路全封鎖了。

此後大約有九百年左右中國的勢力又及於東土耳其斯坦一帶，疏勒最後的和卓（Khoja）及其臣屬逃至識匿和拔達克山，清兵尾追，卽於阿爾楚爾帕米爾敗其餘衆大肆屠殺。蘇木塔什（Süme-ash）之勝是在乾隆二十九年（一七五九），光緒十八年（一八九二）在伊西洱庫爾的東頭又有一次血戰，這在中國人以及當時的阿富汗人都沒有注意到把守通識匿的要道，和沿湖北岸一樣，這是最適當的地方。

第一百三十四圖　維多利亞湖之東頭

第一百三十五圖　經過地震的巴爾塘山谷和薩勒茲湖的西頭

我們花了一天工夫才爬到沿着屈折灣環的湖邊蘇木塔什峭壁頂上，那裏有一座小廟，以前廟內曾有一塊紀乾隆二十九年戰勝的漢文石碑。一八九二年六月二十二日被約諾夫大佐（Colonel Yonoff）部下的哥薩克兵把附近一個卡子中最後的阿富汗守兵掃蕩之後，遂將漢文碑移到塔什干博物院。但是白石的碑座依然猶在，兩千年來中國的威力屢屢及於伊摩斯山外，今撫遺物，如在目前！

從寬廣多草的阿爾楚爾帕來爾槽谷向上走了兩站，是為巴什公巴茲阿格齊(Bosh-gumbazi-aghzi)，吉里吉斯人夏季在這一方帕米爾放牧，以此為主要地點。然後在此休息一日，作人類學測量工作和得到新的給養，於是向南橫越中分阿爾楚爾和大帕米爾的高峻的連山。八月二十六日，我們越過巴什公巴茲山口，那裏雖然高達一萬六千三百呎左右，而沒有雪。再由此下降以向波光瀲灧的維多利亞湖（L. Victoria or Zor-köl），嬀水的大帕米爾一源即出於此，俄國和阿富汗在帕米爾的邊界也在此相會，一片湖光風景甚佳，橫過去便是界斷大帕米爾和護密最上游部分的帶着冰河的大山。

我從小的時候就渴想一看真正的「大」帕米爾，和那地方美麗的湖；這湖在近代是一八三八年伍德隊長（Captain John Wood）首先發見的，他還有一篇晝一般的紀述，後來對於帕米爾區域地形的知識較為詳細，這種希望為之大增，並且確信古代那些大旅行家如玄奘馬哥孛羅之流的行紀同經過此湖的大路多少有點關聯。

八月二十七日那一天在陽光照耀湖濱（參看圖一三四）休息，冰風從將近一萬四千呎高處的湖岸吹了過來，雖是空宇澄明，旭日當空，仍然異常寒冷，不過却很爽快。早晨寒暑表的溫度最低到華氏表冰點下十二度四圍岑寂沒有絲毫古往今來的人類活動痕蹟擾亂這種平靜，很易使人忘去歲月，此時古代大旅行家百折不挫的精神似乎如在目前。

我向深藍色的湖水遠望過去，到了東邊，湖水似乎隱沒到地平線下去了。我想這實在值得和古代相傳亞洲四大河發源一中央大湖的舊話相比擬。玄奘的紀述中反映這種信念，而又很奇怪的攙雜一些當地實際觀察所得的正確紀錄。清冷皎潔以及暗藍色的湖色，正和他所述的一樣。吉里吉斯人告訴我們的湖濱春秋之際，常有水鳥游泳其間，孵卵湖濱薄蘆葦中為數甚多，也和這位大旅行家的紀述相合。古代旅行家到此，看了這一大片水面，地點又是這樣高遠離居人，因此如玄奘所云在無底深水中「龍王潛宅」的話，此種想像也是不足為奇的。

馬哥孛羅對於 Pamier 的紀載同樣明白的指出他的路線也曾經過這一座大湖。他那像畫一般的敍述，連小地方也很正確，我禁不住要引示他的一段全文。他說：「當你離開這一個小國（即護密）向東北騎行三日，常在羣山之中，你於是到了一處高峯，據說這是世界上最高的地方！你到了這處高峯，你就看見兩山之間有一座大湖，從這湖裏流出一條美麗的河，流向下面經過一塊平原，上面有世界上最好的牧場；即是瘦小的牲口到此，十天之內就可肥得使你心滿意足了。那裏有無數的野獸；其中有很大的野羊，光是角就有六手（Palm）長。牧羊人把這些角鋸成碗用，有時用來夜間作欄圈牛，馬哥先生聽人說此地狠很多，搏殺不少的野羊。因此看到的羊骨羊角甚多，路旁積成大堆，下雪時即作為旅客的指導。

「這一片平原就叫做 Pamier（帕米爾），你騎馬過此，一共得花十二天，甚麼都看不見，只是一片沙漠，沒有人烟也沒有青草所以旅客必須把一切需要的東西全行攜帶齊備。此地甚爲高寒，甚至於你看不到任何飛鳥。……」

自從伍德隊長證實了這些小事之後，用玉爾爵士的話，承認馬哥的紀述，是這位威尼斯名人「在近代探檢中最光耀的先驅」的一端。所以現在只須稍稍附說幾句。此處是「世界上最高的地方」一語，也很奇怪的感動了我。至於牧場之美，有每年從護密方面到大帕米爾去的大隊羊羣可以證實報告中的話。在我經過的時候，羊羣正在北邊山谷中吃草。馬哥所稱的野羊，後來卽名之爲孛羅羊（Ovis Poli），現在湖上高峯仍爲其任意出沒之所。我們在巴什公巴茲山口相近處遇到一大羣，下面小草原上有無數的羊角羊骨，這都是狼吻中的犧牲，山上冬雪之後，被推下來的。我們在那裏休息的時候，阿佛拉茲果爾汗在湖旁一座山谷裏用槍很快的打中一頭，送給我作一個紀念（參看圖一三六）。附近以出產熊豹出名。

我在維多利亞湖畔的休息，在考古方面又證明了中國史書紀載之正確。唐書敍述天寶六載（七四七）高仙芝的遠征軍橫過帕米爾，說他分軍爲東西北三道，約好會於媯水最上游處相當於現在的薩哈得(Sarhad 譯者案：唐書高仙芝傳謂約會連雲堡）地方。東道和西道顯然是在媯水主流阿布伊般闍河沿岸北道一定是經過大帕米爾方面，而我在圖籍上都找不到說明。現在我詢問隊裏兩位游踪很廣的吉里吉斯人，才舉出確實的證據，說是有一條古道橫越大帕米爾湖南南邊的高山達薩哈得，至今護密的塔吉克牧人還是常走。我用望遠鏡還能看出這條路所經稱爲索爾吉爾查(Shor-jilja)山谷的一端。但是可惜這座山谷位於英俄劃界委員會（Anglo-Russian Boundary Commission）所決定的阿富汗界那一面，因此不能到那邊去一考此說。

沿着爲俄國和阿富汗界線的嬀水大帕米爾支流右岸走了三站，抵護密境內的第一個鄉村，同馬哥孛羅的路徑所算正合。靠近帕米爾河和阿布伊般閣河相會處的蘭伽爾開什特（Langar-Kisht），我受到了保護俄屬護密上游部分的一座小驛驛丞很和藹的歡迎。我還沒有行抵此地以前，遠遠的看到羣峯簇擁積雪皚皚的興都庫什山峯，便眼目爲之一明。此山的分水嶺就是印度的邊界。

此山在護密境內，於阿布伊般閣河左岸只有一狹窄的阿富汗領土把俄國地方隔開，看來是很近了，不過我之看見此山如同回到故鄉者，還另有其他的原因在內。當阿布伊般閣河俄屬方面護密人酋長薩布蘭汗（Sarbuland Khan）到路上來歡迎我時，我才看出那是他的兒子。他住在阿什庫曼（Ashkumann）山谷，受吉爾吉特(Gilgit)英國政治統監(British Political Agent)的管轄，兩年前帶人幫助我渡過困難的齊林吉(Chillinji)山口以入洪查(Hunza)的就是他。

我自己到了護密眞是大爲滿意。這一座廣闊的嬀水主流河谷僻處邊荒，氣候不好，現在人口和出產都稀少，但其所以重要，乃是由於自古以來，從古代肥沃的大夏區域到沿塔里木盆地邊上的那些沙漠田，以及由那裏再往中國，都以此地爲直捷的一條路。一九〇六年五月，我只能從薩哈得循着河流的最上游以到瓦克吉爾（Wakhjir）冰河此河發源的處所。河兩岸通護密本部的路都擋住了。到現在我居然能於氣候比較宜人的時季，在這

第一百三十六圖　在維多利亞湖附近所獵得之孛羅羊

第一百三十七圖　Kirghiz 之首領

第一百三十八圖　興都庫什山山峯

第一百三十九圖　查穆爾伊阿提什帕拉斯特之堡壘

大山谷中從容游歷。

護密地方雖然高度在拔海八千呎到一萬呎以上，現在也到了九月上旬，但是離開荒涼的帕米爾以後，到這裏又看見滿目的青綠了。更其傲倖的是護密地方一年中大部分多酷寒的東風，游歷時最爲苦惱，我這次居然避掉了。灌漑得很好的台地上大麥小麥正已成熟，樹林蔭蔽的轉灣處那些小菓圃的菓子也不錯。就是谷底的田地，近河處不免石塊壓落其中，沿河岸者也間有一段一段的砂地，但是向南望的那一片茂密的林木，也足可以使人賞心悅目。高聳於旁邊窄狹的山谷之上，看來似乎很近的，是高達二萬二千呎以上的興都庫什山主脈，那些雄壯偉大的積雪高峯（參看圖一三八）。這些高峯看來正和古代中國西行求法人宋雲經此往印度時所說，有如玉峯一般。

那裏有很好的機會作人類學的工作，從事於護密人的測量和觀察。這是一個很古的人種，不僅保存了東伊蘭語，並且還有很顯著的阿爾卑斯種型(Homo Alpinus)。一六〇二年耶穌會教士鄂本篤（Benedict Goës）經護密往尋「契丹」時，在此地看見護密人的秀髮美目，就曾大爲傾倒，他的日記上紀載以爲和佛來銘人（Flemings)相像。

但是最引起我的注意的乃是俯視山谷的山峯上古代堡壘的殘積，其中有一些面積很大，也有一部分保存得很好的（參看圖一三九）。就堡壘的形式建築以及雉堞　裝飾等設計看來，頗富於考古學的意味。很巧妙的利用不可渡越的石壁懸崖作為天然屏障。我雖然沒有在此作過發掘，獲得直接的考古學上的證據，但是我相信有些堡壘大概爲薩珊王朝或者時代更早一點的遺物；至於詳細的情形，以及我所說的理由，此處不能詳述。本地都以此爲卡非人(Kafirs)卽異教徒所建，由這種傳說中還可以表出那些堡壘的時期是在回教傳入以前。

至於這些堡壘工程之浩大，舉一例可以說明。其中有一個名爲查穆爾伊阿提什帕拉斯特(Zamr-i-atish-parast)，意卽拜火教人之堡，所有連綿起伏的城牆以及無數的雉堞碉樓，都是用粗石塊或大土塼從一千呎以上的陡壁斜坡堆砌而上，周圍在三哩以外。就規模和建造的堅固看來，最初也許是在危急的時候用來臨時避難的，但是由此可以明白看出當堡壘修造的時候，護密的人口和才力一定遠勝於現在。據我所得到的統計，俄屬護密方面約有二百戶人家；此數普通都大一點，但是河那面的總人口似乎不能超過三千人。此地之所以需要這種避難的地方，乃是由於護密山谷開闊，又位於交通大道之上，一定常受人侵略，就近代歷史上看，特別是從西方來的爲多。

護密地方氣候乾燥，所以堡壘遺址保存甚佳。至於此地居民多致壽考，其故何在，我不知道。顯明的例是我在護密會見一位回教伊司馬儀派(Ismailias)教長(Pir)正到那裏爲一害病的教徒行信仰治療。這位老人自謂年在百歲以上，看來也像。我奇怪的是他能舉出正確的事實，證明一八三八年冬季伍德隊長在到帕米爾去的路上時，他曾在他的屋裏接待過伍德。他對於巴答黑商穆拉德蘇丹(Sultan Murad)的暴虐也記得很清楚，伍德的游記中也常常提到這位蘇丹在該地的虐政的。

從山谷下去於是到了小小的伊什克興(Ishkashm)地方，以一連串的岩谷和護密分開，在玄奘和馬哥孛羅的書中都以此爲一有名的部落。在這裏我有機會去測量美麗的那馬得果特（Namadgut）村附近稱爲克克堡（Castle of Qaġà）的遺址中一座偉大的古壘殘蹟。用土塼造的雄偉的城牆有時厚至三十呎，雄踞於相距很近的兩座山頭高聳在任何季節都難飛渡的深峻的河上。由圖一四二可見這些堡壘包圍的那座孤獨的石峯，其長幾達一哩，西頭的上面還建有一座城池。由堡壘的規模也可以看出那時的人口和財富遠比現在爲盛。

然後再走一天到俄國的小諾特(Nut)驛，正對着阿富汗方面的伊什克興本部，從嬀水方面到多拉（Dorah）去此地甚爲重要，是進齊特拉爾（Chitral）最容易的一條路。驛丞土曼諾維赤隊長(Captain Tumanovich)很和氣的款接我。很快活的是他會說波斯話和土耳其話，這種方言的知識在當時的俄國土耳其斯坦省官吏中是很難得的。我只知道很少的幾句俄國話，這樣一來我們接談可容易多了。此外我還得稱贊土曼諾維赤太太治理家務的本事，要是在其他的俄國驛站裏，爲着茶煙花上很多的時候，往往從夜裏要鬧到天亮，在這裏却不至如此。此地兩天的休息使我有很好的機會去紀錄伊什克興人的語言，這是嬀水上游僻遠的山民所保存的一種東伊蘭語，以前還沒有紀錄過的。我的紀錄後來由我的老朋友語言學大權威者格里爾松爵士(Sir George Grierson, O. M.) 印行了。

嬀水到諸特地方轉了一個大灣向北，我從此地沿河而下，經過稱爲伽蘭（Gharan）的很窄狹的山谷。最近因爲俄國的命令，才築了一條馬路，以前是無論從北或從南都很難走的。伽蘭地方稀少的人口那時附屬於拔達克山，自西邊高原下去經過兩旁的山谷，便可到那肥沃的地段。這可以說明馬哥孛羅紀述到拔達克山時候，爲甚麼要提到「那些美麗寶貴的紅寶石(Balas Bubies)」，這其實是伽蘭的出產。在西斯特(Sist)小村落上面，我曾經經過他們打算恃強開採作爲拔達克山阿迷(Mirs)獨有的那些鑛坑。

經過伽蘭的那幾站，常是在沿著峭壁高低不平的窄狹石路上走，眞是有點累人。所以在九月十二日我到了那大河和識匿河相合以流入嬀水的那座廣闊的山谷口子上，實在歡喜極了。離合流處上面不遠，我到了古魯克(Khoruk)，這是俄屬帕米爾區行政長官駐節之所。古魯克是一個動人的地方，建於胡桃林和其他菓樹之中，還些菓樹曾在海拔六千呎左右的高處，還能長得很高。雅格羅大佐已巡視塔什干歸來，很和氣的接待我，幫助我，使我在那裏休息兩天，很快樂很受益。這一位淵博的官吏對我旅行中所得古物等等表示的好意，使我能把行程延長到識匿去，這是出乎原來的意料的。因爲有他的得力的幫忙，我後來經過北方那時還在不哈剌阿迷治下的山地，大爲方便。

在古魯克，俄國文化的力量已在各方面表露出來了，在那小軍區裏有電燈，並有學生很多的一所俄國學校。我在那裏的小住，得以收集一些關於識匿過去的報告，以及現在人口的情形。中國唐書和其他僧人的紀載都說五識匿(卽Shughnan的選擇式)人人性兇猛。玄奘自己並未到過此國，他路過達摩悉鐵帝國(Wakhan)的時候，聽說此國人「忍於殺戮，務於盜竊。」識匿人至今在南邊和西邊溫和的鄰人之中，猶以勇敢兇猛出名，和這種紀載正是相合。識匿人的劫掠在護密人中至今還是言之色變，而中國方面嬀水源頭處的沙里庫爾(Sarikol)現在爲一種人所佔據，他們所說的話同識匿人的話相差很微，更可以爲識匿征服的傳說作證明。

自從阿富汗和俄國先後統治了嬀水上游以後，劫掠侵寇的事已成過去了。但是在這些窄狹的山谷中耕地稀少，又缺少適當的牧場，所以遷徙的本能以及經商的精神如今還是很顯著。因此我看見這些好山民為故鄉的貧窮所驅使，每年有許多人到費干那去暫時作農莊工作。另外有許多則在喀布爾(Kabul)撒馬爾干以及北方各處去作傭役。很有趣的常常可以看到這些旅客穿着敝舊的開襟長袍或者奇怪的軍裝，這顯然是取道喀布爾向白沙瓦的市場去找他們的出路的。

從古魯克向上，經過識匿兩大山谷中南邊的沙伽達啦(Shakh-dara)，行近山谷頭上和阿爾楚爾帕米爾交通的高原地帶。在我經過的許多地方當峽谷中特別峻險處都有作保護用的堡寨(Chiusas)遺跡，這都可以見出古代此等地方之常多亂事。有些遺址的偉大建築，似乎顯然可為相傳建於回教時期以前的證明。我們取道多查卡達啦(Dozakh-dara)橫過拱得(Ghund)山谷，山谷略為寬廣，而情形却是一樣。這大約也和阿爾卑斯山中所常見的 Höllenthal 一樣，有一塊古代冰河堆石橫塞谷頭達好幾哩，而上面的石塊斜坡殊為討厭，因而得名。

帕米爾斯基驛和阿爾楚爾帕米爾以及古魯克的俄國大車路在拱得相會，我從此處下去，對於這座大山谷的中部得到一些印像，正在一個月前，我於伊西洱庫爾的出口處上面曾遠遠看到此谷的山頭。我向此地的老人探聽到一些當地的傳說，如斷斷續續的中國統治，以及識匿在最後的本地酋長統治時所受的虐政之類。這些酋長實行販賣婦孺為奴，以增加他們的收入，據說因此人民紛紛向北方諸汗國遷徙。我在路上經過好幾處風景很好的鄉村，而半已荒廢，其故卽由於此。

後來歸阿富汗統治，接着不哈剌又曾入主若干時候，幾乎是一樣的暴虐，在俄國的軍事警察（Military politicals這是印度的名辭）直接統治之下，雖然大大的改良，然而爲時不久，當我經過的時候，瘡痍還未盡平復。但是不久之後會有俄國革命以及蘇維埃的興起，使嬀水區域高山上這些世外桃源重受一番新的擾亂和痛苦，這真是一個人所不能預料得到的了。

第二十一章　從洛山到撒馬爾干

要到毘連識匿北邊的洛山山地去，容易走的路是下拱得山谷以至古魯克下面的嬀水，然後由對面喀拉巴般查（Ka a-Bar-Panja）的那一方，沿那河水右岸俄國新修的馬路下到喀拉伊瓦馬（Kala-i-Wamar），這是洛山的要地。但是我急於想看劃分識匿洛山以及一個多月以前我在蘇納布第一次踏到的巴爾塘河瀧域那條大雪山，所以我採取了從西坦(Shitam)小村上面過嶺的那條山路以向洛山。我們的行李甚輕，但是在拔海一萬二千六百呎以上的地點，馱馬也證明負載不起了。

第二天於是換用背伕上去，在爬陡峻的石坡之前，必得要經過一道裂縫很多的冰河，這樣走了六哩，才達到巉岩狹窄的山口，其時高度已在一萬六千一百呎左右。到了這裏，一片偉大的景象展開在眼前，我們雖是爬得筋疲力竭，也就足以補償了（參看圖一四〇）。向着西邊和西北邊蔓延開去，漫過美麗的冰河頭上，於是降下結合成一大冰川，遠遠的落到羅麥得(Raumedh)河谷之中。向西面爬過凶惡的形同鋸齒的諸山峯，遠遠的可以看到拔達克山方面積雪嵦嵦的羣山。這一個區域，從小的時候就引起我的遐想，但是造化弄人，直到那時還是深閉固拒不讓我去！

爬下比較容易走的冰河雪粒河床，然後沿着冰河灰色的冰牆，走了七哩左右，達到冰河的末端，行近可以支搭帳篷的地方。感謝雅格維大佐的照料，我們在這裏得到他派來的一羣腿臂堅實的洛山人，等着接替我們隊伍裏從識匿來的筋疲力盡的背伕。於是再有一天的路程經一連串古老的堆石台地，下到羅麥得河谷，然後通過窄狹的峽谷我們便能走入凱茲亥茲（Khaizhez）小村附近巴爾塘河谷的中間了。

下到喀拉伊瓦馬的這兩天路程，足足使我感到巴爾塘河經過以入嬀水的那些巉岩峭壁的峽江，對於行旅是困難到了極點。我現在對於從帕米爾迤邐而下的所有的山谷何以洛山爲最少有人去的一個，何以那裏的人種以及習俗大部份還能保存古代的遺風的原故，才算是明白了。

所走的路沿途都要經過窄狹陡峻的峽江，兩旁山峯高聳有若鋸齒，而山麓又極爲峻削。在橫過凱茲亥茲，坐羊皮筏到河的右岸以後，接着就是綿延不斷的石壁，只有手足並用，忽上忽下，而路逕極窄有時闊僅數吋，才可容足。我覺得那裏並無急灘，我們中間一小部分人無妨乘坐羊皮筏子（參看圖一四三），避去若干最險的窄徑。皮筏由熟悉游泳的人在後面指導，我們於是在波濤滾滾的河中容與而下。河兩岸的景物荒野之至，當我們的皮筏疾駛過去之時，兩岸高峻的石壁之上，只見形如鋸齒面貌猙獰的雪峯排闥而來，羅列四圍，儼如巨靈的手掌要把我們攫去。其時行李則由手腳穩重的洛山人負着由峭壁上安然走過；我們從河中看去這些人在石壁上好像大蜘蛛一般。

小村落點綴在谷口各處，半隱半現於菓樹林中，景物甚爲可愛，和千篇一律的可厭可怕的峽谷正成一個對比。在我們止息地方的那些人家，從外面看去，真是一些石頭建的小屋。但是內部雖然煙熏黑污，還能看出那些布置，尙屬安適而且有趣。這顯然是自古以來相傳如此的。所以起居室內地樣(Ground plan) 通光的天窗和起坐用的土炕，其佈置和在塔克拉馬干古代遺址中所掘出的房屋以及與都庫什山谷迤南現在的人所居的房屋內部建築異常相像。亞洲這一隻小角上因爲高山峻嶺不與世通，竟似沒有受過時代變遷的影響一般。我想即使西元前最後幾世紀大夏的希臘人或者貴霜王朝的游歷家到此，所見的大約也不會有甚麼大不同處吧。

我在路上所會到的，以及後來我在喀拉伊瓦馬舉行人類學測量所考察的那些人的體格方面也使我有同樣的感覺。他們手脚都很乾淨，在那種困難的道路上，沒有牛馬之類可以負載他們，常常走動，所以訓練得甚爲堅實耐勞。容貌都很秀麗，常有幾乎近於希臘羅馬式的端正，淡淡的眼睛，秀麗的頭髮。在我所經過的嬀水區域各山谷操伊蘭語的山民中，我以爲洛山人所保持的阿爾卑斯種型要算最純粹的了。後來我的朋友不列顛博物院人類學部主任覺斯先生 (Mr. T. C. Joyce) 曾把我所收集的測量和觀察紀錄，仔細分析過，也證明我的印象沒有錯。

在到達巴爾塘河和嬀水相會處之前，還須經過更險的峽江，在那裏要用脆弱的木梯子幾乎成垂直形的攀緣上去。然後到一開闊的地方，從此以達洛山的要地喀拉伊瓦馬。在這裏很快活的休息一天，於識匿酋長用以統治屬地的廢堡附近一菓園中作人類學測量的工作。我又得到一些有趣的古舊的木雕品，這原來是從酋長的尾裏移來的，打算加以修改，遂和木料棄置一傍（參看圖一四六）。從這些木雕品的圖案很容易的可以看出其中有圖案化鐵線蓮花式一類的裝飾母題，這一類花紋，我在犍陀羅的希臘式佛教美術品以及尼雅樓蘭遺址中發見的木雕品中看得很熟的了。

這座房子內部作爲冬季全家起居的一室有奇特細緻的安排，可以作爲標準的說明頂住天花板的每一根木柱都有一個特別的名稱爲木柱分開備坐用的土炕的各部份也有其特別的用途很有趣的是正在天花板下面有一高起的壁龕作爲小兒睡臥之用，下面耳房內卽是牛欄，如此作成一種暖氣的設備。

據說洛山婦女以好看著名，特別是姿態甚美。我在路旁曾得一個機會證實此說，我同鄉村的長老站在離他家不遠的路旁，他家中三代人從面前走過去，（參看圖一四五）妻子和母親的面貌之美和歐洲的貴夫人一樣，而兩個小女孩尤其美豔。爲着照本地風俗，使大一點的女孩更加引人注意起見，她的祖母那時正忙着用一種野櫻桃塗她的玫瑰色雙頰，打算把皮膚弄白。

到九月二十七日我離開喀拉伊瓦馬取道向哈剌特斤，路上要經過最東邊的山谷和大山，那些地方在一八七七年以前還是達瓦茲（Darwaz）的首邑，此後才歸不哈剌阿米統轄。其時季節已近，我們要過去的高山口會爲雪所封，所以我不能不急行前去。關於不哈剌這一處高原地方大部分的情形，李克麥斯博士所著 Doab of Turkistan 一書敍述很詳，不懂俄文的人也可以看，我對於此地因此從略。

在洛山和毘連洛山北部雅茲古蘭（Yazgulam）山谷之間的交通，以前因爲沿着媯水有峻險的峽江，實際上是不能往來。近來俄國沿着石壁建築了一條馬路，於是情形改變了。但是我還是願意取古來的一條路，過阿都得（Adude）山口橫越中分洛山和雅茲古蘭的那座大山。山在分水界上層冰峻峭的山口高度達一萬四千五百呎左右。從此下去宛延曲折，橫過一條裂痕很多的冰河，於是過一連串的古代冰河堆石，然後到一座狹窄的山谷

第一百四十二圖　庫拉衣庫庫（Oala-i-qa'qa）西北面之壘堡

第一百四十三圖　巴爾塘河中之羊皮筏子

第一百四十四圖　喜薩法查巴德之市場

第一百四十五圖　洛山鄉村之家庭

底是一些樺木和杜松林。我們還未到馬杜倫(Matraun)村之前，在此天已黑了。

在那裏歡迎我們的不哈剌官吏第二天早晨告訴我們一個好消息，說是雅格羅大佐派來幫助我們的人已在達瓦茲方面等候。但是他們華麗的綢袍和淺黑色的面孔也使我覺到嬀水上游高山區不久就要抛到後面去了。雅茲古蘭的人口約有一百九十家左右，在達瓦茲和洛山酋長之間享受了很長久的佔居無人地的便宜。一有機會便向兩邊的鄰人劫掠無所分別。雖然他們的語言同識匿人很相近，但是同達瓦茲往來得較多，這從他們的體格方面以及像迤北噶爾察(Ghalchas)山民被人稱爲素尼派(Sunnis)回教徒的事實可以看得出來的。自然，若是不哈剌統治識匿以及迤南各山谷的暴政延長下去，他們雖然屬於外道的伊司馬儀派，有名聞巴黎倫敦的半神性的阿加汗(Agha Khan)作首領，仍會改信這一種回教中的正統派的。

急忙通過雅茲古蘭下去以後，沿着嬀水河岸的新馬路很高興的到了王吉(Wanj)大山谷口上，這一條路幾乎是炸破那些垂直的石壁而成，有些處所還是冒險用窄狹的棧道通過，我於是恍然明白爲甚麼這些幽暗的峽江路，以前就是本地山民也視為畏途，至於載貨車輛更是絕不能行的原故了。此路開通以後，王吉山谷廣闊的性質豐富的種植起了很好的變化。十月一日上山谷是很長而又容易的一站，證明那裏的氣候比較潮溼。山麓下面看到不用灌漑的梯田，上面則是葱鬱的樹林。環繞着村莊的大菓園以及田畝之間成行列的樹木，谷底簡直像公園一般。

風景變易之外，人民的形貌生活也隨着不同。他們也像不哈剌山地的塔吉克人一樣，操的是波斯語。他們的古代東伊蘭語雖然已經廢棄不用，可是就古代窣利(Sogdiana)而言，他們所代表的土著伊蘭民族，仍然比平原地方的薩爾特人(Sarts)來得純粹。白色粉刷平頂的大屋，也可以見出氣候和生活方面情形的改變。

那一天山頂上濃雲密布，我以前從阿拉山向南的路上所見對面位於錫爾河和塔尼馬茲河之間積雪的大山峯現在也隱藏不見了。第二天山上大雨夾着新雪，我只好在西塔格(Sitargh)村停住。我們就要爬過因西塔格村而得名的山口，進到稱爲瓦吉亞巴拉(Wakhia-bala)大山地的頭一處地方金加布(Khingab)去。當地頭人明白在這種情形之下過山口的危險，但是他們却機警極了，接了我所寫的聲明書，說明若有任何失誤，他們不負責任。幸而在黎明以前很早天已清明，容許我們出發過界。

上去的路很陡，但是起初一段却甚容易，斜坡上長滿了高山植物。然後爬過一座雪蓋了的大冰河堆石，經一陡峻的冰河，從出發後走了七點鐘，才爬到那座窄嶺所成高在一萬四千六百呎左右的山口。從山口望去，只看見下去時所要經過的那座大冰河頭。但是我們在屈折彎曲的裂縫中走了一哩半路，打算爬到冰河的時候，一片偉大的景象從大冰川以及自山南來會的大冰河（參看圖一四一）上面展布開來。離開山口總走了十哩左右，爬過一些極爲危險尖頭高達百五十呎的射出冰河堆石，才達到會合了的冰川。從此下去三哩，我們很高興的找到一小塊有草的高原，即在那裏支搭帳篷過夜。

十月四日走了很容易的一站，到帕什姆伽爾(Pashmghar)，這是金加布最高的一個鄉村。經過所見，第一次的種植是在大約九千五百呎的高處，荒廢了的田畝痕蹟已高達三哩半以上。我本來知道我們渡過的大伽摩河

(Garmo)發源於大穆斯塔格主峯（參看圖一二八）西面頂上的那些冰河。八月間我從北走近主峯時頗爲所動，但是此刻却沒有時間靠近去觀看一番。我急急忙忙的打算兩程工夫便下到瓦吉亞巴拉的主要山谷中，以好於下雪以前趕上哈剌特斤，庶幾不至於把我最後所要過的一道高山口給雪封住。

我們趲路的時候，不斷的經過一些風景很好掩蔭於菓園叢林中的鄉村。但是不哈剌政治不良，這種影響，從有許多好地還沒開墾和其他的標識方面表現得太明白了。來迎接我的那些頭人，卽使是很小地方的，都穿着華麗的綢袍，普通都間以虹采的顏色。這當然是富庶的表示。後來不久我才知道這些命服（Khillats）之闊綽，乃是發源於阿迷宮廷一種相傳的斂錢法。酋長所寵愛的人或者薪俸已過度了的別的官吏，就命他們由不哈剌帶着這些榮耀的衣服分派到各省。省長作爲酋長特別滿意的一種恩賜，奉阿迷之命帶這些東西來的人，照例由受者給予很多的銀錢作爲報酬。於是省長又把這些賜物交給無俸的臣子代他去賞給屬下的頭人（Amlakdars），如此照樣輪下去，到了最後所有這種表示大恩惠的東西都敲到了地方頭人，由地方頭人以轉到農民身上。財政上予以統制，裁判是非完全是中古式，所以俄國革命以後，不哈剌的統治消滅，而阿迷的居民却漠不關心者並不足怪。不過蘇維埃的執政官「解放」以後，還有更壞的不幸在等着他們，他們却不大能夠料想得到了。

十月六日因爲大雨，不得已在瓦吉亞巴拉阿姆拉卡達（Amalakdar）殘破的省城附近拉吉卡（Lajirkh）停留一天。所幸天氣又已轉晴，於是不顧山上仍在下雪，我們以後兩天工夫先趕過鴿頸口（Girdan-i-kaftar）（參看圖一四七），再到性質像帕米爾的圖布查克（Tupchak）高原地方，李克麥斯博士作長久的高山探檢時，卽以此爲根據地那一帶偉大的山峯以及南面環繞着的美麗的冰河，他的書中都曾敘到。

當我經過高原橫越蜿蜒於蘇卡布(Surkh-ab)山谷和迤南哈刺特斤邊界一帶的大山時候，看見一片很雄偉的景緻從西邊積雪的大彼得山脈起，過裏阿拉山脈(Cis-Alai)以遠迄於東邊我第一次在塔薩伽爾(Tar-sagar)山口看到的穆斯塔格峯所構成的冰牆爲止。於是兩個月來從嬀水上游橫渡帕米爾和一些峻谷，東游西蕩的旅行又把我帶回到科邁多伊山谷和我從阿拉山方面所要追尋的古代絲繒貿易的路上來了。

下到廣闊的山谷要經過肥沃的斜坡，那裏有適當的雨雪，種植一切可以無需乎灌漑，我看見由八千呎的高處向下，那時正在着手收獲。護密地方高在兩千呎以上的處所，所有種植早在一月前便已收割，這樣一比，可見出此地氣候情形較爲潮溼所起的影響。到哈刺特斤，我是又走到操土耳其語住得舒適的吉里吉斯人中間來了。但是有很好的理由可以相信此地因爲土地肥沃，加以容易得到豐富的牧場，所以在最後一次大遷徙把這些吉里吉斯人帶到此地以前很早的時候，土耳其族必曾來此寇掠過的。

古代土耳其人之曾佔據過哈刺特斤，由現在所見流行的本地地名以及稱呼多爲土耳其語可以證明。吉里吉斯人之得到這一塊樂土，正和以前的土耳其人一樣，當然是由於征服而來的，而特別有趣的是這些吉里吉斯人現在也慢慢的被從達瓦茲和西邊地帶來的堅實的塔吉克人所擠。哈刺特斤的吉里吉斯人還是保住他們半游牧的舊習，夏季遷地就牧，從地上所得的出產顯然趕不上那些溫和勤儉的鄰人的工業生產了。

從這裏所看到的情形，很容易的可以明白古康居原來的伊蘭人在爲游牧人再三侵略的現在的撒馬爾干

第一百四十六圖　喀拉伊瓦馬土人門上之木彫刻

第一百四十七圖　鴿頸口上之冰川

和不哈剌平原，是怎樣的在那裏打算再佔優勢。而我道過哈剌特斤所聽到的吉里吉斯人和塔吉克婦女通婚，又可以表明這是另外一種潛在的方法，舊伊蘭人想藉此逐漸改易土耳其族征服者的性格，如其不能完全吸收他們的話。

伽姆(Gharm)是統治哈剌特斤酋長(Mir)的駐所，我於十月十一日曾在那位尊嚴的酋長花園裏支搭帳篷，好好的休息了一天。西土耳其斯坦僻遠處所至今還存在的中古時代官吏尊嚴的奇怪情形，藉此可以很有趣的瞥見一點。然後我們由此很高興的走了兩程，到達蘇卡布(Surkh-ab)山谷向南轉一大灣處，這裏有一大段路是不通貿易的。這裏已同因溫泉得名的阿布伊伽姆(Ab-i-garm)村相近，我們的路線於是轉而西向古代絲綢商人到大夏去，當然也是取的這一條路。

到了那裏，從帕米爾區域下來最後的山谷都已拋在後面，於是進入嬀水的蘇汗（Surkhan）和卡非尼汗(Kafirnihan)兩支流所灌溉，而以前曾一度自主的廣闊的喜薩(Hissar)山谷。到了此地，離嬀水南邊古代大夏的巴爾克地方很近，似乎不能不去。但是我已決定冬季到波斯的西斯坦(Sistan)去工作，為着時間起見，只有在撒馬爾干乘外裏海鐵道的火車，抄取近路，愈快愈好。所以我橫越不哈剌山地，這些比較知道得清楚一點的地方，急急忙忙的走了九站，全程在二百七十哩左右。

我最初所走的四站地方都是肥沃之區，一定特別引起康居游牧人寇掠的注意。自阿布伊伽姆到法查巴德(參看圖一四四)我們沿途經過很好的牧場，也像北邊一帶的山谷一樣，這些地方都為喜薩的月卽別（Özbeg)

地主們所有，他們每逢夏季便驅着羊羣以及大隊的牛馬來到此地。以後三天我們經過多香伯（Doshambe）哈剌特格以及累伽（Regar）北邊肥沃的地帶走出，產最富的地方也還是爲月即別人所有，而作工的則大部分是塔吉克人，並且這些人慢慢的似乎都變成佃戶或者主人了。

征服的土耳其人之猶守其游牧習慣的保守情形，由許多月即別村莊房屋庭中還支有可以移動的氈覆小屋，可以很好的表現出來。這些小屋是從夏季的牧場搬回來的，主人還是喜歡用此而不用旁邊泥建的小屋。不管不哈剌的壞官是怎樣的剝削他們，而我所看見的一切地方因爲土壤和氣候之適宜，農村還是很舒服，農業交易也有欣欣向榮之象。我在那時一點都看不出幾年之內會有一次回教徒暴動以反抗俄國的革命統治以及帶到這些和平區域來的蘇維埃兇惡的壓迫。

從喜薩地方普通易走的路是向西南到古來的大道上，這條大道自嬀水河畔忒耳迷（Termer）經小丘陵過古鐵門關，以達撒馬爾干及不哈剌，這都是歷史上康居的中權重鎮。但是爲要縮短路程以及看看分開喜薩和不哈剌乾燥的草原那些山嶽起見，我於是選了向西北過蒲犂（Tash-kurghan）以到佉沙（Shahr-i-sabz）的那一條路。開始經窄狹的峽谷形峽江，再向上過風景入畫林木茂密的山坡，然後到喀爾克庫什（Karkhush）山口，那時已經下雪了。離開山口，向下過下降形的高原，點綴着豐富的牧場，月即別人常來此地，於是下到寬廣而水利很盛的山谷，這裏的水流向卡爾齊（Karchi）。我到了佉沙大城已是十月二十日，第二天坐着搖盪的俄國四輪車（Tarantass）過塔克塔卡拉查（Takhta-karacha）和寬廣的扎拉甫山（Zarafshan）山谷風塵僕僕，走了一長程以到撒馬爾干。

到了這座煩忙的大城，我的中亞古道長途旅行已經到達適當的終點了。到現在的城東可以拜訪阿佛拉西亞布(Afrasiab)大土堆，這是康居古都的遺址亞歷山大時代的歷史家稱為馬拉甘達(Marakanda)，中國史書上也很知名的。再近一點可以看到雍容華貴的紀念物，這是帖木爾帝(Emperor Timur)用來裝飾這個中古莫臥兒帝國的偉大的中心的。但是撒馬爾干的俄國城比之十五年前我第一次到此時似乎大一點，並且看起來更像一座東歐的城市了。

在俄國城的街上有許多搖動近代歐洲基礎的大鬥爭的事實，情形着實使人擔憂。而威脅最後侵略中亞的帝國的大動亂，此刻已經有了預兆。我的中亞漂流紀述到了這古代歷史的舞台上，也正好可以作一個結束了。

附錄

一　斯坦因第三次中亞考古略記

本篇曾刊登民國二十年一月二十六日、二月二日、十日及十六日之天津大公報文學副刊第一百五十九期至第一百六十二期。其中偶有訛誤及失譯處，今略爲補正。

英國斯坦因自一九〇一年至一九一六　曾三次考古中亞。第一次考古之報告書爲 Ancient Khotan，計兩厚冊；第二次報告書爲 Serindia 凡五厚冊；第三次之報告書則一九二八年方始出版，書名爲 Innermost Asia, detailed report of Explorations in Central Asia, Kansu and Eastern Iran. 洋洋四大冊；其中地圖一冊，皆屬實測所得，尤爲可貴。今者斯氏又已進行其第四次之中亞考古，而其第三次之探險及報告書內容尙少有知者。因取 Innermost Asia 第一冊之導言，擇要譯述，藉當介紹。讀此於斯氏此行或可以稍審梗概也。以下爲斯氏導言之文。

本書所述之第三次考古，其計畫係以一九〇六年至一九〇八年第二次考古所得之經驗與結果爲其依據。第二次考古，縱橫於東土耳其斯坦及中國西藏之西陲，以從事於古城遺址之發掘。凡此諸地，現雖爲一片荒漠，然在考古學上及地理學上自有其極深長之歷史，足以耐人尋味。余以考察此等地域，注意因亦及於亞洲腹部。腹部所有往古遺留之殘址廢蹟，棄置荒漠，久無人問，然此實係印度佛教中國以及受有希臘影響之近東諸文化交光互影發榮繁長歷千餘年以存留至今之遺痕，幾於一草一木，俱足發人深省。余當時卽曾涉想及茲，而以忙於第二次考古工作，竟無暇事此，只得放棄不顧。

第二次考古所得運回不列顛博物院後，余乃忙於整理及研究，迄一九一一年末，始克稍暇，其後余返印度，從事考古於印度西北邊徼及克什彌爾，然對於 Serindia 一書之完成，仍費去不少光陰，爲之處理。至一九一二年秋，余從各方面研究，乃毅然以思索已久之第三次考古計劃上呈印度政府，斯時 Serindia 一書之偉業，距完成之期猶遠。顧余之所以舍此旁騖，而亟亟準備第三次中亞考古之計劃者，亦以其時余所欲去之中國俄羅斯兩國所屬地方俱甚安謐，不願將機遇輕輕放過。而印度政府外務部部長 Sir Henry McMahon 及新疆疏勒總領事 Sir George Macartney 兩君殷勤勸行，其足以激余長往之心，初不下於前者也。

其時印度新任總督 Lord Hardinge 對余過去中亞考古之工作，頗表示好感。印度政府擔負之經費，亦以總督參事會參事 Sir Harcourt Butler 及印度考古學部主任 Sir John Marshall 兩君之熱心奔走，至一九一三年四月，蒙印度事務大臣批准，允給予連續三年之經費三千磅，而以採檢所得須儘先以合用者留於印度爲條件。當時印度政府正擬於新德里 (New Delhi) 建立印度人種藝術考古學博物院，則余第三次之考古，必與之大有裨益也。諸事接洽就緒，余遂於一九一三年七月杪自克什彌爾啓程，重度長途旅行之生涯。

余此次遠征，地理學上之考察，實居所有工作中最重大之部分。其所以對於地理方面特予重視者，原因有二：

其一，此次遠征所擬到各地，一部分在亞洲腹地童山荒漠，滴水全無，大都爲以前未經系統測量及繪製地圖之處。其二，此次擬到各地在今日雖已不足重視，然試究其過去，從歷史上及考古學遺物上固深足以顯示人類活動與地文形勢互相關係之故。一九二五年余在地理學雜誌上所發表之中亞地理史觀（Innermost Asia: its Geography as a factor in History, in Geographical Journal, 1925 lxv, May–June, pp. 377－403, 473—498）一文中對於中亞歷史與地理之關係發揮甚爲盡致；研究歷史及考古學者，於此應三致意焉。在此文中余曾力申地文學之考察，足以使有史時代及史前時代之研究更爲確實可信，其見解即根據此理也。

此行得力於印度測量局者實非淺尠，所有成績即爲本書第四册之地圖四十七幅，此四十七幅五十萬分之一地圖，俱在 Dehva Dun 之三角測量局中繪成；余三次中亞探險所有測量之結果，全在此四十七幅地圖中。皆爲余及余之助手用三角測量及天文考察所得結果，涓滴湊合而成者也。計四十七幅地圖所包括之經度不下二十八度，緯度不下八度，工程之浩大，於茲可見。至於地圖中尚有未經測量之空白處，則以其地多屬荒漠，大山度越維艱，爲所限制，是亦莫可如何者也。

以上諸圖所包中亞腹部地域至爲廣泛，而形勢則甚重要。不惟在今日如斯，按諸往昔，亦屬印度中國以及西方文化交流貫注之區。近來究心史地二學之士於此已日漸注意，是以余於測量規模時間及訓練所能許可之範圍以內，輒力求紀錄正確詳盡。其後地圖之繪製修改，余個人所費日力殊屬不少。余並將測繪地圖之經過寫成一報告書，名爲 Memoir on Maps of chinese Turkestan and Kansu etc., Trigonomatrical Survcy Office, Dehr

Dun, 1923，承印度測量局今局長 C. H. D. Ryder 厚意，允列為印度測量局專刊第十七卷。余於此書中將余所指導之各次測量之歷史，決定各地域性質之主要地形，與夫每幅地圖所取資之材料，無不予以詳細之紀錄。至於蒐集之方法，地形之如何表現，當地地名之紀錄，亦有詳細之說明。

此次考古，至一九一六年三月余始克復反克什彌爾，其間歷時兩年又八月，足跡所曾經者幾一萬一千哩。其在考古學上及地理學上之意義，就此而言，可見一端。余此次考古目的，並不限於發掘遺址，得新材料，以供博物院及研究室中為古物學及語言學研究之用。對於千餘年來為商業及文化交通之衝衢，與夫為中國印度近東等地政治上及宗教上相互影響之連瑣的中亞商道，加以觀察紀錄，以此對於能呈一線光明之舉，亦復深為注意。本書紀錄之所以東起中國西陲，循塔里木盆地而西，以迄於嬀水上游與伊蘭一帶，南自印度斯坦河谷向北以至於東北部之內蒙古及準噶爾諸地，其故卽在於此。在余個人本應寫一紀行之作，說明本書範圍等等，庶幾讀者不致迷罔。顧探險歸來以後，竟無餘暇為此，用於本篇綜述大凡，或亦足以供讀者之一助也。

余自克什彌爾啓程時，情形甚佳，因取道 Darel 及 Tangir 兩河谷地以行。以前歐洲人足蹟從未惠臨此地，自余經過以後，因各部落又復紛亂不堪，歐洲人又裹足不前。故余所經歷，頗可珍視也。（見第一章）余在此卽循佛教時代中國西行諸大德自此溯印度河而下之路以行。然後經雅新（Yasin）過達科特（Darkot）冰河顯道，觀中國往昔大軍度嶺之奇景，以度越自塔格敦巴什帕米爾流入中國境內之 Karambar 及洪查（Hunza）二河河源之雪嶺。自此以到疏勒，大色勒庫爾河谷之古廢址，余曾考察數處，於是循 Kara-tash 河險峻之谿谷而下，別測

一新路，此俱爲前人所不知者也。（第二章）

余在疏勒，小作勾留，住前領事余之老友 Sir Macartney 家中。主人盛意慇慇，余在此整理探險隊行裝，深得賢主人之贊助，因而便利不少。其時中國正值辛亥革命以後，新疆政制大變，官吏對於余之計畫，多方阻撓，幸得賢居停爲之奔走斡旋，始克在中國境內通行無阻，深足使余感念無已。

自疏勒余循一古道，從天山極頭經一未經人測過之沙漠以到巴楚，（第三章）然後自此謀取道號稱瀚海之大沙漠而直向和闐河畔之 Mazar-tagh 山。試行未幾，沙丘連綿，橫阻前路，不能復進，遂爾作罷。唯余等仍努力在地理學上獲一重要事實，證明古代此地原有一山脈，現雖風蝕殆盡，然在往昔，固與環巴楚諸巖峯相連接也。此路既不可通，乃沿莎車河上乾涸之和闐河床以至 Mazar-tagh 山。在此處一廢址附近發現無數西藏文書，並曾探檢一廢寺。（第三章第三第四兩節）

既覓得余往昔在和闐考古下處，因從沙漠田中古城及其他遺址搜獲零星古物不少。（第四章第一第二兩節）唯本年冬季探檢之目的地為羅布泊沙漠，由此至羅布泊尚有七百哩程途，行色匆匆已極。乃於百忙中抽身再至多摩科（Domoko）及尼雅（Niya）河以外古廢址草草一觀。以前在尼雅地方探索觀察多有遺漏，至是爲之補考。蒐獲有考古意味之物件甚多，內中又得有佉盧字（Kharoshti）木簡若干。（第四章第三第四兩節）一九一四年初，余等既已到達羅布泊有人烟處，乃發掘婼羌南面之二小廢址，又在磨朗（Miran）發掘一次，在鄯善古東城佛寺中剝得古代壁畫及其他諸物。先是拉爾星（R. B. Lal Singh）別取一路，在沿崑崙山正脈一帶，從事三角測量，足蹟自西徂東，所經面積在經度五度以上，與余別為時凡四日，至是始至斯地與余相晤。

其時婼羌忽起小亂，余幸而逃免，乃在無水草之羅布泊沙漠中從事計畫已久之發掘工作。因得發現西曆紀元初數世紀時卽已棄置之古樓蘭廢址兩處，覓得富於興趣之遺物。從此處風霜刮削之沙漠向北，現有乾涸之河床，連綿不絕，顯然可證此係由一三角洲南端，漢時涸河固曾流貫此地以注入古蒲昌海也。（第六章）

在樓蘭漢城廢址左右考察之際，又發見往昔中國自此至塔里木盆地故道之遺跡。其地有西曆紀元前後一世紀間之古墓遺址，發掘後得至可驚異之古代織物一堆，內雜中國古代有名之彩絹及毛氈，其所受希臘美術之影響於花紋圖案中蓋顯然可見。（第七章第一節至第六節）由此更搜向東北以入沙漠，又發見一中國古堡及戍樓遺址，內有一葬地，叢葬其中者皆屬古代之樓蘭人也。（第八章第八節）

余等乃恃此種指示，橫過古代蒲昌海之斥鹵舊址及附近荒廢乾涸之廢蹟，以繼續追尋古代中國與中亞交通往來之商道軍路。藉考古所得與夫中國史書上之一二紀載，互相印證，竟克覓獲此道，直到東端近敦煌流沙古疏勒河盆地盡頭處，本書第八第九兩章所紀，卽此次之行程也。

余等此時置身於中國西陲古代廢塞之上。當余第二次中亞考古之時，此地卽引起余之遐想，至是乃又舊地重遊。自敦煌西北沙漠向東以至安西，俱爲前所未測之地，余乃在此發見漢代長城故址，於廢塞中覓得古代木簡。（第十章第一節第三節）其時余復抽暇重臨沙漠東南之千佛洞，在此又得保存良好之佛經卷子五百七十卷。（第十章第二節）

自一九一四年四月中旬，余卽逐漸向東，始沿疏勒河以折向玉門縣，然後自肅州甘州兩河交匯處經過沙漠以達毛目，從事於長城廢塞之搜尋與發掘，前後歷時一月。（第十一章第十二章）在古戍廢址中不時發見古代木簡，足證余等先後發掘綿亘歷二百五十哩以上之長城乃建於西元前第二世紀之末，以為防禦匈奴入寇之用，至後漢始漸就隳廢也。

黑水（Khara-khoto）爲西夏及元時之故城，久歸荒廢，一九〇八年俄科斯洛夫（Kozlov）最先至此發掘。余等以有肅州道台之友意相助，因亦克至此從事探檢。余等搜獲夏藏兩種文字之古雕本寫本古文書及其他古物甚夥，同時對於額濟納河流域及額濟納河三角洲各地之地理，亦曾爲富有興趣之觀察。深覺其地實係古今來北方游牧民族南侵之衝衢，而馬哥孛羅東遊時所紀之 Etsina （亦集乃），今日亦一一證明其所紀者信非虛語也。（第十三章）

自黑水南越未曾測量之沙丘，遂至甘州，從甘州再向南山之高嶺前進。至七月中旬，余忽攖疾，幸有拉爾星努力從事，於是一九〇七年余等在此大山嶺中探求甘州諸水源之地形測量工作，卒克如余之意想，底於完成。（第十四章）八月底復及毛目，自此更逾荒涼湮廢幾於完全未經人測過之北山諸嶺，天山東端，歷時一月，（第十五章）然後沿天山北麓入準噶爾東境，往昔中國平定新疆，此固幾爲爭戰之場也。後乃越天山，遵唐書所紀古道，下至吐魯番盆地，最後以達北庭都護府舊址。（第十六章）

吐魯番沙漠田及其附近古蹟累累，皆是更徵以往古之歷史，可證其地實爲一重鎭也。（第十七章）各國探險隊至此者甚多，大都滿載而歸，然在考古學上仍有可以工作之餘地，地理方面亦復饒於趣味，可以詳細測量。余等在此留住一冬，遂乘機將較有趣味之遺址為詳細之考察，除所得古物外，並在湮廢之佛寺中搜獲佳好之壁畫不少。（第十八章）收穫最大者是為發掘阿思塔那附近一大墓所得。墓中大率爲先唐時代遺物，彩絹泥俑以及其他有美術及工藝價值之物甚多。（第十九章）吐魯番考察既畢，乃急驅天山北麓新疆省城迪化。在此又逢余之老友潘大人。潘氏名震，一九〇〇年余第一次考古和闐，即獲其助，至是又極力助余，以排除官方阻礙。潘氏博學多才，久宦新疆，不幸於一九二六年故世，蓋至足惋歎者也。

在此數月中，拉爾星於乾燥之庫魯克塔格山及其南部從事大規模之測量工作。自一九一五年二月中旬爲始，余亦能在沙漠之西部從事工作，以補其不逮，並在古昔流向樓蘭之沙河一帶發掘古墓。同時阿佛拉茲果爾(Afraz-gul)則排除萬難以努力從事於羅布泊沙漠之測量，余等對於此地之地形知識，因而大增，（第二十章）而余則徘徊於庫魯克塔格山西麓及寬車河（昔亦流入沙河）之間，以考察塔里木盆地北邊沿中國入西域大道兩傍所有點綴其間之遺蹟。然後循漢書所云之北道向西以赴庫車，途中發掘若干廢棄於沙漠中之遺址；古代沙漠田之面積，於茲可見，在史地兩方面皆頗爲重要。（第三十二章第三十三章）其時拉爾星勉力上天山高處測量，余則循現在之商道急赴疏勒，順便一察余所未曾到過之沿途地方狀況。（第二十四章）

余所得古物已有一百八十二箱，在疏勒時設法使之安全運到克什彌爾，為此忙碌不堪。一九一五年七月中旬，始啓程赴俄屬帕米爾及媯水上游。承疏勒俄國總領事 Prince Mestchersky 及帕米爾省總督雅格羅大佐

(Colonel I. D. Jagello)二人善意得通行無阻。余自阿拉山谷迤邐而下，循馬立努斯（Marinus）所云中國向西之古絲道而行。然後越嬀水諸支流綿亘高峻之分水嶺，以達阿爾楚爾及大帕米爾，克親覩古昔求法高僧以及中國西征大軍所取之古道。（第二十五章）當余決定取道護密（Wakhan）而上下於 Gharan 洛山（Roshan）識匿(Shugnan)以及 Darwaz 諸山谷間時，對於已經湮廢之古代堡壘，當地所有往古留遺人民之種族語言生活方式諸端，俱詳加探考。（第二十六章）在此所蒐得之人類學測量材料，已由 T. A. Joyce 君著文討論，見本書附錄C。逮在哈剌特斤(Kara-tegin)覓獲古代絲商到大夏之故道以後，余乃越不哈剌羣山，趨撒馬爾干。乘外裏海鐵道至波斯。從此復於波斯阿富汗邊疆上爲三星期之遊歷，雖行色匆匆，然所獲啓示不少。一九一五年十一月底余安抵西斯坦(Sistan)。（第二十七章）

余等前冬在塔里木盆地考古，至是又着手發掘 Koh-i-Khwaja 聖山上一大廢址。發見波斯薩珊王朝時代之壁畫及其他古物之屬。（第二十八章）至於今 Helmand 三角洲波斯部分多數遺物，則大率屬於回教時代。（第二十九章）其南沙漠中以前本有一支流貫注其間者，內中遺物時代較此更早。風霜吹刮之處時可發見史前時代之石器以及彩畫陶器甚多，與裏海附近米索不達米亞俾路芝及中國西陲發見銅器時代遺物之形式頗相類似。此處史前時代遺蹟今已淪爲沙漠，然試逾越其地，可見戍樓遺蹟連綿不絕，當係回教時代以前之物，頗甚是中國甘肅西檄所見古長城廢塞，至足異也。（第三十章）在此地考察竣事，乃乘駝赴 Nushki 車站，取隊商所行之道，凡三周始至其地，則已一九一六年二月告盡矣。

余所得古物裝箱起運後，以拉爾星監運得法，故四個月左右，即安然運到克什彌爾。尤可慶幸者，安得魯斯君彼時掌教於 Srinagar 之克什彌爾工科大學，先後已歷數年。彼對余以前考古所得知之甚詳，又於東方之美術工藝亦甚熟悉，今以余此次所得古物數千件付之，由其整理研究，爲之敍述，可稱得人。於是乃以所得悉數付之，由其佈置以供博物院之用。

自一九一七年以至一九二二年間，安得魯斯君雖教務繁重，然每一有暇，則從事於編製詳目，即本書所附是也。又以受印度政府之委託，乘諸年寒假期間，極力設法將各廢寺所得美妙之壁畫從新裝就，至其所用精妙之方法及材料，在一九二一年及一九二二年印度考古調查所年報(Annual Report of the Archaeological Survey)有一文論之，茲不贅述。所有壁畫率繪於石灰胎或泥牆上，今俱陳列於新德里新建博物院中，保存周密，能防氣候剝蝕之險。此事現已竣工。至於攝影解說諸工作，當別爲一書述之，今尚在屬草中也。本書除在 Srinagar 章中稍稍敍述數件外，餘俱不入詳目。

此次所得採集品依政府法令，應全部陳列於新德里，其代表的標本則贈於不列顛博物院。至於文字方面之古物，依第二次考古之成例，分存於印度部圖書館及不列顛博物院中。此舉對於西方有志於研究中亞及遠東藝術文化而欲摩娑原物爲之考覈者，除少數事項而外，自深感不便。因此詳目之作不能不詳盡正確，乃請安得魯斯君先從事此事，並以 M. E. G. Lorimer 女士爲之助。女士曾助余整理第二次考古所得諸物品，對於整理中亞古物經驗頗富；一九一九年至一九二二年在 Srinagar 之工作，即足以證明其價值也。詳目俱出專家之手，內容至為審愼，關於古物發見之地點及物品諸項，有時並由余親加勘正。一九一六年余第三次考古歸來以後，第一大事卽爲亟亟從事於完成第二次考古報告 Serindia 一書，次之則爲整理第三次考古之各種結果紀錄。其中屢承 John Marshall 及 Edward Maclagan 諸爵士之助，余始克以全力從事於此。一九一六年至一九一八年跋涉於英格蘭及克什彌爾諸地，而大半光陰則費於 Serindia 一書。一九二〇年此書付印，余在牛津監視其事，前後凡歷八月，於是本書之作，不得不爲之暫擱。此次至英國，余並將第三次考古所得各種文籍送至不列顛博物院，爲之陳列，以便考察編目。一九二一年大部分光陰費之於 Serindia 補編敦煌千佛洞圖錄(The Thousand Buddhas)之刊印，以及新疆甘肅地圖回憶錄之編纂。

報告及詳細目錄在一九二二年至一九二三年間，緩緩進行。其時得政府之助，余遂克從一九二四年送至不列顛博物院諸古物中選擇若干，以爲報告插圖之用，是卽本書所述也。揀選插入，仍賴安得魯斯君之助。所得數百件古織物之陳列與適當之說明，亦由彼爲之。此事幸得不列顛博物院院長及董事會慨然予以種種便宜，將各織物由余等處理，用能如此，此不能不深爲感謝者也。

此次在亞洲最乾燥之沙漠及廢塞中所獲諸古物，大都精好脆薄，今在氣候不同之環境中，竟能保持完好，是則不能不歸功於不列顛博物院之善爲保護。一九二五年之克在不列顛博物院磁器部將諸物公開展覽，亦由於此。J. Joshua 君對於此事幫助不少。此外則博物院各部主任以及博物院附屬實驗室主任諸君之功，亦不可沒也。

余至英迄於一九二五年秋，本書第一章至第二十四章敍述中國地方之一部分俱已脫稿付印。其後復返印度，在上 Swat 河谷一帶考察以前亞歷山大大王東征印度之路徑及其遺蹟，甚有興趣，對於報告書之完成，不得不暫時中止，重以他事阻滯，故此書末六章直至一九二六年終方始脫稿也。

唯此書尚有待於其他學者之助理，始克觀厥成；尤其此行所獲諸漢文古書及碑誌，有關考古及史事者不少，非詳爲考證不可。興言及此，於余好友沙畹博士之死，不能不深致惋惜者也。一九一六年五月余過巴黎，沙畹博士對余第三次攜回之漢籍，慨允助余整理。不謂至一九一八年春，而博士噩耗傳來，余之希望竟成泡幻矣。

其時博士在法蘭西學院之講席由其弟子馬伯樂（Henri Maspero）繼任，一九二一年馬氏由遠東歸來，慨然繼其師志，任此艱鉅。附錄A阿思塔那廢墟所得四磚誌之翻譯考證，得於唐以前高昌世系呈若干之光明者，皆氏之力也。不僅此也，高昌諸廢址中所獲漢文木簡紙牘，馬氏翻譯後，輒先以初稿示余。本書第十章至第十二章，第十八章第十九章，關於古物之紀載，始得利用此等材料，以爲考證。余於深表謝意而外，並希馬氏能將此等材料與考證別本單行問世也。

余第二次考古時，僱用一中國書記名蔣孝琬，當一九一五年六月余在疏勒時，曾爲余整理漢文書，爲數甚多，馬氏鑑識時獲益不少。蔣氏書寫極爲精確謹慎，第二次考古，頗得其助，後彼以身體不佳，第三次竟未能偕行。顧彼對於余之事業仍極關心，不幸竟於一九二二年死去，至可惜也。

阿思塔那所得諸墓誌，以及古織物上之紀載，俱只有照片，其翻譯與考釋，實深賴不列顛博物院東洋印版書部主任小翟理斯博士（Dr. L. Giles）之力。一九〇七年余在敦煌千佛洞所得數千卷子，由氏爲之編目，先後凡歷數年，第三次考古所得古籍又復不少，仍待君爲之整理也。至於中國印章之辨識以及本書樣本中漢字之校正，則爲 L. G. Hopkins I. O. S. 之力。

余所得古文書多爲梵文，賴故 F. E. Pargitor I. C. S. 君於一九二〇年爲之編成目錄。君曾追隨故 A. F. R. Hoernle 博士之後，而又勤勉憤發，使天假以年，繼此中亞語言學先進大師之席，固捨君莫屬矣。附錄E即可見君致力之勤，雖零篇斷簡，苟有可取，亦不能逃君之目也。至於 Sten Konow 敎授爲 Oslo 大學有名之印度學專家，於古和闐語有特別之研究，余所獲古和闐語文書，蒙敎授惠然爲之考覈，可謂榮幸之至。至於附錄F敎授所草目錄中尙夾有梵文及古龜茲語文書者，則由於一九二〇年余離開英倫，因此對於所獲些許婆羅謎字體之文書，不能爲正確之分類，致有此失也。

余在尼雅及樓蘭廢墟所得佉盧字文書，（第四章第六章第七章）考證辨識之責，付之 E. J. Rapson 敎授，並由 P. S. Noble 君襄其事，所著書不久可以出版，余所得者悉萃於是矣。敎授與 M. Émile Senart 及 Abbé Boyer 諸君究心此學，近二十五年，以之爲此，可謂得人。所獲諸件爲現存印度語文書原件之最古者，所述多關於行政司法以及私事之件。全書並附詳細索引，出版後對於塔里木盆地一帶生活情形之研究，必能有所啓示也。附錄G爲古龜茲文殘篇零簡，賴法國大印度學家余之老友 M. Sylvan Lévi 君爲之注釋，（附錄H）此中有一完好之最古窣利字長信一封，係余在敦煌廢塞所得。附錄P爲用後來之窣利字所書有趣味之摩尼敎文書殘篇，由 W. Lentz 博士爲之訓釋。

印歐族語系以外之文書考釋博辨，以故 Wihelm Thomsén 教授之力居多，和林所得唐代突厥文碑，通其讀者卽爲敎授本書附錄Q突厥文摩尼敎經浩瀚之考釋，亦卽敎授之作也。附錄K關於回鶻蒙古窣利諸種字體之文書章目，出於有名之考古學家及突厥文專家 A. Von Le Coq 教授之手。附錄L爲余在達科特山口所得之藏文材料，今由 A. H. Francke 博士爲之翻譯注釋。余第二次考古所得之藏文文書，卽由博士爲之整理也。F. W. Thomas 教授當余第二次考古獲得豐富之藏文文書時，卽曾致力研討，對於余第三次之所獲，亦予以不少之助力，其所考釋俱見於附錄R中。又余在黑水所得諸西夏文文書，當一九二〇年時，本由 B. Lanfer 博士應允爲之整理編目，至一九二五年博士因他事不得已捨去，殊爲憾事。然附圖第一百三十四面藏文注音之西夏文書一面，其羅馬字藏文注音實出博士之手。此在西夏文發音上爲一重要之發見，對於將來此學之研究，必可因此而呈若干之光明也。

所得美術品及工藝品之整理，以安得魯斯君之功居多。彼所編詳細目錄，余曾屢加稱述。此外如對於古代織物深湛之研究，（第七章及第十九章）所得繪畫各物之考釋，（第十三章第十九章及第二十八章）以及對於在西斯坦所得史前時代陶器之透闢分析，（第三十章）皆應特爲指出者也。附錄M詳細目錄所誌，俱爲故疏勒副領事 H. I. Harding 收集得來，後慨然以之贈於得里博物院之繪畫及木刻等類古物，此目亦出君手。在阿思塔那古墓中所得中國古畫，承 L. Binyon 君厚意爲之敍錄。（第十九章）R. L. Hobson 君博通亞洲磁器之學，此次所得各種磁器，俱由君摘要敍述，卽本書附錄D是也。石器之類，由不列顚博物院 R. A. Smith 君一一予以說明，（第六章第七章第三十章）並將其形式與亞洲各處所得者細為比較，今作為本書之附錄N。附錄B之古錢幣草目則係 F. M. G. Lorimer 君集其所考釋者而成，而更由不列顛博物院之 J. Allan 君襄其事，並為選取若干作為附圖第一百十九圖及一百二十圖。君於一九二〇年以來受印度部之托，關於一切文書之保管與夫印刷品之收發皆由彼負其責。

人類學方面之材料由不列顛博物院 T. A. Joyce 君為之詳細研究，余在帕米爾之媯水河谷上游及西斯坦所測量之四百三十人之紀錄，經君研究與詳細分析後，發表於附錄C中。余第一第二兩次人類學測量，多屬於帕米爾東南兩方之民族，此次所測量者大多為高山方面諸族，故 Joyce 君此次所著帕米爾及媯水盆地民族體格略述(Note on The Physical Anthropology of the Pamirs and Oxus Basin)一文，大足以補前說之不足也。

所得岩石及砂礫標本由 W.J. Sollas 教授及其助理為之仔細分析，附錄O即教授諸人對於標本之物理學的研究紀述也。此種標本俱余在塔里木盆地及盆地以東沙漠地帶採集而來。余素乏地質學上的修養，唯以前兩次與吾友有名之地質學家匈牙利人 L. de Loczy 同行，耳濡目染，稍知一二。余在牛津大學博物院 Sollas 教授實驗室見其正在試驗驗石標本中所含石油質量，始恍然其工作之煩重也。在考古學方面有關係之若干植物，則由不列顛博物院植物部主任 A. B. Bendle 博士為之鑑定。

（以下尚有三段，多屬聲謝之辭，今略不譯。）

二　斯坦因黑水獲古紀略

本篇曾登國立北平圖書館館刊第四卷第三號西夏文專號。

黑水，蒙古語作 Kars-khoto，意卽黑城，又作 Baishen-khoto，有禁城之義。位於北緯四十一度四十五分四十秒；及東經一百零一度五分十四、八五秒之間拔海二千八百五十四呎自阿拉善旗之定遠營至黑城，為程三百六十哩，約十九日可達。

據蒙古傳說，黑城係西夏故都，其最後一主號黑將軍（科智洛夫稱爲 Khara-tsian-tsnan）叱吒風雲，英武蓋世，所向無敵。遂思提雄師南下，與漢族爭伯中原。中國邊將聞警，亦起大軍相抗。與黑將軍遇於黑城東偏，今阿拉善旗北界 Sha-rtsa 山山麓。黑將軍師出不利，不得已退守孤城，負隅自固。中國大軍四面合圍，久攻不克。黑城城外額濟那河流貫其間，守者卽恃此爲飲水。中國圍軍因以沙袋塞水，決使西流，以斷城中水源。守者大懼，乃於城之西北隅掘井求水，深至八十 chokam（每一 chokam 爲十一呎六吋），尙猶涓滴未見。黑將軍乃思傾全力出戰，以圖爲最後之一擊。未出戰以前，舉府庫所有白金載八十餘車，悉傾井中，其他珍寶，尙不在內。金銀寶物既匿去，遂手刃其子女及二妻，俾勿污敵手。然後自率大軍毀北城而出，身先士卒，直摩敵壘。卒以衆寡不敵，致以身殉。中國大軍遂陷黑城，焚殺擄掠，大事搜索，而窖藏竟未之得。其後當地之蒙古人及左近漢人俱曾往尋，至再至三，仍無所獲。然黑將軍英武毅烈之概，與夫黑城藏寶之故事，則至今猶爲蒙古民間所豔稱也。

一九〇七年夏，俄國皇家地學會（The Imperial Russian Geographical Society）組織蒙古四川探險隊，以科智洛夫大佐（Captain P. K. Koz'off）爲隊長。一九〇八年曾兩至黑城探索古物，所得古器物及西夏文書籍甚多，其有裨於史學者不尠。科智洛夫黑城訪古所獲，羅福萇先生一文已述其概，茲不贅。科智洛夫之後更六年，英國斯坦因爵士（Sir A. Stein）率領其第三次之中亞探險隊縱橫於中國西陲塔里木河盆地，嬀水（The Oxus）上游以迄於伊蘭（Īrān）一帶足蹟所及者凡一萬一千哩，於地圖之測量，人地相應之故之考索，中西文化交通痕蹟之追尋而外，亦曾一至黑城，其所發現，初不下於科智洛夫所得。斯氏第三次中亞探險報告 Innermost Asia 一書之第一册第十三章，對於黑城探險事記載綦詳，章末並附發現品物詳細目錄。茲就所述加以刪節譯誌如次，科斯兩氏所繪黑城平面圖並附刊

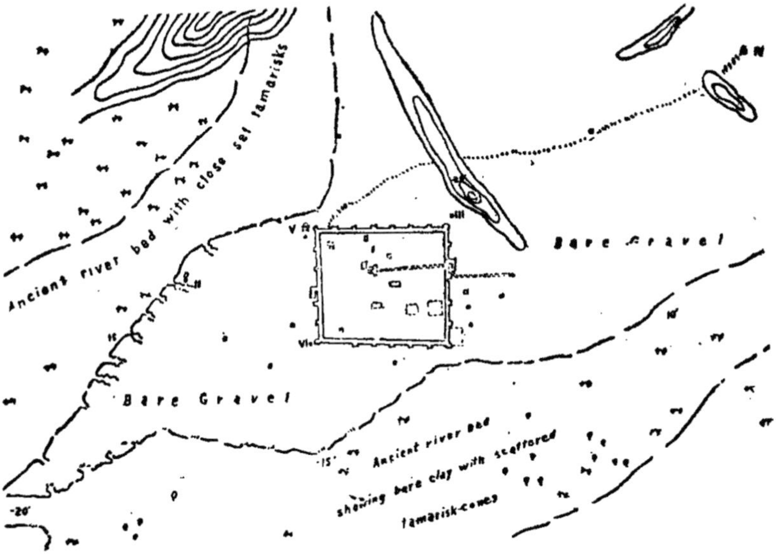

斯坦因實測黑水故城第一圖

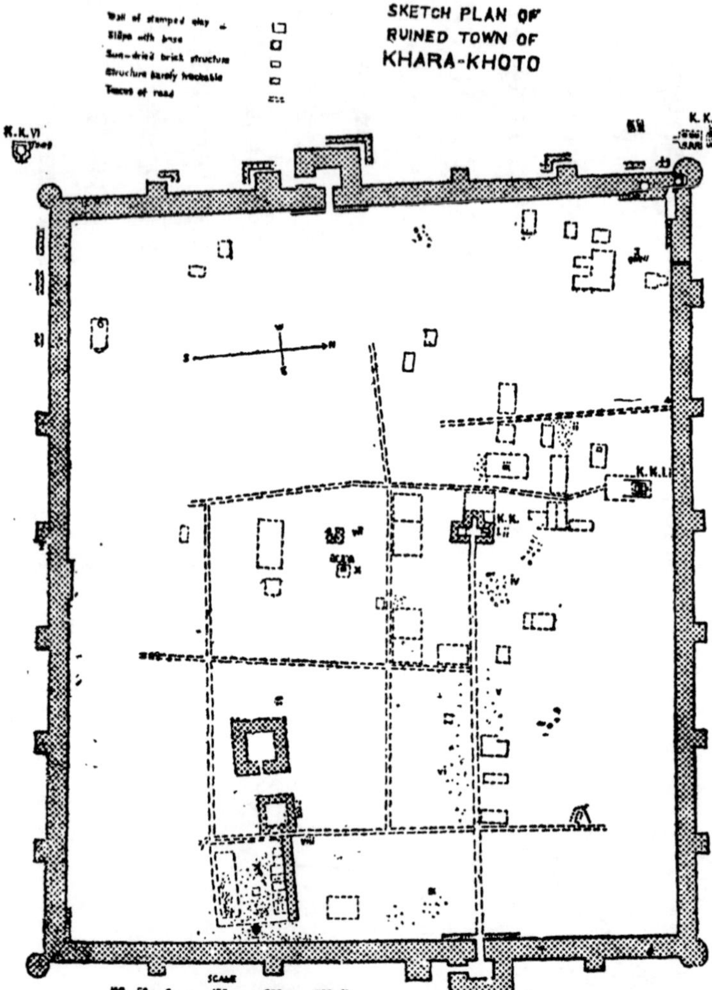

斯坦因實測黑水故城第圖二第

文中圖文對照，當可了然也。

黑城

城址略成長方形，北面長四六六碼，西面長三八一碼。城係磚築，中夾木構。城牆底部約厚三十八呎以次上削，至頂約高三十呎，僅厚十二呎。西北角上建窣堵波，厚度因而大增。城門闊十八呎，有月城以爲護衛；東西各四，北六南五，四角約成圓形，四面作長方形。以地居朔漠，西北風勁，流沙吹集，聚於城之西北兩隅，沙丘高與城齊，城磚爲沙所刮，陷落成槽，深至六呎有餘。

一九〇八年科智洛夫探險隊至此，第一次搜索城之中部，匆匆數日即去。第二次居此一月，發掘時集中於城西北隅大建築廢址，並及城外各處。所謂西北隅大約即科圖中所稱黑將軍遺址，斯圖中標以井字之處。至於科氏所獲西夏文籍，大都在城外西北隅上之大墳處，疑即科圖中之 Suburgen 斯圖中之 C. K. K. V 也。

一九一四年夏，斯坦因率其探險隊自肅州至此，就黑城內外重加探索。斯氏第一圖中之 I, II, III, IV, V 諸處，即斯氏所曾發掘之地也。

斯氏第二圖中之 K. K. I 爲古廟廢址，破碎之木片陶器之屬棄置其間，凌亂無序。內有少許木片，書有漢字，難以辨識。此外則爲有字之廢紙，大多破裂不堪，有撕餘少許者，有挽之成結者。所得廢紙多爲漢文，且以寫本居多。計有漢文古文書二百三十件；西夏文古文書五十七件，此五十七件中印本約居一半。殘片中有西藏文殘本三葉；漢文而用西藏文注釋者一葉；蕃藏文合璧者二葉；回鶻文及突厥文者九葉。漢字古文書中有年月可尋者九葉，大率在元世祖至元二十七年（一二九〇）至元順宗至正二十六年（一三六六）之間。又在 K. K. I, VIII 之廢址中獲中統鈔一枚，據 B. Laufer 云，此蓋世界上現存最古之鈔幣也。

城內各廢堆中又覓得有釉之破碎陶器甚多，率作青綠兩色，間雜冰裂紋，大塊碎片不少。此種陶器疑即當地所製。又有碎磁片若干，或係明代之物。所得鐵器有斷匕首，鋸刀之屬。又有一完好之黑漆木牌，上刻「一萬」二字。此外尚有殘絹片之類。

城內西部大都爲古寺遺址，只賸廢礎，約略可見。唯靠北寺牆處有一小室，在斯氏第二圖中爲 K. K. I. i，四面圍牆尚巍然高聳。全室闊三十二呎，廣逾五十呎，南口已圯。牆爲磚砌，厚一呎又半，四周倒塌，高才六七呎。置佛像處尚高十五呎左右。當時屋頂係用木料搭成，樑桷之屬，今尚可見一二。室內泥沙堆積厚達四呎。淸除之後，見此室原有佛像今俱毀棄無餘，像座形勢，依稀可辨，與敦煌千佛洞結構略同。佛座上有宋熙甯錢一，當為信士施捨之物也。佛像衣飾以及小彌勒像殘片散棄地下，式製與焉耆明屋(Ming-Oi)所有者相似。地下尚遺有壁畫殘片，其仍附着壁上者，遭風日剝蝕，已不可覩。此外尚有絹畫殘片，大約本係善男信女供養之長幡，繪畫佳妙，雖甚殘破，猶可窺見梗概。其中一片象徵月形，千佛洞曼陀羅畫頂時時見此。又有綠琉璃瓦殘片及磚製相輪小塔，塔底有婆羅門書。此種相輪小塔形製與一九〇一年斯氏在和闐附近 Rawak Stūpa 所得者近似。

自城東門有一大街直達城中廢址，街盡處爲一寺，卽斯氏第二圖中之 K. K. I. ii。寺廣八十二呎，闊六十三呎。寺基成凸字形，其後突出之部分爲大殿，闊十二呎，廣十七呎。自堦石直上中央爲一大廳，兩傍各闢廣室。大殿佛像已毀，塵積甚厚。從殿之南角積塵中覓得作梵夾本形之寫本及印本西夏文書十五葉，此外殘破小張甚多，大率為手寫及印本漢文，西藏文文書，又有印成之小佛像一張。又獲五彩麻布畫西藏風佛像殘片一幀。凡此種種，皆爲善信之士施作供養者。

自 K. K. I. ii 向南約三百碼，兩廢址之間，有小窣堵波三座，排成一列。在 K. K. I. vii 處覓得上書漢字之木板二塊。從此向西有厚大之磚牆矗立其間，如圖中之 K. K. I. viii 爲一小室。室中積沙殆滿，將沙清去，從中得漢文古文書一件，保存甚佳。又有波斯文一葉，完好無缺；據云爲十四世紀初葉之物，所述係回教禱告齋期單也。上述之中統鈔即在此處所得。

以上爲斯氏在黑城城內探索大概。城內探索既畢，遂轉而從事於城外西北角上四窣堵波之發掘，此即斯氏第一圖上之V第二圖上之 K. K. V 也。諸窣堵波緊接城之西北隅，殘損殊甚；形製與黑城西北隅城牆上之四窣堵波近似。城外四窣堵波以最北一座爲最鉅，雖已破裂，尚高二十呎。在此處僅得若干相輪小塔及佛像磚。其他三窣堵波位於大者之南，其下流沙四合。積沙移開後，發見保存完善之西夏文書葉子，多數係寫本，亦有印本；又有大梵夾本西藏文書，俱紮成小束，雜置塵沙磚墮中。此中完好之西夏文葉子約存一百餘葉，西藏文得其一半，殘片不計其數。此外尚有圖畫之屬，內一藍絹形製似係殘幡，上作蓮花圖案，此與其他西夏文等當爲供養之具，施捨入寺。後來城市荒蕪，寺院湮廢，流沙吹集，積滿寺庭，於是一切供養，悉爲沙霾，竟能保存至今云。

距城東北隅約一百碼而弱，有一廢址形狀略似窣堵波，在斯氏第二圖中爲 K. K. III.。遺址高出地面尚有十呎左右，中央猶有木植殘存其間。斜坡處散置泥製相輪小塔。將遺址基部北面積沙清除後，其中發見寫刊之西夏文漢文散葉無數；西藏文書絕少，即有亦多在西夏文及漢文書背。又獲絹質殘幡。幡上作畫甚佳，以暴露在外，已形模糊。此外尚有絹質殘幟甚夥。在此又得長方形泥制底一，中作趺坐佛像，塑製甚佳。

斯氏第二圖中之 K. K. II.，即一九〇八年科智洛夫大佐所曾發掘之處，其形制與其他窣堵波大異。位於河床西岸上，距黑城西門約四百四十碼。遺址爲磚築平台，方約二十八呎，高約七呎，今已殘毀不堪。台側磚瓦木石亂堆，其間塑像外部施彩之石灰衣殘塊亦羼雜於中。地面木架葦桿之屬，到處散置，當係以前塑像之像胎也。此種雜物堆外形雖似淩亂不堪，不足一顧，然將之仔細移去，則其下尚藏有紙籍，猶復完好。斯氏在此共費一日又半，以清除雜物。磚台東側中部突出呎餘，上環一圓形短垣，直徑約十三呎，高約二呎有半，垣廣約三呎六吋。斯氏探險隊中僱有蒙古人八名，其一名 Shapir，科智洛夫考古黑城，此人亦預其役，告謂此處以前置有一生人大小之遺像，大像外並環有無數小像。其後在積壓堆中覓得大塑像頭一枚，已殘毀不堪，又其他殘片若干，皆足證明 Shalir 之言非虛也。Shapir 又謂以前各造像間之空隙，堆滿書册繪畫及小佛像之屬，故科智洛夫在此所獲甚多。Shapir 又謂科智洛夫至此時，此遺址並不見有入口，唯在頂上闢有一孔云云。據科智洛夫報告 Mongolia, Amdo and the dead town Khara-kboto (Moscow-Petrograd, 1923) 所云，科氏曾在此中獲得骷髏一具，故遺址之爲一大陵墓，當無可疑。科氏所獲諸物，俱已輦歸俄國研究院亞洲博物館，若能詳加分析此墓時代以及所獲諸物之真價等等，必能確定。關於科氏所得佛像繪畫之類，已有 Prof. d'Oldenburg Materials for Buddhist Iconography from Khara-kboto (St. Petersberg 1914) 一文，討論至為詳盡。所得西夏文字典及佛經諸書，前無人知，俄國伊鳳閣 (M. Ivanov) 在俄國研究院專刊上有文述其大概，一九二〇年之法國亞洲學報 (Journal Asiatique) 上亦譯有伊鳳閣所為論述西夏文文字。科氏以其所得席捲而歸，然遺留未取者仍復不少。此處積存古物多至如斯，則伊鳳閣諸人之探討，對於全遺址之研究，必可以呈若干光明也。

此處大墓遺物之可稱述者，第一爲西夏文寫本印本數量極多，除小殘片不計外，蒐集所得稍加估計，西夏文寫本在一千一百葉以上，印本約三百葉；中多殘缺。漢文寫本五十九葉，印本十九葉。西夏文書多屬佛經，與城中廢址所得漢文多而西夏文少者適得其反；兩處時次大約不相先後。意者其時雖西夏當國，西夏國字盛行，然而世俗文移仍以漢文爲主也。又斯氏第二圖中 K. K. II. 二處僅獲西藏文書完好者十三葉，而在 K. K. V. 處所得者則爲數甚多，其事亦頗有趣。目錄上所載 K. K. II. 0234. K 之西藏文與西夏文合璧文書，曾由 Dr. Laufer 將其中所有與西夏文相當之西藏字，一一爲之注出。他日若能在彼得格勒所藏西夏文書中覓得此種西藏文西夏文合璧文書全帙，對於西夏文之研究必能更有所進步也。回鶻文書僅寫本一片，漢文婆羅門書合璧者只有兩葉。

此外尚有可以注意者，此處所獲西夏文及漢文文書，無論寫本印本，幾全爲長方形之書冊式。書冊係從千佛洞所藏卷子一式演變而出，宋以後中國所有雕板書俱用此式，至於此處所得西夏文及漢文卷子，統計不過二十餘卷；又其中西夏文書有書於絹上而不用紙者；兩者當屬偶仿古制也。又其中有上書文字而裂成小片之碎紙甚多，不盡爲發掘時鍬鋤之屬所致。顧以如此殘碎之物，而竟能雜於廢物之中不遭銷毀者，疑中國敬惜字紙之風，亦傳至此，因克如斯耳。

所獲造像大都殘毀不堪，僅餘頭臂之屬。佛頭石灰胎質稍堅，手臂上尚御有甲冑殘片，與千佛洞所見天王像近似。木雕像中有一立佛，面容大有峨特式(Gothic)雕刻意味，至爲奇異。地上又獲有壁畫殘片，點畫至佳，有爲天花板上之殘片者。疑本來壁畫尙爲完好，科氏至此，始剝離以去；地上所遺，乃科氏所不及攜走者耳。又有絹畫殘片，大都受有風日曝蝕之蹟。作風布局，與在千佛洞所得畫旛甚爲相近，技術之佳，初不在千佛洞一般之下也。

所獲西夏文東中尙夾有繪成佛像及其他聖蹟之雕板插圖及單葉圖畫至夥，唯俱殘毀已極，Mr. Andrews 爲之拼湊，始有數幅約略可觀。此種雕板畫，大都爲宋代物，顧已盛於西北邊陲，其在中國雕板史上者固至可珍貴也。當地佛教美術所受繼續不斷之影響，以至於最後形式，如千佛洞所見者，在此諸幅中亦可以窺見一二。雕板圖中有體構至爲繁複者，如書中附目 K. K. II. 0229 及 K. K. II. 02 9. C 一圖，作宮庭之狀，一大蟒盤旋庭中，左右大官數人朝服紗帽執笏相向拱揖，左方大官上首一宮女二黃門隨侍一人，畫已殘破，只餘衣袂，大約爲王者之屬也；右方大官之後有一菩薩一比丘作合掌之狀，此圖命意何居，不得而知。此外如 0233. b, 0280. a, 0290. a 則作極樂世界之圖； 0284. a 作釋迦本生之圖； 0238. a 作曼陀羅。大多數則多作佛及菩薩像，像上植一小牌子，內書西夏字，卽諸佛菩薩名稱，雕刻雖稍粗率，然至爲優美。由此亦可見出其所受西藏之影響，與千佛洞者略無二致；此古代邊陲之通象也。

此中又得水墨畫數幅，破碎雖甚，而顯然屬於中國畫風。有宋代畫稿一幅，作谿山行旅之圖，書中目錄爲 K. K. II. 0313. b 筆墨潦草。又一幅爲 K. K. II. 0313 C ，江邊楊柳垂垂，映水亭閣，右幅上方二人馳馬盤旋，荒率之致，更過於前。然其意態之佳，雖潦草殘破，猶不足以掩之也。此外有繪佛經中故事，刺作細孔，以供轉寫之用，如千佛洞中畫範者。亦有於其上書以西夏字者。唯所得俱屬殘幅，科氏所獲如有整頁，深盼能爲之影行，以慰考古者之渴想也。

又所獲絲織品不少，花素俱備，疑原係旗幟或供養用幡之殘餘。花係印成，有一絲質品，上作龍形，金色燦爛，以前當爲一書面，千佛洞亦有此物。又有一絲氈，形態與千佛洞發見者頗有可資研究之處。

斯氏在黑水所獲古物，內容約略如上。黑水之建，當在西夏之時，是以所得古文書中西夏字特夥。又所得古錢亦以宋元時代者爲多，明代者僅科智洛夫曾得一枚。凡此皆足以爲黑水城時代證明之助也。元時意大利人馬哥孛羅(Marco Polo)東遊元世祖之庭，曾至一城，名 Etzina，此卽元史中之亦集乃，亦卽科智洛夫斯坦因兩氏所先後發掘之黑城也。科氏在黑城所獲古文書，已有羅福萇先生一文略舉其概；斯氏所獲諸物，篇末附有詳目，唯古文書之屬，多未通其讀，不能確定名稱，僅記形狀大小以及殘破完整之概。今擇目中所記有西夏文字諸件，備舉如次，或可以聊窺一斑也。

附斯坦因氏黑水所獲西夏文書略目

K. K. I. ii 02. bb 雕板畫殘片

紙中有西夏字，紙之上部及中間各有坐佛一列，計十二尊，與 K. K. II. 0257. 5, g. 相似，印工粗劣，原來爲從中對摺者。紙色黃而皺，上部已破。紙闊八吋半，高七吋又四分之三。

K. K. II. 0227. b. 雕板畫殘片兩葉

兩葉俱有西夏字。一葉紙頂及中央各有坐佛六尊，極爲粗劣。每一像下寫有五六字不等。首一字與末二字俱同。又一葉全爲西夏字，無圖。黃麻紙佳。高約七吋又四分之一，闊約三吋半。

K. K. II. 0228. q. 雕板畫殘葉兩片

有西夏字，兩紙上部俱有佛像六尊排成一列，與 K. K. II. 0295. CC 同。一葉破裂，只餘一半，下端失去。一葉已破，紙之上部殘損，黃麻紙。高六吋，闊三吋半。

K. K. II. 0229. a., 0239. C 板畫殘葉六片

圖中有一大蟒，殘損不堪，或係中央別有一像今已失去，而圖中大蟒疑亦居重要部分也。圖作一宮庭之狀，庭中鋪以花磚，圖左方有一柱及複雜之畫棟，柱左二黃門，柱右一宮女，柱外別有官員四人。黃門宮女之前尚有一人，疑爲王者，今已裂毀，只餘衣袂。0239 C. 已裂成四片，勉强拼湊，猶可辨認。大蟒之右，數人執笏拱手與左方四人相向而立，執笏者後復有一菩薩一比丘。大蟒上有西夏字一行。全圖結構雕刻俱佳妙。黃麻紙甚脆，保存尚好。全紙高十吋又四分之三，各片拼接，共闊約八吋。殘片高四吋，闊一吋又八分之五。

K. K. II. 0229. qq 雕板畫殘葉一片

一面有西夏字五行，又一面作人像，甚爲粗略，頭飾作棕櫚葉上竪之形。黃麻紙高五吋半，闊四吋。

K. K. II. 0231. b 雕板畫殘片

原係板畫一大張，今只餘右半。上有結跏趺坐像三十四尊，俱面向左，若對一尊者瞻禮之勢。三十四像俱有圖光，及其他法相。前列有三人，一執蛇，一執劍，一抱琵琶。第二列一人頭上以四馬爲飾，更後祥雲繚繞，天花飛颺。

像中有剃度作比丘裝者，有頭上高髻峨峨，並無裝飾者。像左有一窣堵波。像中有小牌子四，上俱書以西夏字。雕刻尚佳，而略嫌板滯。畫作西藏風。黃麻紙甚佳，兩端破裂。高八吋又四分之一，闊七吋又四分之一。

K. K. II. 0233. ttt, uuu. 雕板畫一葉又殘紙一片

有西夏字。紙上端趺坐佛像一列，如 K. K. II. 0216. t. 而印工更劣。uuu 一部分有趺坐像六，左及右上角俱已破去。黃麻薄紙。高七吋又四分之三，闊四吋又四分之三。ttt 一部分餘趺坐像四。紙甚薄。高三吋又四分之一，闊二吋半。

K. K. II. 0233. vvv. 雕板畫殘葉一枚

有西夏字，右端近頂處一立菩薩像，面容全露，手執長杖，柱於右方。右手握杖齊肩，左手握杖與胸平。像髮黑而短，着廣博衣褪於兩肩，衣端置左臂上。全圖用單純之線條構成。像後作粗率之波紋形曲線，見此頗令人憶起 Christophorus 之畫風也。此圖右端作一龕形，環以弧形線繞城之圓穹。龕下則有花紋弧線外之建築情形以及龕內俱不甚可辨。右角全毀。飾具下有西夏字三行。底部裝飾之左，自上至下又有西夏字三行。最外一行中央一寺，寺頂尖聳。破裂不堪。黃麻紙極皺。高七吋，闊三吋半。

K. K. II. 0233. www. 雕板畫一葉

有西夏字。紙上端有佛及菩薩像一列，僅餘其三，結跏趺坐，坐下作菊花圖案。像頭甚廣，八字鬚髭，頭飾銳聳，有耳墜，有圓光身光。觀其首，似帶一獅子假面，而衣飾則似佛及菩薩。右端已裂。黃麻紙甚佳。高六吋又四分之三，

闊一吋又四分之三。

K. K. II. 0233. xxx. 雕板畫殘葉

有西夏字中央趺坐佛像一列，與 K. K. II. 0276. v. 相似。紙之上半及右半俱毀去，僅存像二，及西夏字兩行。黃麻紙軟。高五吋半，闊一吋又八分之七。

K. K. II. 0235. k. 殘紙片

有西夏字五行。紙背繪奔馬，筆致粗劣。黃麻紙，四邊破碎。高六吋半，闊四吋又四分之三。

K. K. II. 0238. a. 雕板畫殘片

只賸左半，一大菩薩像趺坐蓮花座上，三首右方五臂，執火輪劍具之屬；頭上橫置西夏文牌子，右端殘去。大菩薩像別有女像十，結跏趺坐，分爲六層，上下各一。黃麻紙，佳好，右方不存。高十吋半，闊四吋又四分之一。

K. K. II. 0238. b. 雕板畫殘片

有西夏字及佛像兩列，如 K. K. II. 0227. b.，唯佛像繪刻俱勝於前。大約卽爲 K. K. II. 0265. f. 之一部分。黃麻紙堅韌。高八吋，闊三吋又四分之三。

K. K. II. 0239. a. 雕板畫殘片

計餘佛像三，結跏趺坐蓮花座上，右一像僅餘佛首，首以下俱毀去。像間飾以花朵。中央一像下有西夏字，已殘去，只餘一二筆隱約可辨。黃麻紙，質脆，破裂不堪。高五吋又四分之一，闊八吋半。

K. K. II. 0239. ww. 雕板畫殘片

兩半葉粘合而成之雕板畫殘葉，有西夏字，上端及中央各有坐像六尊，與 K. K. II. 0257. o. 相似，而身光及座俱用朱色。黃麻紙，下端及左角俱撕去，保存尙佳。高六吋半，闊三吋又八分之五。

K. K. II. 0239. xx. 雕板畫殘片

有西夏字，紙中央爲坐像一列，僅存兩尊。雕印俱佳。作風略似 K. K. II. 0276. t.，而寶座繪畫草率，圓光相接合處亦無角度。灰色麻紙尙好。高六吋，闊三吋半。

K. K. II. 0242. a. i-viii. 雕板畫殘片

殘破不堪。大約係一書中插畫之殘葉，上端作兩菩薩像左右對立，下爲西夏文牌子兩行，各在像下。雕刻佳。

K. K. II. 0244. a. xiii. 雕板印葉子殘片

下端有西夏字六行，上半撕去。黃麻紙佳。高九吋，闊七吋。

K. K. II. 0244. a. xiv. 雕板印葉子殘片五枚

有西夏字。一殘片上端有趺坐佛像，與 K. K. II. 0281. a. xxxviii. 同。印工不甚佳，黃麻紙，下端及兩側紙質已軟而起毛。高兩吋半，闊三吋又四分之三。

K. K. II. 0244. a. xv.

西夏字幾全撕去，僅依稀可辨。佛像與 K. K. II. 0238. b. 略同。黃麻紙佳。高二吋半，闊二吋半。

K. K. II. 0247. d. 殘畫一片

所有諸畫像自胸以下俱闕。一男子僅餘一部分，左方一老人，細目，向上仰對中央。小口，無髭鬚。右手握牡丹近鼻，似嗅之者。左手闕去。面部線條優美，所繪之鼻尤爲佳妙。面部手及牡丹俱用細筆繪成。寶座則用大筆。紙暗黑色，殘破殊甚。有字牌四，似俱爲西夏字。高十五吋，闊十四吋半。

K. K. II. 0258. a. 雕板畫殘片

有西夏字，上端及中央各有佛像一列，與 K. K. II. 0263. a. 同。黃麻紙佳。高八吋又四分之一，闊三吋又四分之三。

K. K. II. 0258. b. 雕板畫殘片

有西夏字，上端佛像一列，僅二尊尚完好。餘三尊已毀。與 K. K. II. 0230. xx 同。黃麻紙甚薄，已破裂。高六吋半闊四吋半。

K. K. II. 0260. n. 雕板畫殘片

有西夏字，中央佛像一列凡六尊，與 K. K. II. 0265. a. 同。紙亦相同。高三吋，闊三吋又八分之七。

K. K. II. 0264. c. 雕板畫殘片

有西夏字，上端佛像五尊，與 K. K. II. 0292. i. 同，而較粗劣。黃麻紙佳。高七吋半，闊三吋半。

K. K. II. 0265. a. 雕板書殘葉

尚餘四整葉一半葉，俱西夏字每葉上端及中央各有趺坐像六，如 K. K. II. 0263. a. 黃麻紙佳。高六吋又四分之三闊四吋。

K. K. II. 0265. b. 殘書三葉又殘片一小方

兩葉全屬西夏字，一葉雕板畫，上繪像十五尊，每列三尊，凡五列，面俱向右。十五人中有善男子善女人，有夜叉之屬。所繪或係涅槃故事也。雕工粗率，黃麻紙。高七吋又四分之一，闊三吋又四分之一殘片上有西夏字牌，僅餘一字。高一吋又八分之七，闊一吋又四分之三。

K. K. II. 0268. d. 雕板畫殘片

有西夏字，紙上端五佛像作一列，板刻極劣，蓋即仿 K. K. II. 0231. a. 重雕者耳。黃麻紙尙佳。高七吋又八分之一，闊三吋又八分之三。

K. K. II. 0270. aaa. 雕板畫殘片四枚

有西夏字，紙上端五佛像作一列，筆致甚劣，用紅黃灰諸色爲之塗飾。佛像俱着紅袈裟，肉作黃色，灰色身光，頂上圓光作白色，外緣作紅色，圓光尖端一傘相間飾以紅黃諸色。傘係繪成者。圓光之後作黃地紅光線形寶座上蓮華作雙線，亦用紅色。紙已揉縐起毛。高約四吋，闊約四吋半。

K. K. II. 0270. zz. 殘紙片

上有西夏文，作 Yantra 式。外圈有雙線字牌一。中央一字牌下端在一小圓圈上，有光線十三道自圓圈上射出，每一道光線上懸字牌一。灰色麻紙高四吋，闊五吋。

K. K. II. 0272. z. 殘紙片

其上俱作屈曲之西夏文。黃麻紙，有係黏貼接合者。高約八吋，闊約五吋半

K. K. II. 0274. a. 雕板書六葉殘片

俱爲西夏文，首葉有一板畫，凡繪菩薩及天魔像十三，每一像俱有西夏文字牌。像首莊嚴飾具各各不同。雕刻甚佳。紙已殘損；上端略存邊欄，餘俱不見。高六吋半，闊二吋半。

K. K. II. 0274. b. 雕板畫殘片

有西夏字，上端及中央各有趺坐像一列，與 K. K. II. 0238. b. 同。四邊及中部俱毀去。黃麻紙，薄而起毛。高七吋又四分之三，闊六吋。

K. K. II. 0275. a. x. 雕板畫殘片兩枚

有西夏字，並雜以粗劣之佛像。紙質毛緫殊甚。高闊俱約三吋。

K. K. II. 0275. a. xv. 藍絹幡殘片

黏於紙上，左角上端並貼有西夏字紙牌。滿污泥土，破裂不堪。高六吋又四分之三，闊二吋又四分之三。

K. K. II. 0276. c. 殘紙片

西夏字六行，上端趺坐佛像一列，與 K. K.II. 0276. u. 同。黃麻紙，左上端半已不存。高七吋又四分之三，闊四

吋又八分之三。

K. K. II. 0276. t, u. 雕板畫殘片兩枚

有西夏字，上端結跏趺坐佛像一列，t 有佛像三，蓋即從一幅中裂出者也。佛像長身窄腰，偏袒左肩右臂，刻畫俱劣，而比例甚佳。黃麻薄紙，右上端失去。高七吋又四分之三，闊四吋又四分之三。u 與 t 同，而雕板各異。右上半及左方大部分俱殘，存四像及第五像之一部分。高七吋，闊三吋半。

K. K. II. 0279. uuu. ii. 雕板畫殘片

係兩葉反黏而成，有西夏字及趺坐佛像一列，與 K. K. II. 0239. a. 似同出一板。一面存像二，一面存像一，每一像下有字一行，每一樹下亦有花飾。左方似爲一彈琵琶之樂人。構圖甚佳。黃麻紙殘破不堪。高九吋，闊五吋又四分之一。

K. K. II. 0282. b. x. 雕板畫殘葉

有西夏字，與 K. K. II. 0233. vvv. 甚似，大約同一雕板，而印刷較爲淸晰耳。紙色暗而破裂，背面存西夏字五行。高七吋又八分之三，闊三吋半。

K. K. II. 0282. b. xi. 雕板畫殘片

有西夏字，上端佛像五成一列，與 K. K. II. 0292. i. 相似，而刊刻較爲粗率。黃麻紙，甚薄，左端殘闕。高七吋又八分之一，闊四吋又四分之一。

K. K. II. 0282. b. xii. 雕板畫殘片

有西夏字上端佛像一列，裝飾與 K. K. II. 0293. a. 同，紙已破裂，唯存二像。高四吋，闊三吋半。

K. K. II. 0283. a. xxii. 殘紙片兩枚

係數層黏合而成，塗以紅色。背面有西夏字。高五吋又八分之三，闊三吋半。

K. K. II. 0284. a. xxiv. a, xxiii. 殘紙片兩枚

上端圖畫與 K. K. II. 0241. a. 同，唯別爲一板。又一片印有西夏字四行。高闊各二吋半。

K. K. II. 0284. a. xxv. 雕板畫殘片

有西夏字及佛像，與 K. K. II. 0293. a. 同。存佛像三，西夏字一行。黃麻紙，左上角殘闕，下端破。高七吋半，闊三吋半。

K. K. II. 0284. f-k. 殘紙片

f. g. k. 三葉有西夏字及佛像，與 K. K. II. 0265. a. 同；i 爲西夏文兩葉，上有佛像，與 K. K. II. 0233. uuu. 同，j 爲西夏文寫本一葉；k 爲一寫本，字體屈區莫辨。其他諸片字畫之蹟，約略可識。各葉約高七吋半，闊三吋半。

K. K. II. 0285. b. vi. 雕板畫殘片

與 K. K. II. 0241. a. 同，全紙可分爲四部分：左上存西夏字五行，左下插圖，已殘闕，僅餘遠山一角及一人首

肩諸處。右上插圖作一老者扶杖面左而立，一小兒立其前；右下存西夏字六行。此疑爲一種西夏文故事書或二十四孝圖之類也。刻手草率，黃麻紙，各邊破損，高五吋半，闊二吋又八分之七。

K. K. III. 023. b. i. 殘紙片

.b爲一粗劣之像，僅頭肩一手猶存，面爲正向，有線射向各處，每一線之外端有西夏字牌子一，大約爲一種圖解，下端失去。紙背有西夏字十一行。高四吋半，闊五吋半。i：只餘一小片，爲裳之下端，塗以黃色。紙背亦有西夏字，高五吋又四分之一，闊一吋又四分之三。

K. K. V. b. 019. 雕板畫殘片

右方存西夏字六，左方作佛坐雙樹間像，與 K. K. II. 0239. a. 大致相同，而構圖有殊，像左尚有一像已殘去，只餘身光。雕刻甚佳。高七吋，闊五吋又四分之一。

附記

獲古記所述黑將軍故事，見一九〇九年十月份英國 Geographical Journal 科智洛夫所作俄國川蒙探險隊紀略（The Mongolia-Sze-Chuan Expedition of the Imperial Russian Geographical Society）一文，按之西夏舊史，並無佐證也。至於科氏所得西夏文籍有年代者，有乾祐二十一年（南宋光宗紹熙二年，西元後一一九一年）骨勒茂才之蕃漢合時掌中珠一書，上虞羅氏已爲影印行世。此外有乾祐二十年之金剛般若波羅蜜經，大方廣佛華嚴普賢行願品，天慶二年之佛說轉女身經諸本。按乾祐二十年仁宗曾請宗律國師淨戒國師大乘去密國師禪法師僧眾等就大度民寺作求生兜率內宮彌勒廣大法會，供養施食，念佛誦咒，讀西番漢藏經及大乘經典，說法作儀，散施番漢經文十五萬卷，作有施經發願文，附於經後。科氏得觀彌勒上生兜率天經一本，後有發願文。一九一一年通報曾為轉載，今錄如後，觀此於黑水所獲之以佛經為多之故，可以明矣。

施經發願文

朕聞蓮花密藏總萬法以指迷金口遺言示三乘而化衆世傳大敎誠益斯民今觀彌勒菩薩上生經者義統玄機道存至理乃啓優波離之發問以彰阿逸多之前因具闡上生之善緣廣說兜率之勝境十方天衆願生此中若習十善而持八齋及守五戒而修六事命終如壯士伸臂隨願力往昇彼天寶蓮中生彌勒來接未舉頭頃即聞法音令發無上不退堅固之心得超九十億劫生死之罪聞名號則不墮黑暗邊地之聚若歸依則必預成道授記之中佛言未來修此衆生以得彌勒攝受感佛奧理鏤板斯經謹於乾祐己酉二十年九月十五日恭請宗律國師淨戒國師大乘玄密國師禪法師僧等衆就大度民寺作求生兜率內宮彌勒廣大法會燒結壇作廣大供養奉廣大施食并念佛誦咒讀西番番漢藏經及大乘經典說法作大乘懺悔散施番漢觀彌勒上生兜率天經一十萬卷漢金剛普賢行願經觀音經等各五萬卷暨飯僧放生濟貧設囚諸般法事凡十晝夜所成功德伏願一祖四宗證內宮之寶位崇考皇妣登兜率之蓮臺曆數無疆宮幃有慶不穀享黃髮之壽四海視昇平之年福同三輪之體同理契一真而言絕謹願奉天顯道耀武宣文神謀睿智制義去邪惇睦懿恭皇帝謹施

按西夏元昊時野利仁榮撰番書十二卷，大慶元年（宋高宗紹興十年）尊為國宇，凡國中藝文誥牒，盡易此體。又設蕃漢字院，漢習正草，掌中國往來表奏，中書漢字，旁列蕃字。蕃兼篆隸，掌西蕃回鶻張掖交河一切文字，並用新製國字，副以各國蕃字。吳縣胡玉縉氏因謂「兼用漢字及各蕃字，所以對外，而國內則悉用國字。……國內用國字，有時亦不拘者。藏通塔碑掌中珠將以便俗，故一則陽蕃陰漢，一則蕃漢並列。錢文將以流通國外，故洪遵泉志倪模淺略李佐賢古泉匯各載蕃字錢，而元德天盛乾祐天慶皇建光定諸品，皆用漢字。凡此當觀其通，未能執一以爲斷；要之國字實在諸字之右」云云。其言似不盡然，如惠宗太安年間所鑄之太安寶錢，及天賜禮盛國慶年間所鑄之天賜寶錢，皆蕃漢並列。護國寺感通碑成於天祐民安五年（宋哲宗紹聖元年），其時距元昊建國未幾，蕃漢並列，尚有可言。乾祐二十年上距元昊建國已一百五十三年；下距德王晛亡國才三十六年，距定西夏字爲國字之大慶元年亦已五十一年，而其施經尚猶蕃漢並列；可爲蕃字未能普行民間之一明徵。若大安天賜諸寶錢之蕃漢並列，以清代制錢清文與漢文俱備之制，及末代清人至不識清字之事證之，尤可恍然。今謂番字在諸字之右，蓋不無可疑也。

三　俄國科斯洛夫探險隊外蒙考古發見紀略

前讀于右任先生考察外蒙古土謝圖汗部諾顏山下蘇珠克圖地方二百十二古墓記，惜其多紀游蹤，未詳內容，因譯是篇，以為補正，藉供留心中國古代東西文化交流者之覽觀焉。本篇原文見一九二六年四月份 The Burlington Magazine 作者 W. Perceval Yetts，英國人，專究中國美術之士也。一九二六年十月 The American Geographical Society 出版之 The Geographical Review 上氏亦著有 Links between Ancient China and the West 一文，於科斯洛夫在外蒙發見之重要，及其與東西文化交通之關係，曾舉其概，讀者可以參閱。此外科氏發見諸物中有底鐫「上林」二字之漆碗一件，頗堪玩昧。按漢書貢禹傳：『蜀廣漢主金銀器，歲各用五百萬；三工官，官費五千萬。』注：『如淳曰：地理志河內懷蜀郡成都廣漢皆有工官；工官主作漆器物者也。』設官製器，用費達五千萬，漢時漆器之盛，亦可見矣。日本東京帝國大學於大正十四年發掘朝鮮古樂浪郡王旴墓，得漆器甚夥，有銘文，鐫建武永平等年號，為蜀郡廣漢郡工官所作。此不惟足以實證班書，科斯洛夫外蒙考古所得漆器之時代，因此亦似獲一旁證。因略贅數言，聊當補闕。譯者附識。（按此篇曾登東方雜誌第二十四卷第十五號。）

先是當一九一二年時，有一鑛工在外蒙古尋覓金鑛，發見若干丘墳，以為或係古代金鑛鑛穴遺蹟，因開掘數穴，結果尋得各種古物甚夥。所得諸物一部分歸伊爾庫次克博物院（Irkutsk Museum），一部分由鑛工之孤霜售於科斯洛夫探險隊（Kolzóv Expedition）。隊員探險隊疑此或係重要墓地，因於當地擇大墓六小墓四以發掘之。發掘工作始於一九二四年之三月，輟於其明年之二月。最近俄國科學院（Russian Academy of Sciences）曾刊行一種俄文報告書，其中所記之大部分，卽為此次發掘所獲之結果也。（註一）唯以氣候關係及其他種種困

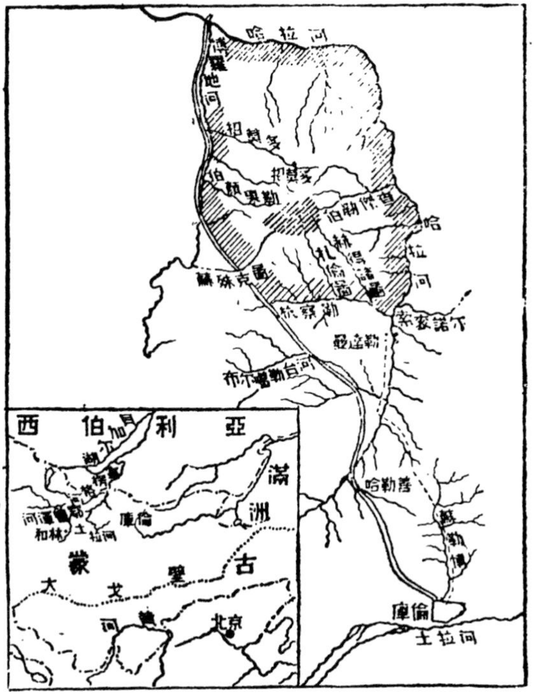

科斯洛夫探險隊外蒙古考古略圖　圖中虛影表示諾顏山脈一帶，其中較黑一處則發掘古墓所在也。雙線示庫倫恰克圖大道。左下角小方圖則表示一般之位置者也。

難，僅一墓能爲有系統之發掘，餘九墓只於掘開後稍事探尋而已。故報告書之範圍頗狹，後來發見，俱未之及。至於所獲諸物之處置，據鄂爾敦堡博士（Dr. S. K. Oldenburg）序中所云，一部分將置之庫倫博物院（Urga Museum），餘則胥運至列寧格勒（Leningrad）保管。而發掘之詳細經過，將由蒙古科學委員會（Uchënaya Kommissiya）出，胥委託俄國文化史學院（Russian Academy of the History of Material Culture）刊行一詳盡之報告書云。

古墓遺址在今土謝圖汗境內，當流入貝加爾湖之塞楞格河上源。古墓凡二百十二座，可分爲三羣，俱在諾顏山林木叢萃之斜坂上，當庫倫之北七十哩，位於庫倫恰克圖大道（Urga-Kyakhta）之東約七哩。塞楞格河之支流，土拉鄂魯渾哈拉諸水，即以無數小川匯流於此也。

本篇所及，唯以此次發掘所得諸物中之有關於藝術史者爲限，他若諸墓之體制以及一般之布置，則俄國科學院報告書中科斯洛夫大佐（Col. Kozlóv）及鐵布洛烏可夫君（Mr. Teploukhov）二人所作諸文，敍述綦詳，讀者可以參閱也。唯諸墓體制華美，明器精好，可見當爲達官貴人之佳城。墓室有深達三十呎者，內中別建木室，通以隧道，壁間則幕以華美之織物。顧諸墓在此次發掘之前，俱曾被盜，墓中所葬者不知爲塞種（Scythian）或薩美細亞（Sarmatian）抑爲古代西伯利亞文化甚盛之際之人。墓中所獲金器異常豐富，然此亦不足異；自匈牙利黑海以迄貝加爾湖東之一片廣土，其中以盜墓爲業者實繁有徒，與考古學事業，蓋截然兩途。以其如是，是以今日俄國美術陳列所（Hermitage）所藏金片爲數約一萬枚，其價値當非微細也。此中大多數俱於十九世紀末葉得自南俄，其尤饒興趣者則大彼得（Peter the Great）敕令西伯利亞諸墓中所獲金器，胥沒收歸公，以供科學研究之用諸物是也。（註二）

諸墓棺蓋多爲盜墓者掀去，以致棺內諸物，淩亂無序。盜去金器數當甚夥，存者頗尠。今將所得諸物略舉如次：

金類

三角形及狹長形之薄金花片，亦有塗以紅漆者，釘於棺上爲飾。厚金片，有壓花者，有嵌石者。圓形上渤金片；鑽形上渤金片又一凸片，上刻一跂馬，形似有翼。嵌石上渤金片若干。一牛首。鈕釦。

銅類

無數花片，有鍍金者。塗漆銅著若干，插於花片背上，想或係天幕之一部耳。破銅鼎一，底成狹錐形。三足香爐一，平柄，爐中一柱矗立。杯。小銅帽甚多，此或係爲包軸之用者也。又有殘片，似爲輪箍。漢鏡殘片一。

鐵類

鐵桿筒鐮鐵勒之屬。

木類

尚附皮件之殘鞍。馴鹿及其他動物之雕刻品。焦爐。

石類

橢圓珠及瑪瑙獸。

陶器

完好之黑色陶瓶若干，及磨輪製之陶罇殘片甚多。就質料技術及所飾之花紋而論，與塔爾科倫西微支(Talko-Ilryncewiez)在貝加爾湖東發掘所得粗笨之陶器蓋俱相似，（註三）而後者發掘之處，距科斯洛夫所掘之地初不甚遠也。

漆器

一紅內黑外之漆罇殘片，用金葉飾成各種禽獸；又有一獅，背負一猴。紅內黑外之漆碗若干，上有黑底紅繪之圖案。報告書中曾攝有碗形之照片，本文後將論及，今暫不贅。諸棺外部顯然亦有上漆者，唯只一棺底部略存小塊而已，尚有氈片一方，密附其下。黑漆棺木殘片上飾一鵝，飛遊雲中，圖案顏色為紅黃綠棕四色合成。（第六圖）

織物

衣物甚夥，有一絲皮之絲袍及絲帽俱完好無缺。惟多殘毀者，此或爲盜墓者之所致耳。外有寬窄袖俱備緣以黑貂之絲袍，帽及披肩等之殘片。用絲繡之厚氈鞋底。而織物中保存最善關係最鉅者是爲氈毯及挂布；後文於此尚須稍稍加以敘述也。用絲繡邊之厚氈毯，絲繡之毛織物衣服，繡花絹，以及薄而繡花之織物，俱用銅釘按於墓室及墓道之壁上。網袋結以三角流蘇之旗。

雜類

大小琥珀珠；雕成盤蛇形之琥珀。馬尾製之馬具。絲網。黑色粗細髮辮。亦有盛之於蝓蚶形絲盒之中，而飾以符咒者。中有大辮一，似爲婦人之物，雜縛紅繩，在一墓中髮辮計得十七具云。

所遺諸辮顯爲殉儀遺蹟，古時中國人及其西北兩邊異族，與希羅多德（Herodotus）史記卷四第七一節至第七三節所述塞種（Scyths）皆行此風。故司馬遷著史記，卽及晉國諸公之葬，以妃嬪等人爲殉，及匈奴以男婦殉隨死者於冥間之習。（註四）蓋中國在戰國時，各國中頗有行此習者，此後繼繼繩繩，至於十七世紀，猶爲中國之一種制度，唯不數覯而已。（註五）秦始皇崩，後宮無子，以及工匠爲機藏者，皆令從死，蓋爲此事最著之例。顧據馬哥孛羅（Marco Polo）所述，芒哥大汗之崩，屠赴葬者至二萬人以殉，前古視此，斯又卑卑不足道巳。此輩不幸之人除眞以身殉者外，尚有截耳割髮塡之墓中，以表哀忱者。希羅多德書中述一塞王之葬，卽行此俗。（註六）第八世紀，一突厥汗卒，其墓中亦復如斯；墓在鄂魯渾河沿岸，距科斯洛夫探險隊所發現之墓地不遠。

余於墓中所得髮辮言之刺刺不休者，亦以此或可爲解決墓中長眠者究屬何族之事呈一線之曙光耳。報告書中關於人類學方面唯一之文辭乃為科斯洛夫之意見，以爲就墓中所得之頭顱觀之，此輩係屬雅利安人(Aryan)而非蒙古人云云。至於詳細之論據，則在行將出版之刊物中，必有以告語吾人也。報告書各作者推定諸墓年代約在二千年前。當斯時塞楞格河流域係在匈奴統治之下，或爲丁零一族奠居之所，唯丁零南境或不能遠至於此耳。

匈奴至西元初始漸衰落。然前此數百年其與中國之接觸卽甚密切。外交上之折衝樽俎，軍戎上之旅進旅退，為時甚久。勝負無常，而游牧民族似得實際上之利益。中國於無可如何之際，輒用和親之計，不惜以公主絹帛等等珍物，予其世仇，以求苟安。一方面則循其目光如豆之舊俗，於失敗之將帥使臣胥予殺戮，此在今日，猶如是也。於是在戰爭及外交上失敗之徒，審知回國以後，行將身首不保，則相率歸於敵方，而匈奴乃收漁翁之利，得此輩以爲羽翼，用多賜以高位；西元前一百年，卽有以中國降人爲丁零酋長者云。（註七）

以上所述史事，蓋所以明科斯洛夫探險隊發見之中國古物之由來也。匈奴塞種蒙古諸騎馬之游牧民族常喜吸收文化較高諸民族之物質文明，而其嗜好又至爲溥泛，元代各國工匠之麕集於其宮廷，卽足以證此。匈奴等族俱好借他族之文物以爲焜燿，則外蒙古墓中希臘伊蘭以及美索波達迷亞（Mesopotamia）等處圖案之殘蹟與中國古物以及當地土產雜然並陳，實毋足異也。匈奴與大月氏（卽印度塞種人（Indo-Scyths）爭雄者久之，至西元前第二世紀，大月氏始爲匈奴所迫，轉徙西去。顧大月氏之西逝也，又克半希臘種人之大夏，而建都於嬀水

(Oxus R.) 以北今布哈拉(Bukhara) 附近月氏之風俗習慣既與匈奴相似，故其與多數之希臘文化分子同化，自確然無疑而自嬀水流域所獲之古物觀之，希臘及伊蘭文化之影響在西元前二世紀左右，卽已侵入西伯利亞之南部矣。與黑海沿岸之希臘殖民，亦以塞種人爲其中介而曾通往來。波斯當阿墾米尼王朝(Achæmenide) 時代，其藝術已夾有巴比倫亞速藝術之動機，其用之也復益之以希臘之技術。科斯洛夫探險隊所獲諸物中有一繡幕，似成於希臘工人之手，蓋最足以見此種交互錯綜之致也(參看第一圖)而塞種人又以與波斯之東北徼接壤，觀感所及，於其鄰邦之風彩多所採取，此於亞洲中北東三部之藝術，蓋有甚深之影響云。

報告書中關於此次探險隊在史學上及文化上所得之結果，波洛甫喀 (Mr. G. I. Borówka) 著有一文以言之。此次所獲之織物，上多繡動物，波氏以爲此乃塞種西伯利亞系(Scyths-Siberian) 藝術上之特徵，爲前此所未知者，用於此點反復致意。諸墓中有一墓室地上覆有縫成之地毯一幅(附圖A)，上有動物兩組，係用有色布剪縫於毯邊而成(附圖C及附圖D)。動物邊緣滾以捲繩，以顯示輪廓。其中一組爲猛鵰擊馴鹿之圖，描繪馴鹿觳觫之神情體態栩栩如生。美術陳列所有一雕鷹金質花片，內着以色，今試取之以資比較。(註八)試察鵰喙翼羽尾以及二者間相同之點，可見繡者之繡鵰也，於鷹體態，必有所借鏡：夫鷹之爲物，從金花片上觀之，可見在西伯利亞之裝飾品中甚爲流行，則繡工繡鵰，如非借鏡於此，必係於鷹形不能十分了解，因有此不倫不類之怪相也。又一組爲一角獸與一牯牛相鬬之圖。波洛甫喀曾指出此種圖案中之各項特點，以爲係屬於普通所謂塞種西伯利亞系藝術者。古代西伯利亞人最好以馴鹿爲圖案，而牯牛則屬中亞之犂牛。波氏以爲與犂牛相鬬者係有角之獅；唯余意以爲較近於鷽也。此與拉德洛夫(Radloff)在阿爾泰山掘得之木質花板上所雕之動物相似，(註九)據云是鷽，其最足注意者爲鹿角尖端之鳥首，是爲塞種西伯利亞藝術上之普通方法。(註一〇)鵰於後來將更述及，今暫不贅。波洛甫喀又指出一耳端螺旋狀之特點，以爲薩美細亞及塞種西伯利亞製金屬器皿內部常有寶石，是其特識，此則白地之外，緣以搓繩，正復相似云。

此種刺爲食肉之禽獸捕捉食餌或互相鬭爭之狀之動機，常甚荒誕，起源亦甚夐遠。迦勒底(Chaldea)曾獲一貝殼，上有刻繪，據云乃西元前三千年物，余之所知，此爲最古矣。(註一一)上作獅搏牯牛之形，其結構布置與西伯利亞花片上所常見者相似。亞速之雕刻中亦有與此同樣之動機；如不列顛博物院(British Museum)所藏西元前九世紀沙爾馬泥則王第二(King Shalmaneser II)之黑大理石方幢即其證也。百泄波里(Persenpolis)薛西斯廟(Hall of Xerxes)石座座側所雕貢使像中別有三角形浮雕若干，各有猛獅搏牛圖一，與沙爾馬泥則雕刻相似，唯無其自然耳。據沙爾(Br. Sarre)及赫茲非爾德(Dr. Herzfeld)兩博士之意見，(註一二)此種圖案原爲占星學上之一種象徵，用以表示春分或太陽年之開始者，後來波斯之太陰年亦採之。一歲以祭祀日神(Mithra)節始，荒服諸國之使者晉謁宗邦，亦於斯時抵京畿也。是故其初本涵有占星學及宗教上之意味，後以浸淫及於廣原大野之中，受塞種薩美細亞以及西伯利亞諸影響之薰陶，始漸行懈弛而趨於世間化。於是西及斯干狄那維亞(Scandinavia)及斯地之外；南達地中海；東漸於中國；此從無數遺蹟可以證之，而以漢代爲尤著。(註一三)中國出土之銅花片上作食肉動物者爲數甚夥，圖案與西伯利亞所得者蓋無以異也。(註一四)

波洛甫喀短文中於地氈花紋尚有一因素未曾述及（參閱附圖A、C、及D）。地氈獸羣上方有一長條，上作日內瓦十字形（Genava cross）。此爲薩美細亞藝術中所特有者，薩美細亞古墓中所發現之衣裳壽服上綴金飾，即作此形，蓋可證也。此種裝點衣裳之花飾源出於亞速，後來波斯薩珊王朝（Sassanian）及阿拉伯之藝術亦復有之。（註一五）在十字形間之圖式亦屬於同樣之範疇。

次之所有織物（參閱附圖E、F、及G、與第一圖及第二圖）圖案之希臘風甚爲顯著，幾可視爲希臘工匠所作。據波洛甫喀所云，希臘人製器以販之於塞種市場，證據甚多。墓中所獲諸物當有來自希臘本土者，此外亦有成於塞種酋長所僱希臘工匠之手者；然而大多數當爲小亞細亞或班狄卡平（Panticapeum）一帶商家所製也。閔斯博士（Dr. Minns）對於此事曾有詳細之討論，並附圖甚夥。（註一六）是故外蒙之發見此種織物，在文化交流史上並非豁然開朗，別有天地，其重要之點乃在純粹之希臘藝術品在古代某一時期即已遠及於亞洲之東北一事，因此而得一旁證而已。

第一圖　繡幕花樣

第二圖　繡幕花樣

繡品（參閱附圖E及G）係以深紅色毛織物爲地，上繡白棕赭石諸色。質料及繡工之情形，尚有待於詳細之報告。今所欲論者大率為其花樣意匠若何，此於各附圖及第一圖第二圖可以見之也。據波洛甫喀所云，角鷹（參閱第一圖）係屬特殊之希臘風。顧同時又為特殊之波斯風；盧甫耳（Louvre）所藏蘇薩（Susa）阿墾米尼宮

(Achæmenian Palace)釉磚嵌畫上之一魔鬼，卽可證此也。(註一七)蒙古所獲繡獸與西元前第四世紀班狄卡平所鑄貨幣上之鵰正若合符節。(註一八)此蓋揉合米索不達米亞及伊蘭分子而成之一種動物。波斯人希臘人塞種以及薩美細亞人俱採用此種猛鵰，然而離奇殊異，不可究詰，且每予修改，以合一己之意。本文前曾述及金屬器內採用此種薩美細亞式織物亦模仿之，（參閱附圖C）卽其一例也。

鵰以外各種繡品（參閱附圖E、G、F、及第一圖第二圖）花紋意匠胥屬希臘風。塞楞格河源諸墓據推論當爲西曆紀元初之物，其中繡品以之與西元初流行之希臘圖案相較，頗可證上說之匪誣，而羅馬法內塞宮(Farnese Palace)附近發掘所得中貯圖案至爲豐富之別墅，亦足以明斯說之眞也。別墅牆壁及天花板上俱有堊粉繪飾，據一碑銘所記，此蓋成於希臘工匠之手，(註一九)然與諸繡品乃有極相類似之處；如翼鵰也，鳥也，瓶上之花葉也，以及腰下易爲植物之人形也，卽其著者也。後者有一正與繡品之人物相似（參閱第二圖），人物左手亦執一楯，唯右手上舉所執兵器則有誤耳。(註二〇)羅馬及外蒙器物制作風致亦復相同；而植物卷鬚末端故作螺旋之狀，尤爲可以注意之點。附圖F形似一繡花地氈。先是當報告書已付印刷之際，始來照片八幀，未及排入本文，因附篇末附圖F亦卽八幀之一，以故無有說明。然其中央部分之圖案固顯然爲希臘與羅馬風也。其對稱之花式與羅馬者極爲類似，(註二一)（參閱第三圖）魚龜之屬。西方亦有與此相似者。至於呈斜方形花紋之氈緣，則必爲漢代中國之物也。

第三圖　羅馬別墅之飾

附圖G爲愛屋尼亞（Ionia）作風之稍加修改以圖銷售於塞種市場者。作馬之法與希臘器皿上者相似；據波洛甫喀所言，馬形雖帶希臘風，然而騎士之服裝體態則固爲塞種也。希臘工匠製器尚象作游牧風，證據甚多，而以有名之拆東里克（Chertomlyk）及庫爾鄂博（Kul Oba）二器爲最著。（註二二）此圖所攝之繡品爲紫紅色地，繡以白棕赭黃諸色線。騎士上着塞種式之繡花雙胸長袍，下着繡花褲，並有馬蹋。其髮之梳掠，亦屬塞種式；波洛甫喀謂額部尚有一髻，唯在攝影中不之見耳。波氏又謂馬具亦屬塞種式；尤以圓盤形之馬具（Phalera）爲特別顯著。此幅周圍飾以巴欖及蓓蕾（或錐形）圖案花紋中行用最廣顯現最屢者即此，唯形式種類甚夥。顧波洛甫喀之意以爲多淵源於美索波達迷亞之神樹，實則不盡然也。或謂埃及亞速以及伊蘭俱曾有此，而各各獨立，無有關係。（註二三）要而言之，此幅繡品上所顯示者盛行於希臘及希臘塞種藝術之中，是故其與波斯阿墾米泥藝術直相接觸之狀，此處亦無庸爲之敷說。

附圖H在各織物中爲最有趣味之作，所呈現之問題特爲複雜。有謂其所示乃古代中國風景而受有伊蘭之影響者，然以吾輩所得之根據太少，遽作是言，未免躁率也。漢代雕刻中所存風景畫之技術唯樹榦枝葉之法尚可見五六種左右，此外遺留甚罕，顧漢刻樹木至爲文雅，而此則作笨滯之菌形，兩者截然各異。波洛甫喀之意以爲後者或係如米諾（Minoan）時代所示乃原始石樹崇拜之回響耳。古代崇敬之中各種鳥類所佔之地位頗爲重要；至西元初數世紀間猶復如此。故如前此所述羅馬別墅壁畫所有神廟諸圖與此處之織物花紋意匠多似，其間當非出之偶然也。（註二四）

於敍述中國諸物之先，有一圓形花片頗宜予以注意（參閱附圖J）當報告書正在付印之時，有數物方運至列寧格勒，此亦其一也。故唯標以金屬淨雕花片數字別無說明此或係一種馬飾。余不識別有與此相似者否？唯似可謂之爲淵源於伊蘭也。觀其形狀足令人憶及伽摩河（Káma）上游左近所得薩珊朝之銀碟。如犛牛首之作法，山間之風習，以及繩形之邊緣，薩珊朝之銀碟皆一一相似也(註二五)。

別有一片織物則純然爲中國品，（參閱附圖K）與前述之金屬花片同附列於未加說明之各物中。物形似爲花絹。花紋形式與一九一四年斯坦因（Sir Aurel Stein）在塔里木盆地古樓蘭一廢廟遺址中所發見者相似。安德魯（Mr. F. H. Andrews）曾將斯坦因所得諸絲織品描摹爲極精美之圖畫，並附以說明。就圖案之一般結構而論，與此頗有幾分之相似處(註二六)。花樣爲連綿不斷起螺旋形之對稱式卷雲，空隙則填以動物及漢字。唯各動物俱傅以翼，與樓蘭所得諸絲織物多有同者，當導源於米索不達米亞；然按林那赫（M. Reinach）之學說，則飛走之姿勢實取法於邁錫尼（Mycenæ）藝術，自邁錫尼以傳至於中亞，復自此取道西伯利亞以入中國，然後重復西遷，十八世紀之英國遊戲畫印本即屬此風也(註二七)。此幅花絹除些許之外國影響而外，其圖案顯然爲中國風。漢代浮雕，漢鏡，及斯坦因在第三次中亞探險隊時所得諸繪畫漆器皆常有此種精好之卷雲自由表現於其上。唯此外尚有一特屬漢代之中國元素爲前人所未及言者。此幅右端之騎馬神人，乃道家之神話。漢代雕刻(註二八)及屬於漢代之銅鏡常見此種有翼之神祇，稱為仙人，按之附銘，其爲道家之仙靈，蓋毫無可疑也(註二九)。安德魯文中第四圖及第五圖之人物即屬此類，安德魯稱此爲綿羊或山羊，當係誤解(註三〇)。實則供養（參閱安氏文第五圖）

兩側各跽一物，乃漢代藝術中之定例，並非如安德魯所云將花樣偶然折疊致成此狀也。金石索金索卷六鏡鑑之屬所舉之漢盍氏仙人鏡即與此極爲相近。此幅騎馬仙人手中持物立於雲端。其中漢字讀法自右至左爲「新神靈廣成壽萬年」八字。萬年二字在幅之左端，不見於照片中；係列寧格勒大學亞歷西葉夫教授（Prof. B. M. Alexiev）詳考原物尋得見告者。唯八字次序誠如所言，則斯語頗難索解。齋爾兹博士（Dr. Lionel Giles）曾告余謂此八字應以圖案中線兩傍二字起讀，故當為「廣成新神靈壽萬年」云云。此種讀法與漢鏡銘文相合。斯坦因所得諸絲織品上織諸字意義亦有與此同者，齋爾兹博士已通其讀，將以之刊布於行將出版之亞洲腹部記（Innermost Asia）附錄中。按廣成爲道家神話中一極重要之人物，據云即爲老子之化身。莊子在宥篇中有一段述廣成事甚詳；謂黃帝問

第四圖　科斯洛夫探險隊所得雕花玉片

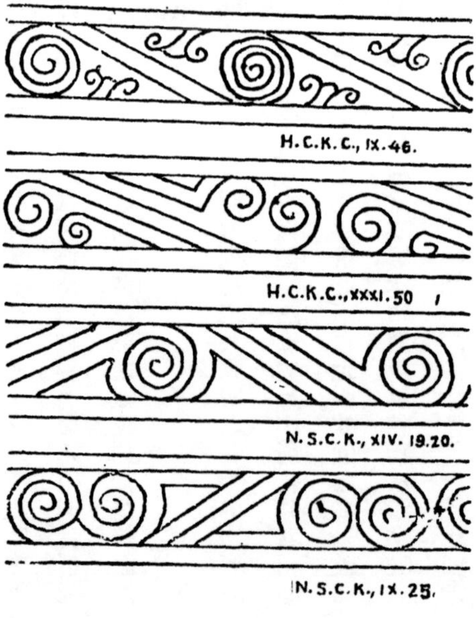

第五圖　自西清古鑑及寧壽古鑑二書中摘出之花樣。上二為周代昇彝上花紋，下二則屬漢代也。

至道之精於廣成子，廣成子後語以脩身千二百歲之道云云。是故此幅花絹或可視爲道家用以助其營求長生之符籙。而騎馬仙人手中所持當卽爲漢以來帝王齊民朝夕渴求之長生不死之藥焉。

報告書中別有繡品一幀（參閱附圖B），僅一部分成對稱形，所繡有似中國之古銅器及古玉器者，然此外尙涵有非中國之元素。此與鐵布洛烏可夫所述今日黑吉利吉斯（Kara-Kirgiz）及其他游牧民族所製地氈之圖案相似。反首翼龍（參閱附圖B）大體上與漢代中國藝術中之一派相差甚微。波洛甫喀指出無下腭之齒爲塞種西伯利亞藝術雕刻動物之一特徵，故以爲從此繡可見中國之龍經由西伯利亞以向東移徙之況也。美索波達迷亞、希臘、伊蘭、塞國，以及西伯利亞俱曾參預其事。與繡龍同時發見者尙有一雕花玉片（參閱第四圖），波洛甫喀在此亦尋出其蛻演之迹。而二小龍交纏之形，在漢代遺物中數見不鮮；鳥形之喙尤爲顯著。

此外尙有一未加說明之繪畫黑漆碗（附圖L），其花色頗與此特別之技術相合，而少爲人知，故極形重要。有冠毛之鳥類及螺旋紋風致頗爲生動，作法亦極經濟。邊用斜線分開，與古代銅器上所有者約略相同（參閱第五圖）。碗底鐫有「上林」二字。上林為陝西長安城西一花園之名。西元前二二〇年左右秦始建此以爲皇囿，窮奢極慾，備極華麗。後百餘年漢武帝又爲之恢弘擴大，苑周約百哩，離宮別苑至七十所；其華麗之狀，司馬遷史記曾約略言之。（註三〇）然則此黑漆碗其果來自斯苑否乎？按上林苑遺址中曾發見古瓦多件，上俱鐫「上林」二字（註三二）然則謂上林苑中諸離宮別苑所用碗碟之屬亦復鐫此二字以爲標識，固亦理有可通也。按西元前一六六年（漢文帝十四年）匈奴入寇，候騎至雍甘泉，竟及上林（註三三）掠獲財物，然後颺去，可無待言，鐫有「上林」二字之漆碗，或即因此而流傳塞北；故此段史蹟亦足以爲斯說張目。唯漢代屢有和親之事，以珍寶財物，賂諸遠來寇盜之儔，以求其去，則塞楞格河源古墓中所發見之漆碗是否以此而遠適異域，則未可知矣。

科斯洛夫探險隊所發見之諸古墓究爲何代之物，實屬一重要之問題。報告書中諸作者以爲大約係二千年前之物，驗其所據，說似可信。考之織物體裁，亦復相合。斯坦因在樓蘭發見之古絹，據云約爲西元前第一世紀左右之物，今科斯洛夫所得花絹（參閱附圖K）與此甚爲相似，則此中消息頗足重視。蓋斯時樓蘭之中國戍卒已與匈奴覿面相逢，則花絹一物或即來自斯地也。樓蘭及蒙古所得古絹上之字體，俱爲漢代所通用之隸書。顧織物圖案每傳之不變，是以漢代花樣傳世不衰，輒有歷數百年者。漆碗上「上林」二字之書體，就照片而言，與漢隸不殊；然上林之名在今日文辭中猶習用不鮮，則欲據此區區兩字與上林苑之假定關係，便堅執以爲推定年代之張本，是又未免太過耳。關於此事，據鐵布洛烏可夫及波洛甫喀二君之言，所獲諸物與塔爾科倫西微支在外貝加爾縣(Transbaikal District)所得者相似，而尤以陶器爲最。陶器內盛有中國五銖錢及銅鏡之屬，因定爲漢代之物。其中五銖錢之時代自西元前一一八年至西元後六一八年間，諸朝俱有之，尚有多枚不能定其究屬何時之物。總之憑此便欲於年代問題下一結論，尚有未能。科斯洛夫大佐所述之漢鏡，其重要亦未能逾此。要之須待詳細之報告出後，方為能最後之決定。至於諸墓時代是否各各殊異，亦有待於考索也。

唯報告書中僅複製一擱置匭上之棺板外部漆片花紋圖案，可斷爲當地之產；顧僅此一片，實屬憾事。此爲一天鵝飛翔雲端之圖，描寫甚爲單純，於黑地上繪以綠紅棕黃諸色（參閱第六圖）。此外報告書中尚製有一陶缶之圖（參閱第六圖），亦爲當地所產缶頸圍線三道，過於簡單，幾不能視爲花紋圖案也。尚有不知用途之銅瓶若干，報告書中曾略爲敍及，此或係當地工匠所造。由此觀之，凡屬製造甚精而帶有美術之意味者，可斷言其皆來自外國。故據有塞楞格河上游諸墓之人當爲粗野之游牧民族，凡有良法美意足資取用者無不輾轉吸收；此種推測，與科斯洛夫所發見之諸物情形亦不相悖也。環繞斯族酋長之左右當有希臘、伊蘭、塞國、薩美細亞、中國以及古代西伯利亞之藝術品以供其日用取給之資，且循亞洲騎馬民族之習俗，以日用諸物爲殉葬之用。是故科斯洛夫探險隊之發見爲文化交流史上增一重要之資料，而就其所獲之論據以言，又足以爲中國與西方在二千年前卽有交通之實證也。

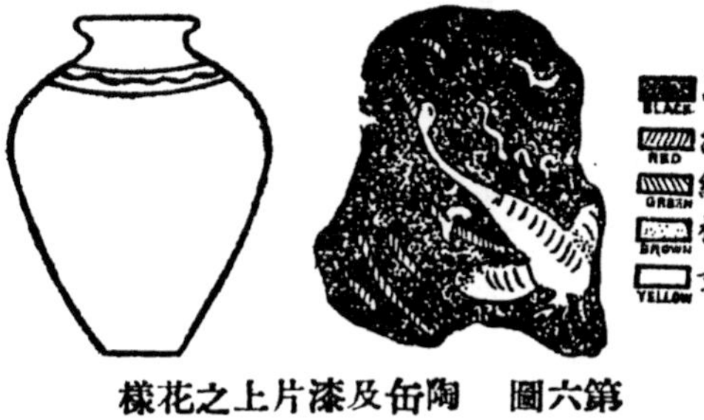

第六圖　陶缶及漆片上之花樣

本文草稿曾得閔斯博士爲校閱一過，茲伕獻以可貴之意見，受益實非淺尠。此外承俄國科學院終身秘書鄂爾敦堡博士之厚意，許將各種照片予以複製，是又當爲聲謝者也。

（註一）報告書名科斯洛夫蒙藏探險隊之外蒙探險報告書（Krátkie Otchëty Expeditsiy po Isslédovaniyu Sévernoy Mongólii v svyazis Mongolo. Tibétskoy Expeditsiey P. K. Kozlov）。執筆作文者有科斯洛夫（P. K. Kozlov），鐵布洛烏可夫（S. A. Teploúkhov），波洛甫喀（G. I. Borovka），波賴諾夫（B. B. Polgnov）及克賴茲甫露甫斯基（V. I. Kryzhanóuski）諸人。書凡五五頁，圖五五幀，一九二五年列寧格勒出版。

（註二）參閱閔斯(Minns)著塞種與希臘人(Scythians and Greeks. Cambridge. 1913)六二頁，一四九頁，及二五三頁。

（註三）發見概要見一九〇二年卡科夫俄國考古學第十二次大會專報(Proceedings [Trudy] of the Twelve [Russian] Archæological Congress at Kharkov in 1902)第一卷四八二頁以下。

（註四）參閱沙畹(Chavannes)譯司馬遷史記(Mémoires historiques de Se-ma Ts'ien. Paris, 1895—1985)第二卷二二頁，四五頁，五八頁，又第五卷四八五頁。

（註五）參閱得格洛特(De Groot)中國宗教制度(R ligions System of China. Leyden, 1894)第二卷七二一頁以下。

（註六）關於此種喪葬之習，可參閱閔斯書八七頁至九一頁。

（註七）參閱希勒格(Schlegel)著 La Stéle funeraire du Teghin Giogh (Helsingfors, 1892) 四二頁至四四頁。

（註八）此為閔斯書中之第一九九圖。

（註九）見閔斯書第一七三圖及一九二五年王家人類學會雜誌(Jour. Roy. Anth. Inst.)第五五卷札卡洛夫(Zakhárov)之卡湯達考古零簡(Antiquities of Katanda)附圖第十四頁第一圖。宜注意走獸似鷹形之喙。

（註一〇）即布多窪(Poltava)之金飾箙也。參閱閔斯書第七五圖。

（註一一）參閱沙則及赫則(Sarzec and Heuzey)迦勒底古物發見記(D couvertes en Chaldée. Paris, 1884—1912)第一卷二六六頁至二六七頁；第二卷附圖第四六頁第三圖。

（註一二）參閱伊蘭浮雕記(Iranische Felsreliefs, Berlin, 1910)一三六頁。

(註一三)關於此種文化交流之狀，可參閱斯書二六六頁至二八二頁；又羅斯托甫桀夫(Rostovtzeff)之南俄之伊蘭人及希臘人 (Iranians and Greeks in South Pussia, Oxford, 1922) 一八一頁至二〇九頁；又一九二五年巴黎出版 Aréthuse 中之希臘薩美細亞藝術與中國藝術 (L'Art grecosarmate et l'Art Chinois) 八一頁至九四頁。

(註一四)參閱羅斯托甫桀夫之南俄之伊蘭人及希臘人附圖第三一頁第二圖，及一九二五年倫敦柏林敦雜誌(Burlington Magazine)所刊單行本之余所著中國美術論銅器篇附圖第一一頁B圖及C圖。

(註一五)參閱羅斯托甫桀夫書第一三〇頁及第一七圖。

(註一六)參閱斯書二八三頁以下。又羅斯托甫桀夫書一〇二頁至一〇四頁各頁。

(註一七)參閱杜勒佛 (Dieulofy) 著蘇薩神廟記 (L'Acropole de Suse. Paris, 1891) 第三卷附圖第十一頁。走獸後足俱作鷹爪形

(註一八)參閱斯書附錄附圖第五頁。

(註一九)參閱勒新及摩氏 (Lessing and Man) 著奧古斯都時代羅馬居室壁畫裝飾考 (Wand-und Dockensahmuck eines rocmischen Hauses aus der Zeit des Augustus, Berlin, 1891)。

(註二〇)參閱勒新及摩氏書附圖第十三頁。

(註二一)參閱勒新及摩氏書附圖第二頁，第三頁，第五頁，第七頁，第八頁及第十一頁。又諾加拉 (Nogara) 著法迪坎及拉忒藍之古代嵌工 (I Mosaici antichi del Vatlcanoe del Laterano. Milan, 1910) 附圖第十頁至第十四頁。

(註二二)參閱斯書一五九頁至一六二頁，又二〇〇頁至二〇二頁。

(註二三)參閱一九一六年亞述學評論 (Rev. l'Assyriologie) 第十三期八四頁至八九頁托斯堪涅 (Toscanne) 著蘇薩之角獅及棕櫚 (Le Lion corme et le Palmier á Suse)。

(註二四)參閱勒新及摩氏書附圖第十八頁等及一九一一年羅馬出版德意志考古學院彙報(Mitt. d. Kais. D utschen Arch. Instit)第二十六期羅斯托甫柴夫著希臘羅馬建築術論(Die hellenistisch-romische Architek-turlandschaft)。又一九〇一年希臘學研究雜誌 (Jour. H llenic Studies) 第二十一卷九九頁至二〇四頁伊文思(Evans)著邁錫尼樹與柱飾(Mycenaean Tree and Pilear Cult)。

(註二五)參閱達爾頓 (Dalton) 著媯水訪古錄 (Tresure of the Oxus. London, 1905) 附圖第二十四頁及第二十九頁;又斯邁諾夫(Smirnóv)著東方銀器論(Argenterie Ori ntale. St. Petersberg. 1909)附圖第二十六頁及第二十七頁。

(註二六)參閱一九二〇年七月份至九月份柏林敦雜誌所載安德魯著中國古花絹記 (Ancient Chiu se Figured Silks) 第一圖第二圖及第三圖。

(註二七)參閱一九二五年巴黎出版自考古學報 (Rev. archéologique) 重印校正之林氏著古今藝術演進論 (La Représent tion du Galor dans l'Art ancian et moderne)。

(註二八)參閱沙畹著中國北部考古記 (Mission archiologique dans la China septentrionale, Paris 1909) 附圖第四十七頁。

(註二九)參閱馮雲鵬馮雲鵷著金石索卷六鏡鑑之屬一篇。

(註三〇)參閱安德魯所著文第十頁及第二十頁。

(註三一)參閱沙畹譯史記第二卷一七四頁,第三卷五八七頁。

（註三二）參閱一八九九年柏林出版東方語言學校雜誌（Mitt d. Sem. f. Orient. Sprachen）福克（Forke）著長安漢代碑銘記（Die Insohriftenziegel aus der Ch'in-u. Han-zeit）七九頁又第九一圖至第九五圖。瓦當字體俱為漢以前所用者。

（註三三）參閱一八九二年至一八九三年香港出版中國評論（China Review）第二十卷十七頁帕刻（Parker）著突厥塞種各族考（The Turko-Scythian Tribes）。

四　十九世紀後半期西域探險略表

十九世紀後半期以來，中亞一隅成爲考古學上之寶藏，於是東西人士探險西陲者不絕於途。所得結果，不唯於漢唐古史西域往蹟，呈若干之光明，其在科學方面如地質地文氣象動植俱各有所闡發，而地圖之測繪尤爲可以寶重，欲一一予以詳述，非本書所能盡。日本出版東洋史講座第十四冊有石田幹之助氏中央亞細亞探檢之經過及其成果一文，於東西學者探檢中亞之經過，發見品之梗概，以及由古物以推中亞古代文化之小影，俱爲撮述大概。一般讀者欲知近數十年來中亞探檢要略，無妨取讀。中文方面則有故王靜安先生之最近二三十年中中國新發見之學問（見學衡四十五期，又科學十一卷六期）一文，其中簡牘卷子兩項，卽與中亞考古有關。又友人賀昌羣先生曾據石田氏文爲之增補改編成近年西北考古的成績一文，刊於燕京學報第十二期，專論西北考古成績，皆可參閱，藉明其梗概與在學術上之重要。石田氏文中曾附一簡略的中亞探險年表，賀先生文中未予采入，今卽據此製成後表，並略予增益，亦不能盡也。

探險人	國籍	年代	探險地點
Schlagintweit 兄弟	德	1856—58	自崑崙山脈以至疏勒一帶
Radloff	俄	1862—	伊犂一帶
Shaw	英	1868—74（三次）	全新疆以方言研究爲主

Johnson	英	1868	自喀喇庫倫山脈以迄新疆西南部
Forsyth	英	1870—74（二次）	疏勒方面
Valikhanov	俄	1858—59	自伊西洱庫爾至疏勒一帶
Severtsov	俄	1864—68	自天山至錫爾河上源
Osten-Sacken	俄	1867	天山南麓
Kaulbar and Scharnhorst	俄	1872	疏勒
Kuropatkin and Wilkens	俄	1876—77	沿天山南麓以達焉耆
Prejevalski	俄	1877	自伊犂下塔里木河經羅布泊以迄阿爾騰塔格山脈
Potanin	俄	1876—1877	自蒙古西部於阿爾泰山及天山之間兩次橫越戈壁沙漠
Feissov	俄	1879	自天山西部以迄於疏勒北部
Regel	俄	1877—79	自齋桑艾比兩湖取道伊寧附近經伊犂河谷以入吐魯番
Elias	英	1879—80	莎車
Petrov	俄	1880	疏勒
Prjevalski	俄	1871—73 1876—77 1879—80 1884—85	自外蒙古經黃河上源柴達木盆地以究西藏北邊出羅布泊更西溯且末河從和闐轉北出溫宿越天山而北歸

Kozlov, Pievisov and Bogdanovich	俄	1889—90	經莎車和闐于闐尼雅以入西藏
Carcy and Dalgleish	英	1885—87	塔里木盆地戈壁西藏北部
Grombchevski	俄	1885—90	自費干那疏勒莎車和闐越興都庫什山脈遍探帕米爾一帶於是又至新疆
Grum - Grshimailo	俄	1889—90	天山東部羅布泊及阿爾騰塔格峯
Ignatiev and Kasnov	俄	1886	研究天山主峯汗騰格里峯之冰河
Younghusband	英	1887	自北京經歸化哈密吐魯番疏勒入克什彌爾以達印度東西橫斷塔里木盆地自氏始
Bell	英	1887	新疆各地
Duvergne	法	1888	俄屬土耳其斯坦新疆帕米爾以及天山各處
Katanov	俄	1889	在天山東部做民族學調查
Troll	?	1889	自俄屬土耳其斯坦以至疏勒莎車
Bonvalot and Prince d'Orléans	法	1889	自伊犁越天山至羅布泊更南入西藏經打箭鑪以至廣東
Younghusband	英	1889	於克什米爾及新疆間交通之山口多所研究
Obruchev	俄	1893—94	甘肅西部青海
Roborovski and Kozlov	俄	1893—94	新疆及南山山脈
D. de Rhins and Grenard	法	1893—94	青海新疆

Hedin	瑞典	1894—1935（七次）	帕米爾新疆西藏甘肅西部其一九二七—二八年一次係中瑞合組中國方面領袖爲徐炳昶
Futterer and Holderer	德	1898—99	自西徂東橫斷新疆
Kazanakov	俄	1899	蒙古西部天山北路東部
Ladygin	俄	1899	仝上
Bonin	法	1899—1900	自東徂西橫斷新疆
Kozlov	俄	1899—1900	蒙古西部甘肅西部及新疆
Stein	英	1900—1901 1906—1908 1913—16 1930—（四次）	帕米爾新疆及甘肅西部第四次以受我國反對而罷
Grünwedel	德	1902—03 1905—07（二次）	庫車吐魯番一帶
橘瑞超	日	1902—1914（三次）	庫車吐魯番羅布泊一帶
Merzbacher	德	1902—05	天山
Freidrichsen	德	1902	天山
Fedjenko	俄	1902	帕米爾天山西部
Huntington	美	1903—05	塔里木盆地天山

Le Coq	德	1904—05 1913—14 (二次)	庫車吐魯番一帶
Pelliot	法	1906—70	甘肅西部庫車吐魯番一帶
Prinz	匈	1907	天山
Oldenburg	俄	1909—10 1920—?	庫車一帶(?)
Gröber	德	1910	天山南部

中華史地叢書
斯坦因西域考古記

作　　者／Sir Aurel Stein 著、向　　達 譯
主　　編／劉郁君
美術編輯／鍾　玟

出 版 者／中華書局
發 行 人／張敏君
副總經理／陳又齊
行銷經理／王新君
地　　址／11494 臺北市內湖區舊宗路二段181巷8號5樓
客服專線／02-8797-8396　　　傳　　真／02-8797-8909
網　　址／www.chunghwabook.com.tw
匯款帳號／華南商業銀行　　西湖分行
179-10-002693-1　中華書局股份有限公司

法律顧問／安侯法律事務所
製版印刷／維中科技有限公司　海瑞印刷品有限公司
出版日期／2017年3月台五版
版本備註／據1988年5月台四版復刻重製
定　　價／NTD 580

國家圖書館出版品預行編目（CIP）資料

斯坦因西域考古記 / Sir Aurel Stein著 ; 向達
譯. -- 臺五版. -- 臺北市 : 中華書局, 2017
.03
面 ; 公分. --（中華史地叢書）
譯自 : On ancient Central-Asian tracks
ISBN 978-986-94040-8-2(平裝)
1.考古遺址
798　　　105022660

NO.G2012
ISBN 978-986-94040-8-2（平裝）

No. G2012

9 789869 404082 00580